translated from
Disability & Society

ディスアビリティ現象の教育学
イギリス障害学からのアプローチ

堀 正嗣
監訳

現代書館

まえがき

　本書は、イギリスで発行されている研究誌『障害と社会』(*Disability & Society*、1994 年以前は *Disability, Handicap & Society*) に収録された教育に関する重要論文を翻訳・編集したアンソロジーである。この雑誌は、英語圏の最も主要な障害学研究誌として、イギリス国内にとどまらず障害学の国際的な展開において重要な役割を果たしている。イギリスにおける障害者運動の展開の中から生まれてきた障害学 (Disability Studies) の最先端の研究成果が発表され、ヨーロッパ・アジア・アフリカなど全世界から寄稿され、また購読されている。世界の障害学研究をリードし、また障害者運動に理論的なバックボーンを提供してきたといえるだろう。

　イギリス障害学においては、「障害」(Disability) カテゴリーは近代社会の所産であり、障害者に対する社会的抑圧と不可分のものだということが明らかにされてきた。そうであるならば、障害児をめぐる教育現象・教育現実の記述や分析は、抑圧と解放、差別と平等、排除と包摂等の社会的文脈との連関において遂行されなくてはならないだろう。詳細は 11 において述べるが、本書におけるディスアビリティ現象とは、こうした抑圧・差別・排除等を総体的に表現するものである。それは教育制度から、カリキュラムや教育方法、子ども同士の関係など、マクロからミクロに及ぶあらゆる教育現象に貫徹しているものである。そしてそうしたインペアメントのある子どもたちへの社会的抑圧からの解放をめざす視座から研究が行われている。

　イギリスでは、1980 年代前半ごろから障害学に関わる研究者を中心として、社会（科）学的な視座とアプローチに基づいて、障害児をめぐる教育現象・教育現実の構造や機能、意味やメカニズムを明らかにするような水準の高い論文が *Disability & Society* 誌上においてコンスタントに発表されてきた。そこで示されているのは、「障害児をめぐる教育現象」にアプローチするための、方法論的視座と理論的な枠組を備えた実証研究である。

日本においても1979年の養護学校義務化をめぐる論争以降、障害児教育に関する批判的な研究が行われてきた。2003年には障害学会が設立され、研究大会や学会誌『障害学研究』においても教育に関する研究が発表されてきた。そこでは、障害児教育の制度・理論・方法に関する研究成果が蓄積されてきたが、必ずしも世界的な障害学の研究成果を踏まえたものではなかったし、経験的な実証研究の蓄積は立ち遅れてきたと言わざるを得ない。

　本書は、イギリス障害学における教育研究を、初めて本格的に日本に紹介しようとするものである。このことによって、第1に、私たちは日本における障害児をめぐる教育現象を分析・批判する視座を手に入れることができる。その視座からすれば、「特別支援教育」と文部科学省がいう「インクルーシブ教育システム」の問題性を深い根拠をもってとらえることができる。第2に、日本における障害児教育研究の視点と方法を刷新し、障害学的教育研究の確立と発展に寄与することができる。第3には、日本における障害学研究全般に対して、社会モデルによる障害研究の範例を示すことで、インパクトを与えることができる。以上が本書の意義であると私は考えている。

　内容構成としては、1986年から2012年にかけて発表された論文を年代順に収録している。最初の論文「特別な教育的ニーズの政治」は、『障害と社会』の創刊者であり、編集者として関わってきたレン・バートンの論文である。イギリスでは1981年教育法により、「特殊教育から特別ニーズ教育へ」転換したが、その基本的な問題点を明らかにしている。全体のイントロダクションとして、まずこの論文を読んでいただきたい。その後、イギリスを中心にフィンランド（2）、アメリカ（7）、ベルギー（8）の教育の分析を通して、制度・政策および教育実践の障害学的分析が展開される。

　翻訳の方針としては、原文の論旨を正確に表現するとともに、日本語として自然で平易な文章表現となることを目標とした。しかし、原文の難解さと監訳者の力不足もあり、どこまでその目標を達成できたかは読者の評価に委ねるほかはない。

　共訳者と監訳者の役割分担は以下の通りである。まず第1次訳稿を各訳者が作成した。それに監訳者が目を通して訳文の修正と訳語の統一を行い、第2次訳稿を作成した。それにさらに各訳者が目を通して修正し第3次訳稿を作成し、

最後に監訳者が最終チェックを行って完成させた。従って、誤りが残っているとしたら、その責めはすべて監訳者が負うべきものである。
　なお、各章の最初に、各訳者がそれぞれの専門の立場からの論文紹介と原著者紹介を執筆した。各論文の意義や日本への示唆について触れている。各論文を読み解いていく参考にしていただければ幸いである。
　本書は、2009年春に設立された「関西インクルーシブ教育研究会」の共同研究の成果である。同研究会の趣旨は次のようなものである。

　　この研究会では、障害児に関わる教育現象・教育現実についての社会科学的な研究の発展と振興を目指しています。ここで「障害児に関わる教育現象・教育現実についての社会科学的な研究」というとき、そこには主として二つの方向を持つ研究が含まれます。一つめは、障害児の教育に関わる直接的利害関係者（親や教師や障害児当人など）の実践的な関心に応答すべく、彼（女）らが直面する〈教育問題〉の解決を目的として課題設定を行い、社会科学的な知見や技法の応用により、そうした問いへの回答を模索するという方向です。もう一つは、教育学や社会学、人類学、経済学、政治学、歴史学など社会科学諸分野に固有の概念や方法を用いて、障害児をめぐる教育現象・教育現実の構造や機能、意味やメカニズムを明らかにするという方向です。私たちの研究会ではこの二つの方向を同時に志向することが可能であるような実践的経験科学の確立を目指しています。ついては、学問的な垣根にこだわることなく、障害学やインクルーシブ教育に関心をお持ちの多くの皆様にご参集いただき、議論を深めてまいりたいと考えています。

　私は、佐藤貴宣さんをはじめとする若手の研究者の方々が、同研究会を組織し、『障害と社会』に掲載されているインクルーシブ教育に関わる論文を研究されていることに注目してきた。しかしながら、個人的な接点はあったものの、同研究会への参加という形での接点をもつ機会はなかった。2013年の春に、「『障害と社会』から教育に関する論文を翻訳して出版したいので監訳者を引き受けてもらえないか」との相談を受けた。皆さんと協議するなかで、日本におけるインクルーシブ教育研究を進めていきたいという熱意に感銘を受け、監訳

者をお引き受けすることとした。前述のように、この本の出版が日本の教育状況・研究状況において重要な意味をもっていると考えたこととともに、熱意をもってインクルーシブ教育の研究に取り組もうとされている若手研究者の方々を支援したいと思ったこともあった。私が大学院生だった80年代には、同年代の研究仲間が得られないまま、先輩研究者の支援を受けて共生教育の研究に取り組んでいた。その時代からすれば、多くの若手研究者の方々が研究会を組織してインクルーシブ教育の研究を進めていかれる時代になったことは隔世の感があり、将来への希望でもある。日本においてインクルーシブ教育を進めていこうとする人たちにとって、今は「冬の時代」といわれている。この本の出版を契機として、春をもたらしてくれる研究が花開き広がっていくことを願っている。

　出版事情の厳しいなか、幸いなことに小林律子さんをはじめとする現代書館のみなさまのご支援により上梓することができた。また、熊本学園大学付属社会福祉研究所（所長：守弘仁志教授）には、出版助成をいただいた。厚く御礼を申し上げたい。

2014年1月20日

堀　正嗣

ディスアビリティ現象の教育学

目　次

まえがき　1

凡例　8

1　特別な教育的ニーズの政治……………………………レン・バートン　10

2　学校システムと特別支援教育──20世紀における原因と影響
　　………………………………ヨエル・キヴィラウマ／オスモ・キヴィネン　40

3　フーコーと特別な教育的ニーズ──子どもたちのメインストリーム化経験を分析する「道具箱」………………ジュリー・アラン　60

4　学校選択、市場、そして特別な教育的ニーズ
　　………………………………カール・バッグレイ／フィリップ・A・ウッズ　86

5　何がそんなに特別なのか？──分離型学校の実践における教師のモデルとその現実化……ジョーン・アダムス／ジョン・スウェイン／ジム・クラーク　122

6　分離教育の場からの声──インクルーシヴ教育制度に向けて
　　………………………………ティナ・クック／ジョン・スウェイン／サリー・フレンチ　146

7　障害のあるアフリカ系アメリカ人女性──ジェンダー、人種、障害の交差………………………………エイミー・ペーターセン　175

8 口出しはいらない、サポートが欲しいんだ
　——生活の中での支援に関する子どもの視点
　　……………………………キャスリーン・モルティエ／ロアー・ディシンペル／
　　　　　　　エリザベス・ドゥ・シャウヴァー／ギァート・ファン・ホーヴェ　201

9 エーリッヒ・フロム思想からみる注意欠陥多動性障害と教育に
　おける障害化………………………………………ウェイン・ベック　228

10 みんながいて正しいのか？——イギリスの教育システムの中に
　ある排除的(エクスクルージョナル)なインクルージョン……………………アラン・ホドキンソン　251

11 イギリスの障害児教育と障害学研究………………堀　正嗣　280

監訳者・訳者紹介　304

『ディスアビリティ現象の教育学』出典一覧　307

凡　例

1. 原文には節番号はないが、便宜のために邦文論文の様式に準じて各論文の節に番号を振った。ただし、はじめに、おわりに（結論等）に相当する部分については原則として番号を振っていない。
2. 人名はカタカナで表記し、初出のみ英語表記を付記した。［例：エーリッヒ・フロム（Erich Fromm）］
3. 本文中出典表示の著者名は、文献と照応可能にするために原文で示した。また邦訳のあるものについては、邦訳から引用しその旨を示した。以下の例は、原文29ページ、邦訳51ページを示す。また引用した邦文文献は一括して文献一覧で示した。

   例：フーコーは、患者、狂人、犯罪者が、規律訓練技術、例えば「医療的なまなざし」（Foucault, 1973, p.29=51）を通じてどのように構築されるのかを記述している。

   文献：FOUCAULT, M.（1973）*The Birth of the Clinic*.（London, Routledge）.〔＝ミッシェル・フーコー著、神谷美恵子訳（1969）『臨床医学の誕生』みすず書房。〕
4. 原文でのイタリックによる強調は、訳文では楷書体で示した。
5. ［　］内の文章は訳注であり、（　）【　】内は原著者の文章である。
6. 障害に関わる語句は以下のように翻訳した。
   impairment＝インペアメント、disability＝障害、disabling＝障害化する、Disabled people＝障害者、people with disability/impairment 障害／インペアメントのある人、Non-disabled people＝健常者
   イギリス障害学では、impairment を「身体的／機能的損傷」、disability を「社会的抑圧」として区別している（詳細は本書11参照）。これを踏まえて上記のように翻訳している。また disabling は「無力化する」ということだけではなく、障害というスティグマを付与して排除と特別な処遇の対象とすることをも含むと理解し「障害化する」とした。
7. (children with) learning difficulties＝学習困難（児）と翻訳した。イギリスでは、日本でいう知的障害（ダウン症等）、学習障害（読字障害等）、発達障害（ADHD等）までも含む概念として1980年代に learning difficulties が広く使われるようになった。Profound, severe, moderate 等の言葉を使ってその程度を表しているが、多くの場合は、日本でいう「知的障害」に該当する。それ以前は mentally handicapped 等が使われていたが、これらは欠陥に焦点を当てた差別表現である

との批判を受け、本人の経験に焦点を当てる点で、より差別性の少ない表現として使用されるようになった。

8　子どもに関わる語句は以下のように翻訳した。
　Early years（0〜4歳）＝乳幼児、Children（5〜13歳）＝児童、Young people（14〜19歳）＝若者、Children and Young people＝子ども、年齢区分が明らかでない場合のChildren/Child＝子ども、法律や政策に関するChild＝児童・Children and Young people＝児童若者

9　教育に関わる語句は以下のように翻訳した。
　mainstream school/class＝普通学校／学級、ordinary school/class　通常学校／学級、special school/education＝特別支援学校／教育（1981年教育法以前のイギリスについては特殊学校／教育）、segregated school＝分離型学校、special class/unit＝特別支援学級、special educational needs/SEN＝特別な教育的ニーズ、inclusive＝包摂する。

1　特別な教育的ニーズの政治

レン・バートン 著／佐藤貴宣 訳

The Politics of Special Educational Needs
Len Barton
Disability, Handicap & Society 1 (3), 1986

［論文紹介］
　本論における著者の初発の問題意識は社会学者の関心が教育一般にとどまり、障害児教育に関する社会学的探究が未だ十分に行われていないという点にある。特殊教育が社会学的関心の対象となりにくい理由として、著者は当該領域における思考や実践の多くが過度な個人主義によって特徴づけられている点を指摘し、障害児の同定過程や特殊教育の環境的性質、教育実践の内実等に関する探究が必要であると強調する。著者が本論において試みているのは特殊教育の発展過程に関与する社会的要因についての分析である。

　著者はイギリスの特殊教育制度の展開に関与してきた要因として以下の3点を指摘する。すなわち、（1）障害児の処遇役割が医療専門職から教育心理士へと移行し、彼らの影響力が向上したこと、（2）失業問題を背景として黒人若年層が特別なニーズを有する集団として理解されるようになることで、特殊教育のイデオロギーに基づく補償教育・治療教育の対象が拡大したこと、（3）新自由主義的教育の文脈のもとで学校内部の教育水準のコントロールとモニタリングに対する要求が向上し、一定の学力水準に到達しない生徒が特殊教育の介入を必要とする特別な教育的ニーズを有する生徒として同定されるようになったこと、これらの要因が指摘されているのである。

　こうした検討を経て、著者は特殊教育セクターの発展は分断された社会状態における不平等やステレオタイプ的認識、差別的なイデオロギーに基づく社会的実践の原因であり帰結であると主張する。その上で、特殊教育セクターの発展について理解するためには、メインストリームの教育との関係のみならず、社会的・経済的・政治的文脈をも考慮した、より広汎で複雑な分析が要請されてくると結論するのである。

　本論は *Disability & Society* 誌の創刊号（1986年）に掲載された論文である。それゆえ、『ウォーノック報告』や1981年教育法への言及も見られ、その点のみを取ってみるなら少々古めかしい議論と思われても止むを得ないだろう。しかし、特殊教育が

成立する背景を社会的・政治的・経済的な文脈との関連において記述・説明する本論は、特殊教育に対する社会学的アプローチの可能性と方向性を明確に示しており、その意味で障害児教育への社会学的探究に関心をもつ日本の研究者にとっての道標となりうる重要な業績の一つであると訳者は考える。

日本の社会学、とりわけ教育社会学の領域において、ニューカマーや被差別部落、在日コリアンなどのマイノリティグループに関わる研究の蓄積は豊富である。その一方で、障害児をめぐる教育現象・教育現実を社会学的なアプローチによって分析しようとする研究はいまだ手薄であるといわざるを得ない。障害児教育の内部過程は、「特殊教育学」ないしは「障害児教育学」と呼ばれる学問分野の独占的認識対象と見なされ、外部者の目にはブラックボックスのように映ってきたのである。日本での障害児に関わる教育研究のこうした状況を念頭におきながら、訳者は本論が日本での社会学的な障害児教育研究をさらに活性化するための呼び水となることを心から願っている。

(佐藤貴宣)

［原著者紹介］

Len Barton（レン・バートン）

元シェフィールド大学教育学部教授、ロンドン大学教育学専門大学院名誉教授。現ダンディー大学学際ディスアビリティ研究所エグゼクティブ・ディレクター。障害学・教育社会学専攻。インクルーシブ教育に関わる領域を中心に著書多数。*Disability & Society* の他、*British Journal of Sociology of Education* や *International Studies in Sociology of Education* などの創刊・編集に携わる。

1　特別な教育的ニーズの政治

【要旨】
　この個人的な論文において、第1に、私がこの議論に関心をもつ理由を明らかにしたい。第2に、社会学が研究すべき特別支援教育をめぐる諸問題を提起したい。第3に、一般的な教育制度と全体社会の文脈の中でこの議論を行うことの重要性を証明したい。最後に、社会学的及び政治的分析の将来の方向性に関する提言を行いたい。

1　立場を選び取る

　今では古典となった論文「誰の側に立つか（Whose side are you on?）」において、ハワード・ベッカーは、社会学者が研究を行うとき立場を選び取ることを避けて通ることはできないのだと喝破した[1]。障害［ディスアビリティ］とハンディキャップといった課題に専念しようとする私たちにとっても、自らの価値的な立場を明確にしておくことはまさに本質的な課題となる。
　私がこの領域の研究に取り組もうとする理由は三つある。第1に、私自身の学校での経験から、いつも落ちこぼれていることがどういうことかを知っているからだ。私は、学歴と呼べるようなものを何一つ獲得しないまま学校を卒業した。学校時代のさまざまな出来事のうちのいくつかを今でも鮮明に記憶している。そこで私は公に成される降格儀礼を経験した。「鈍い」、「馬鹿」または「救いようのない問題児」だとみんなの前ではっきり告げられたのだ。また、多人数のクラス、粗末な建物、乏しい教育資源、スタッフの高い離職率を伴うセカンダリー・モダンスクールの諸現実も相まって、私の劣等感、または二級市民という感覚は確固たるものとなった。それゆえ、私は今「特別な教育的ニーズをもつ子どもたち」（ほとんどの場合、それはおちこぼれの婉曲表現であるのだが）として記述される生徒たちに対して、強い親近感を感じている。第2の理由として、「重度の」知的障害者としてカテゴリー化される若者たちと共に

働いてきた自らの経験から、ハンディキャップの構成において、社会的な要因が重要な役割を担うことに気がついたということである。善意と多くの努力にもかかわらず、仕事の文脈、つまり評価手続きの矛盾した性格のために、知的ハンディキャップ者としてカテゴリー化される若者たちの評価をめぐる私たちの知識は、表面的で機械的な水準に限定された。私たちはひとりの人間としての彼らを十分に深い意味で理解してはいなかった。むしろ彼らの障害を、全てを包み込む要因として捉えていたのだ。私たちは、真に彼らを理解してはいなかったので、しばしば彼らを過小評価した。今日の特別支援教育に関わる仕事について私が理解しているところからすれば、これは、いまだ問われる必要のある根本的な主題である。最後に、この研究領域で仕事をすることについての私の動機は、ある信念の影響を受けている。それは、不利な境遇におかれた集団の扱われ方を検討することで、社会の本質についてのより適切な理解を発展させうるという信念である。この視点の重要性はダウン症の子どもたちに関するブースの最近の分析 (Booth, 1985) が例証している。彼は以下のように述べる。

　　彼ら［ダウン症の子どもたち］の顔つき、あるいは身体的インペアメント、もしくは無能力がハンディキャップとなる度合いは、彼らが扱われる方法、彼らに向けられる態度、彼らに提供される福祉サービス、そして彼らのあり方が認められる機会に**依存する**(p.22, 強調は引用者)。

　例えば、当然視されている前提、レトリックと実践との分裂、諸々の定義や決定への政治経済的圧力の影響、あるいはさまざまなラベルが所与の社会的諸文脈において構築され作用する仕組みを明らかにすることによって、上記の諸課題のいくつかについてより適切な理解を促すのに社会学は貢献していると、社会学者として私は感じている。
　社会学者たちは、諸カテゴリーの社会的構築、すなわちそれぞれのカテゴリーはいかに創造され、帰属され、受け入れられ、変更されていくのかという点に関心を寄せている。こうした関心のある部分は、特定のカテゴリーと広範な社会階層の中の支配的イデオロギーとの関係を明らかにする試みへと向けられる。我々の社会は、ハンディキャップ者を記述するのにさまざまなカテゴリーを用

いてきた。そこには、「きちがい」「狂人」「異常者」「白痴」「低能」「重度教育遅滞」が含まれる。これらのカテゴリーの生成、寄与する目的、依拠する前提についての適切な分析は、歴史的・政治的・制度的諸力の相互作用に関する考察を含むものでなくてはならない[(2)]。

2 社会学と特別支援教育

　社会学者たちの主張によると、教育システムは社会が自らを再生産する最も重要な手段の一つである。この観点から、学校は子どもを社会化するための代行機関と見なされる。それは、支配的な価値や信念を伝達するのみならず、知識技能の特定の形式を配分することで、アイデンティティの形成にも関与する。そして、社会の基本的な区分［階級・階層］を維持することに繋がる、意識と学業成績の差異を生産することに学校は寄与している（Hall, 1977; Apple, 1980; Weis, 1986）。

　このように、学校が［社会によって］制約され、［社会を］制約するプロセスは、複雑かつ不公正で、相矛盾する過程である。階級関係の中核的機能にその関心を集中させてきた初期の社会学とは異なり、近年の社会学的研究は階級やジェンダー、人種の相互関係を考察しようと試みている（Davies, 1985; Weis, 1985）。これらの研究は、最初期の分析における過度な決定論を批判して、社会構造の決定力と生活文化との動的な関係に関心を向ける。それゆえ、学校での社会化とは、機械的強制の問題ではなく、アップル（Apple, 1985=1992）が強烈に思い起こさせてくれるように、

　　学校は文化とイデオロギーを生徒に課すところであるというより、むしろこれらのものを生み出す場（sites）である。そして労働現場と同様に、矛盾に満ちたやり方で、論争と闘争のプロセスを通して生み出すのである。（p.26=41）

　それゆえ、社会学的想像力は、社会的制約や統制の本質に関する「情報（news）」をもたらすことに関与している（Bernstein, 1975）。社会を脱神秘化し、例えば、

特定の状況における所与の参加者の日常的実践と制度的手続きの結びつきを解明するといったことに、社会的想像力は関心をもっているのである。

　教育の領域における社会学的な関心は、以下のテーマを含む一連の課題に及ぶものとなる。

　　学校教育と社会的不平等との関連。
　　学校の社会組織についての記述と分析。
　　学校カリキュラムの組織とその内容が依拠する前提についての分析。
　　ジェンダーと性別分離の再生産。
　　学校成員が自らの生活世界を構成し、管理し、変化させていく仕方を含む社会過程としての学校。
　　マイノリティグループを統制するための物的基礎とイデオロギー上の支持基盤（Bernstein,1975; Karabel and Halsey, 1977; Robinson, 1981; Walker and Barton, 1983, 1986）。

　とはいえ、近年になるまで、イギリス国内で特別支援教育の領域に社会学的な関心が払われるということはほとんどなかった。このような怠慢について、いくつかの説明がなされている。例えば、社会学者たちは、教育の「公平性（brightness）」を建前とする選抜の本質的な不平等性とその程度を証明することに熱中し、「欠陥、鈍さ、ハンディキャップ、あるいは特別なニード」を理由として、通常学校から排除される生徒が増加しているという事態について吟味してはこなかった、とトムリンソンは述べている（Tomlinson, 1982）。また、クイック（Quicke, 1986）は、過去10年間に公刊されたスクール・エスノグラフィーを分析し、社会学者の関心はたいてい、「破壊的」で「厄介」で「難しい」子どもとして記述される生徒に向けられてきたと主張する。ゆえに、彼らの注意が治療部門（remedial department）に在籍する生徒や、「学習遅進児」と見なされる生徒に払われることはなかったのだ。クイックは次のように言う。

　　これらの研究者が用いる逸脱者の概念には、「学習困難」として特別ニーズのカテゴリーに組み込まれうるであろう**大部分の者**は含まれていないよう

に思われる。(p.83, 強調は引用者)

　特別支援教育分野での思考や実践の多くを特徴づけているのは個人主義である。そうした個人主義を過度に強調することの結果として、社会学的な関心の欠如もまた生じてきたのではないだろうか。
　こうした状況を踏まえて、我々は、最初の段階で、社会学者として懸念される問題領域を明らかにし、さらに最近では、このトピックに関する一連のアイディアを提示している（Barton and Tomlinson, 1981, 1984）。社会学的分析は、既存の実践や制度的条件をしばしば批判する（Lane, 1981）。批判的な分析は、例えば既存の権力関係を不安定化し、動揺させる効果を果たすことができるという意味で、変化にとって欠くことのできない重要な要素であると考えられている。だが、最近、クロルとモーゼス（Croll & Moses, 1985）は、ある種の社会学的分析が特別支援教育の領域に適用されることを批判した。彼女たちの議論の一部はこうだ。構造主義者の枠組に依拠する社会学者たちは、いつも専門家の判断や実践は最悪の動機に根ざしているとするが、一人ひとりの子どもの真のニーズにも基づいていることを見落としている。
　こうした形の批判に対して、十分な注意を払うことが重要だ。このような社会学的な批判を提起する人々は、特別支援教育の領域に優れた取組みや刺激的な革新が存在することを否定してはいない。実際、多くの困難があるにもかかわらず、すばらしい仕事を成し遂げている教師は少なくない。そうした状況をさらに進展させることが肝心だ。また、専門家と彼らの既得権への批判を提起することで、彼ら専門家の動機の全てを最悪のもののように論じるなら、それは全くの誤解である。むしろ主張すべきなのは、個人の「善意」は、組織的で構造的な要求によって制約されているとしても、時にそれは予想もしなかった結果をもたらすということである（Bart, 1984）。最後に、社会学的分析は多くの生徒が学校で実際の様々な困難に直面している事実を認めていないと、受け取られるべきではない。このことを確認した上で、キャリアー（Carrier, 1986）が主張するように、我々は以下のように考えたいのである。

　つまり、彼ら［ハンディキャップ者］を何らかの状態にあるものとして同

定する方法、人々が彼らの状態の性質やその結果を説明する仕方、そして、彼らの状態が教育実践とそれに影響を与える諸力を反映する仕方、これらの事柄を不確かで、研究に値するものと考える。(p.5)

社会学者たちが主張してきたのは、ハンディキャップ者に対する配慮の進展は進歩や啓蒙、人道主義的関心の結果だという見方は全く受け入れがたいということである。特に不利な立場におかれたこの集団が一般的に経験してきたのは、ある種の搾取や排除、非人間化や束縛だった。19世紀イングランドにおける狂気の処遇の発展を描いた卓越した研究の中でスカル（Scull）は次のように主張する。

　改革の結果を人道主義的関心の単純な表現や成功として提示することは、**救いがたいほどに偏った不正確な展望**――当然、それは利用できる証拠の、系統的な軽視と歪曲に基づいている――を採用することに他ならない。(p.15, 強調は引用者)

　よく知られるアサイラム［収容施設］が建設された理由の一つは、確立した秩序に対する汚染や起こりうる脅威から社会を保護しようという願望であった[3]。資本主義が興隆する結果として、正常な身体と異常な身体との、つまりは生産的な要素と非生産的な要素との拡大する区別がこれに加わる。
　アサイラムは、社会の中にある人間らしからぬ集団――彼らは法的権利をもたず、自己決定力もないと見なされた――を収容するための施設であった。彼らは、病気を患い苦しんでいると信じられており、必要な処置は医者によって提供されなくてはならないとされた。このようにして、ハンディキャップ者の定義、診断、治療における医療専門職の出現と支配は生じるのである。
　狂気を組織化し、医療の領域へと断固として送り込むにあたって、この特定の専門家集団の影響力を過小評価するわけにはいかない。彼らが成功した理由の一部は、科学的専門知へと訴えたことである。スカル（Scull, 1982）が述べるように、

専門知が強調したのは、秩序、合理性、自己規制であり、それらは施設的な環境においてのみ達成しうる目標であった。(p.44)

　それ故、人口の逸脱的部分を統制し、[これらの人々を収容する]施設の運営管理を行わなければならない社会の側からすれば、医療的専門家の役割は極めて重要なものであった。
　この医療専門職の関与がもたらした二つの帰結に注目しなくてはならない。一つは、薬物治療の影響によって、問題は個人の生理機構の**内部**にあるものとして明確に位置づけられたということだ。そして、ニードの決定者と見なされる、強力な専門家集団の存在は、彼らが提供するサービスへの需要の増加をもたらした。彼らの影響力の効用は、1970年になってようやく重度ハンディキャップ児の教育が教育科学省の公的責任になったという点に認められる。それ以前は、社会サービス保健省（Department of Health and Social Services）の所管であったのだ。
　我々は他のところ（Barton and Tomlinson, 1981）で、教育の、とりわけ特別支援教育の歴史は、有力な集団間の闘争の結果として理解できると主張してきた。既得権益を維持し、「優先順位」と「問題」を定義し「解決策」を提示する権限を強化したいという様々な専門家の欲望からある種の葛藤は生じているのである。
　ここに、専門家間の力関係の問題と同様に、専門家とクライアントとの間に生じる力関係の問題もまた提起される。多くの文献がしばしば看過してきたのは、特定の子どものニーズを構成するのは一体何かという点をめぐって、専門家間に意見の相違が現存するという事実である。ボールドウィン（Baldwin, 1986）の議論するところでは、ヒューマンサービス全般にわたる議論の中で、さまざまな専門家が「ニーズ」や「ニーズアセスメント」といった概念を異なる用法で用いてきたのである。したがってここに、重要な課題が生起する。つまり、それは、一体誰の利害に基づいてニーズの評価は実施されているのかを理解するという課題である。専門家は、クライアントが取り結ぶ諸関係——本質的に依存によって特徴づけられる——との関わりでニーズを定義し、つくりだす傾向がある。ニーズについての合意をめぐるこの混乱は、自己の考えを表

現することのできないクライアントにとって、ましてや、そうした思考能力をもたないと見なされるクライアントにとって、極めて重大だとボールドウィン（Baldwin）は主張している。

　子どものニーズを構成するプロセスに関与する有力な集団がもう一つある。それは、教育心理士たちである。1913年のロンドン市議会で、イギリス初の公的な教育心理士に任命されたのは、シリル・バート[4]だった。彼は、教育分野の政策と実践を推進するにあたって、そしてまた、特に、計量心理学あるいは心理検査の発展において、最も影響力のあった人物の一人とされてきた（Simon, 1985）。この特定の専門家集団の影響力の拡大に対して、近年の分析は説明を与えようとしている。それらの分析が示唆するのは次のような事柄である。

　1944年教育法および特定のハンディキャップをもつ児童生徒に対する特例措置の段階的実施。
　教育サービスにおける心理士の雇用状況調査を目的とする1968年サマーフィールド委員会の設置。
　教育心理士の養成コースの設立へと結実する、大学や高等教育での心理学科目の人気の高まり。
　知的なハンディキャップをもつ子どもたちの教育は、医学的診断にではなく、基本的に教育的配慮に依拠すべきだという信念の発達。（Thomas, 1985; Quicke, 1984）

　今日、教育心理士たちの役割は、アセスメントやプレースメントにとどまらず、特に教師への助言的な要素をも含むものとなっている。その一方で、彼らの日常業務において、心理測定法の使用頻度が徐々に減少しつつあることは疑いない。また、子どもの情緒的、ないし認知的機能に関して、水準、段階、ニードまたは技能を評価する比較的異論の少ない手法はいまだ彼らの理論と実践の顕著な特徴となっている。そして、クイック（Quicke, 1984）が主張し続けているように、

教育心理士が言うところの「中立的」で「客観的」な、そして価値にとらわれない概念や測定尺度は、潜在的に混沌とし、論争の絶えない領域に秩序と合理性の装いをもたらすことで、システムにとって不可欠な機能を果たしている。広い意味で、特別支援教育の発展は、その大部分が教育心理士の技術によって促されてきただけでなく可能となっていると言って過言ではない。（pp.123-124）

　1981年教育法の導入・実施に伴って、何らかの特別支援教育を必要としていると考えられる児童生徒の発見・アセスメント・サービス提供における教育心理士の役割は増大した。
　アメリカ合衆国とイングランドの双方で、特別支援教育プログラムへの影響を強めつつある心理学的アプローチは行動主義である[5]。教育についてのこの見方の特徴を議論する中で、シャピロ（Shapiro, 1980）は次のように述べている。

　　そこでの目標は、高度な水準に設定され、細かく断片化され、定量化可能とされている。そうしたアプローチは、想像力に富む思考や、独創性のある思想、もしくは異質な考えに対する関心を一般的に除外する。そして、教育は、事前に教師たちが予定した結果へと可能な限り接近しようとする生徒たちの努力の過程となるのである。（p.221）

　このような見方を突き詰めていけば、包括的パッケージとしての教材を数多く生み出すことへと帰結する。こうした形の実践に関わる教師たちは、これまでもっていた教育技術が失われ、新たな技術を習得しなければならないという問題は別としても（Bart, 1984）、ここで今一度強調すべきなのは、そのことにより、問題が個人化されていくということである。

3　ラベルを変更する

　イギリス政府は、1960年代から70年代初頭にかけて、黒人の若者をめぐる社会問題へと注意を向け始める。彼らは、個人的、または文化的欠陥を有する

ため苦悩している特別な集団または「特別な問題」とされ始めたのである。こうした関心のあり方に拍車を掛けたのは、黒人若者層の失業問題の悪化であり、疎外感やフラストレーションの結果、彼らは徐々に政治化し、危険な存在になるとの信念だった。(Rex, 1970; Humphry, 1972; Rex and Tomlinson, 1979; CCCS, 1982)

「特別なニーズ」のイデオロギーは、国家の介入を正当化するためにだけ用いられたというわけではない。ソロモス（Solomos, 1986）は以下のように述べる。

　ちょうど、諸々の教育的イデオロギーがそうであるように、「補償教育」の観念が立脚していたのは、教育的に失敗した人々が必要とするのは治療的な援助であるとの考えだった。それゆえ、特別ニーズのイデオロギーは、マイノリティ諸集団を、個人的、もしくは文化的な欠陥が原因で、失敗を重ねてきた人々と見なしたのである。(p.136)

特殊教育の領域で「ニーズ」が強調され始めるのは 1960 年代のことであった。どんな社会にあっても、ニーズの概念は、価値体系、つまりは権力と関連する。人々のニーズに関する決定は価値判断を伴うものなのである。

最近、トムリンソン（Tomlinson, 1985）が主張したことではあるが、「特別ニーズ」のイデオロギーは曖昧で矛盾・対立するものであるだけでなく、社会体制を支持するさまざまな政策と実践を支えてもいるという認識をもつことが極めて重要である。また、レトリックは人道的なものであったとしても、実践は統制手段の一つでありうる。「特別ニーズ」の概念は、不利な条件に置かれたさまざまな集団についての欠損モデルを支持するのに用いられてきたという歴史をすでに有しているのである。

（１）『ウォーノック報告』

1944 年教育法以来、最も影響力をもつ政府白書の一つが、『ウォーノック報告』としてよく知られる、ハンディキャップ児教育調査委員会の報告書である。それは、1981 年教育法の基本原理に影響を与えるとともに、多くの議論を刺激してきた。同報告が提起したさまざまな課題は、障害児という小集団の利害

にのみ結びついているというわけではなく、教育提供のあり方全体に関連しており、それゆえ全ての子どもにとって重要であると思われる。

1975年11月、当時、教育科学大臣であったマーガレット・サッチャーは委員会に以下のような事項の審議を諮問する。

　障害児の医療的ニーズと就業準備を考慮して、心身の障害によってハンディキャップを負っている子どもに対する、イングランド、スコットランド、ウェールズにおける教育的手立てを精査すること。併せて、こうした目的を実現するのに最も効果的な諸資源の利用の仕方について検討し、必要な勧告を行うこと。（Warnock Report, 1978, p.1）

この報告には鍵となる二つの勧告が含まれる。

（1）当時存在していたハンディキャップに関する10の法的カテゴリーを廃止し、それらを「特別な教育的ニーズ」の概念と入れ替えること。このことの一部を正当化するのは次のような考え方であった。

　カテゴリー化することは、子どもの二つの集団――ハンディキャップのある子どもとない子ども――の間の明確な区別を永続する（p.43）。
　さらにまた、カテゴリー化することは、何らかの特別な教育的手だてを必要とする可能性のある子どものうちの一部にだけ注意を集中することにつながってしまう。
　したがって、我々は、ハンディキャップのある児童生徒という法的カテゴリーは廃止すべきだと提言する。（p.43）

（2）さらに提言されたことは、「特別な教育的ニーズ」の概念は、従来特殊教育のニーズをもつと見なされていた子どもの数よりもはるかに多くの、普通学校生に対して適用されるべきだということである。報告は以下のように言明する。

5分の1におよぶ子どもたちが学校生活のある時期に、特別な教育的ニーズをもつ子どもとして、何かしらの特別な教育的手だてを必要とする可能性を有している。(p.41)

　それゆえ、報告が提起した課題と勧告は、分離された特別支援学校に関わる教員に適用されうるのみならず、すべての学校に関わるものとなっている。また、教育的配慮を必要とする生徒に対するより肯定的な態度を促すことにも、それは関連する。そして、報告は「特別な手立ての適用対象拡大を正当化するための手段として特別な教育的ニーズ」の概念を用いているのである（Fish, 1985; Tomlinson, 1985）。

　しかしながら、同報告は批判を免れてはいない。社会学者たちは、同報告が医学的／心理学的に強く偏向した見方によって支えられている点を批判してきた。また、彼らの主張するところによれば、「特別な教育的ニーズ」の概念は、管理上の利便性を高めるための手段であって、システムのさらなる官僚化と、専門家の判断の権限強化へと帰結する。そして、ハンディキャップをつくりだすものという観点から、学校組織の構造、カリキュラムの影響、教師の期待、教授法といった問題をきちんと検討してはいないと同報告を批判したのである（Lewis and Vulliamy, 1981; Tomlinson, 1982; Ford et al., 1982: Oliver, 1984b）。デビッド・カープ（David Kirp）というアメリカ人は、同報告並びに特別支援教育領域の政策課題に対する最も強力で洞察に満ちた批判を行った（Kirp, 1983）。英米の法律と政策を比較しながら、イギリスでのウォーノック委員会のメンバー構成を見れば、その種の委員会の委員構成と最終結果に関する役人の権限について多くのことがわかると彼は指摘する。カープが言うには、そこでのメンバーは特定の専門的知見（特に医学的・心理学的・教育方法的視点）を代表するものとして選ばれている。そして、彼が報告するところでは、ウォーノック委員会を構成する26名のメンバーのうち、障害児の親はわずか1名で、黒人社会のメンバーも弁護士も、障害当事者もそこに参加してはいなかった。報告がシステムの問題を真剣に考察しないことも、専門家の判断への依存を助長してきたことも驚くには値しないとカープは言う。その基本的なメッセージは「専門家を信用しなさい」ということだ。イギリスにおける社会政策またはハンディ

キャップ者へのアプローチは、『ウォーノック報告』も含め、一般的に次のような福祉モデルによって特徴づけられる。

　福祉モデルはコンフリクトを認めない。それは政治について沈黙し、法に対しては実質的に矛盾する。また福祉モデルは、絶えず拡大するクライアントに代わって合意された共通善に向けて働く専門家や行政官を想定する。(p.106)

特別支援教育に関わる問題を扱う多くの論文が、そうした福祉モデルに対して今なお全く無批判のままである。

（2）1981年教育法

一部の人々にとって、この法律は、進歩を明確に表わすものであり、ウォーノック委員会の多大な努力を証明するものであった。
性差別的な言語で表現されてはいるが、新しい定義は以下である。

（1）この法律の目的のため、特別な教育的手だてを要する学習困難のある子どもは、「特別な教育的ニーズ」をもつとする。
（2）その児童が「学習困難」をもつのは以下の場合である。
　（a）同年齢の大多数の児童よりも、学習上、著しく大きな困難がある場合。
　（b）地方自治体の管轄区域内で、同年齢の児童生徒のために学校が提供する一般的な教育施設・設備を使用することが、障害のために困難である場合。(p.1)

ある洞察力に富む批評家の指摘にならうなら、これらの短い定義が示唆するのは、学習困難は生徒たちの特性であり、母集団がもつ規範からの逸脱であり、地方教育局の提供する手立てに関係するものだということである（Booth, 1985b）。
　さらに、『ウォーノック報告』と1981年教育法の矛盾点を確認することができる。

（１）『ウォーノック報告』や1981年教育法は特別支援教育にこれまでにないアプローチを導入したと想定されてはいるが、そのアプローチの性質が厳密に特定されたことはいまだない（Booth, 1985）。
（２）障害児の保護者とパートナーシップを構築するための新たな機会を設けることが奨励される一方で、その親たちは、途方に暮れるほど多数の官僚的手続きに直面させられる。
（３）ある種の子ども集団が普通に教育される機会を最大限増やすことは強調されるが、我々が現在、目の当たりにしているのは、新たな人間類型――ステートメントを付与された子ども――の出現なのである[6]。(Jones, 1985)

しかしながら、おそらく、これらの展開から得ることのできる最も重要な教訓は、いわゆる「特別である」ということは、普通あるいは主流の教育の性質によって規定されるということである。次にこの問題を短く考察してみたい。

4　学校教育の本質

教育分野での政策とその実施は、基本的に経済優先の原理に基づくものである。とりわけ、過去５年間にわたる教育への政府の干渉は先例のないものとなった。カリキュラムの性格と拘束、新たに創設された試験制度、マンパワーサービス委員会の役割[7]、教育に支出する地方自治体による統制、学校理事会の性格、教師教育の枠組と将来に向けた評価、これら全てによってこの傾向を知ることができる。

学術誌においても、また大衆紙のなかでも、学校水準の低下、規律に関わる問題の増加、基礎学科に当てられる不十分な時間数、"誤った"教授法といった事柄が告発され、そのことが［学校に］説明責任を求める圧力を正当化してきた。

学校水準の制御と監督を強化せよという要求は、教師を査定し評価するための明確な形式を求める声として表現される。実際、国会はこの問題に関わる法

令を議論してきた（Barton and Walker, 1984; Lawn, 1985; Grace, 1985）。

　政府の立場は多くの公文書を通して表明されてはいるが、キース・ジョセフ卿（前教育科学大臣）による最近の論説は最も明確にその関心を要約する。政府の業績と意図に関する議論において、彼は以下のように言う。

　　今、我々は、教育の水準と目標、そしてまさに教育内容とカリキュラムそれ自体に注意を向けている。すべての学校の教育水準を底上げすることが政府のねらいである。(Joseph, 1985)

また、最近議会に提出された『よりよい学校』（DES, 1985）と題する報告書のなかで、政府の学校に対する主な狙いが述べられている。一定水準の教育を概ね達成する方法は、全く明らかであるとして、次のように言う。

　　大部分の生徒にとって、義務教育の期間は、公的な試験制度を通じた評価によって終了する。この制度はそのまま継続されるべきだと政府は考える。試験結果は、成績を評価する一つの重要な手段である。適切に設計された試験は良い成績への刺激となる。そして、多くの生徒たちと同様に、両親や雇用主もまた、現行の試験制度を正当に評価している。(p.29)

　試験を通じた学業的優秀性の追求は、いまだ疑問の余地なく我々の教育制度の支配的な特徴となっている。
　すなわち、学校は能力の狭隘な定義に基づいて、ある生徒を別の生徒から区別することに関わっている。そして、学校は、生徒の発達における他の側面に学業成績と同様の地位を与えるのは難しいと見なしている。また、学校内部の知識は、個人間の競争の手段として適切なものとされている。加えて、学校は生徒を年齢に応じて分離する。そうした年齢階梯は特定の知識形態との結びつきと、その表示によって特徴づけられる。その知識とは、ヤング（Young, 1971）が主張するように、抽象的な価値を伴って、ヒエラルキー的秩序を形成する、個人的で検証可能な知識である。
　ここでの選抜ないし分化の過程には、いくつかの特徴が認められる。第1に、

この種の学校教育は大多数の生徒の失敗を必要とする。ゆえに、そこでなされる教育評価の基本的な帰結とは、ベイツ（Bates, 1984）が述べる通り、

　個人の発達と解放という**教育上の目標を実現するための手段**というよりもむしろ、まるで階級構造のような、排除のメカニズムとなってきた。(p.128)

　それゆえ、教育機会の特性と年限という点で多くの生徒がアクセスを拒まれている。第2に、特定の知識形態に優先的価値を付与することで、学校は別のタイプの知識、特に黒人と白人労働者階級の生徒たちが有する知識タイプを低く価値づける傾向にある。そして、第3に分化のこのプロセスは、コンネルら（Connel et al., 1982）が述べるように、

　社会二元論、あるいはステレオタイプ化を生じさせ、「かしこいやつ」と「ばかなやつ」との間に、つまりは、「頭を使う」ことができる者と「手作業が得意な」人々との間に敵意を生み出すことになる。(p.195)

　この評価システムのなかで、特定のカテゴリーは特別かつ重要な意義をもつ。そこには、「聡明な」、「有能な」、「知的な」、「意欲的な」、そして「平均的な」、「のろまな」、「鈍い」、「やっかいな」、「怠惰な」などの概念が含まれる。これらのラベルを仲介する教師の立場と、そうした概念が生徒に伝えるメッセージとを過小評価すべきではない。

　学校は社会統制の代行機関である。子どもたちは学校への恒常的な参加を通して、非常に多くの社会的・文化的な教えに服するようになる。そうした教えは、文化的差異をめぐる秩序を含んでおり、それが「正常」、「能力」、「嫌悪」、「逸脱」を構築するのである。儀礼と繰り返される日常の強力なメカニズムを通して、この複雑なプロセスは学校教育の自然で当たり前の姿となる。もちろん、先にも述べたように、生徒たちはこのプロセスにおいて受動的な存在ではなく、別の方法でこれらのメッセージを媒介しており、同時に、システムに対して働き返してもいるのである。彼らは教師たちとは異なる関係者によって動機づけられ、［教師たちが重視するのとは］異なる優先順位を実現しようと奮

闘するのだ。しかし逆説的なことではあるが、学校内に際立った位階秩序が生じることにより、生徒たちのまさにそうした諸行為は、「この種の子ども」に期待される反応の一部として理解される。そして、生徒たちのそうした反応は、さらなる矯正の必要を支持する証拠とされていくのである。

　要するに、特別支援教育の発展は普通教育の展開と切り離して考えることはできないのだ、と私は主張しているのである。学校教育は本質的に選抜の影響を受けており、これまでのところ社会階級上の分断を改善しようという流布している理想は実現していない。学校教育は、社会的に公平なものとも、あるいは文化的に中立なものとも見なし得ないのだ（Wexler, 1981）。そして、学校教育とはまさに社会的なものである。にもかかわらず個人の特性のみを強調するなら、それは社会的機能に関わる諸問題を無視するという謬見へと帰結する（Hargreaves, 1982）。歴史的に、特別な教育的手だてを提供する分離されたセクションの存在を合理化してきたのは、試験制度の強力な影響力とそれらに関わる諸々のイデオロギーであった。障害のある生徒も、障害児のためにつくられた諸制度も、通常の、またはメインストリームの学校教育によって設定された諸基準を満たしてはいない。その意味で、特別支援教育は特別なのである。こうしたわけで、能力の欠如した、つまりは教えにくいと見なされる生徒には、別の形の学校経験が与えられなくてはならないとされる。結局のところ、特別支援教育は、メインストリームの教育制度のための安全弁とされてきたのだと言えるだろう。

　したがって、重要なことは、より広く一般的な教育問題の文脈の中に特別支援教育の議論を位置づけることである。5人に1人の子どもが何らかの特別な教育的手だてを必要とするようになるという『ウォーノック報告』の議論（それを、いささか控えめな見積もりだと考える人もいるだろうが）に戻るならば、今後、特別なサービスの拡大は不可避的であると考えられる。白人であれ黒人であれ、労働者階級出身のより多くの子弟が特別な教育的ニーズをもつ者として同定されるようになるということだ。このことを認識し、また若者の失業増加と関連づけながら考察することにより、トムリンソン（Tomlinson, 1985）は、特別支援教育の拡大とは、重大なジレンマに直面した教育制度と社会全体の政治的反応だと主張する。つまり、特別支援教育の拡大は、失望した若者たちに

対するさらなる統制の必要性の表れなのである。

ポール・ウィリス（Paul Willis）によって指揮された、ウルヴァーハンプトンの若者についての2年間にわたる研究は、若年失業者が「新しい社会状態」を押しつけられていると示唆している（Willis, 1985）。これらの若者たちは、長期にわたる相対的貧困と、家族および卑劣さと強制力をます国家への依存を経験している。この新しい状況は、無給状態や依存だけでなく、例えば、「疎外や抑鬱」、「将来展望についての悲観主義」をも包含する。こうした状態は人種とジェンダーによって独自で多様な仕方で具現化することを認めつつ、ウィリス（Willis, 1986）は、これは本質的に労働者階級の経験だと断言する。彼が主張するところによると、これらの若者は「自らのコントロールが及ばない構造的問題について個人的に気に病むという神経症」に追い込まれているのである（p.112）。

これら失業中の若者たちは、ますます特別な問題を抱える者としてみなされるようになり、特別なニーズに応えるための卒業後教育（Post School Programmes）はその重要性を増していく。マンパワーサービス委員会はそうした必要に応じるべく積極的に関与するだろう。これらのプログラムは、国家、若者、及び労働市場の現実、これらの間の緩衝地帯として十全に機能している。こうして、特別な教育的ニーズをもつと判定された多くの生徒は明日の失業者となるのである。

5 未来の方向性

教師の認識に関わる問題、および個人的な事柄と政治的事象との結びつきの問題を慎重に考察することが重要となる。よって、特別支援教育に関わる教師に必要なことは、社会の内部や上部に表れてくる上述の不平等な本質を鋭敏に認識することである。教師たちは、選抜と分化に本来的に関連する教育システムが何をもたらすかについて熟慮する必要がある。

教えることに対する需要は実際的な事柄に焦点を当てるよう促すかもしれない。だが一方で、階級、人種、ジェンダーに関わる問題が看過されるということがあってはならない。実際、本稿の立場からするなら、これらは［特別支

援教育と〕深く関わる緊急課題なのである。イギリスの特別支援教育分野における発展的現職教員研修に関する最近の論考において、ブース（Booth, 1985b）は以下のように述べて、そうした問題の重要性を素描する。

　実際のところ、中度の学習困難のある生徒のための学校、ないしは適応障害のための通所施設に措置される全ての生徒が労働者階級の子弟である。(p.11)

これは、アメリカ合衆国での、「知的障害」者のためのプログラムに参加する生徒の多くにとっての真実でもある（Ysseldyke et al., 1982; Sigmon, 1985）。ブースはまた以下のようにも述べている。

　人口比から見て不自然なほど多くの黒人生徒が破壊行動治療施設に措置されるか、ESN（M）[8]［中度教育遅滞児施設］への措置を推奨されている点は、いまだ議論と衝突の原因となっている。(p.11)

アメリカ合衆国では、黒人生徒が過度に精神遅滞児のためのクラスに入れられている。（Collins and Camblin, 1983）

　すべての種類の特別支援学校において男子が多数を占め、適応障害のある子どものための学校における男子生徒の多さは圧倒的である。（Booth, 1985, p.11）

　放送大学の「教育における特別ニーズ」のコースでは、最初の3年間、78％の学生が女性であった。(p.11)

こうした事柄についての十分な説明は、それらをより広い、複雑な社会的、経済的、政治的な諸要因と関連づけるときにのみ可能となる。つまり、この時なされるべきなのは、それら一連の現象をメインストリームの、または通常の教育との関連において考察することであり、そしてまた、いかにそれらが、格

差社会の社会的不平等や固定観念、差別的イデオロギーや実践と呼応し、それに貢献しているのかを熟考してみることなのである。その時、一つの励みになるサインは、ジョン・フィッシュが議長をつとめる独立査察委員会の成果をまとめたフィッシュレポートである。それは、『万人のための教育機会』と題して、出版されたものであった。そのレポートは、インナー・ロンドン教育庁で特別な教育的ニーズを充足するために提供されるサービスの有効性に関わるものであった。その独自性は、反人種差別・反性差別の政策的文脈において、学習困難の権利問題を提起しているという点にある。そこでの優先権は、真に包括的なシステムの中で、**すべての生徒の教育における機会均等を発展させること**に置かれているのだ。

　ハンディキャップの創造に社会的要因が貢献することを認める視座の重要性を議論するなかで、そのことと関連する支配的仮説と前提が批判されてきた。そこで注目に値するのは、特別な教育的ニーズを有するとされる子どもの数が利用可能なサービスに比例して増加するという事実である。それらのニーズの性質——特定ケースに関するアセスメントやプレースメントはなおさらであるが——当事者の先天的な特性に基づくというよりもむしろ、利用可能な社会資源の問題に関連しているのである。つまり、経済的考慮が常に特別支援教育の発展における最大の要因であり続けてきたのである。

　また、特別なニーズをもつ生徒が世界を経験する仕方を理解する際、それは彼らの相互行為が生起する文脈の検討を伴うものでなくてはならない。したがって、学校の物理的諸特徴、その場のエートス、隠れたカリキュラムと公式のカリキュラム、そして教師の期待は、学校内部で生徒の逸脱行動や問題行動を生起させる強力な原動力として理解されなくてはならない。フォードら（1982）が述べるように、

　　生徒の経歴に影響を及ぼすプロセスの範囲は非常に大きい。パストラルケア［宗教指導者からの心理療法的ケア］のスタイル、治療的サービスの有効性、カリキュラムの内容、ＰＴＡの存在、そして遊び仲間の創造。これらは、生徒が問題行動を理由としてラベリングされ、しかるべき機関に措置される可能性を左右しうる多様な要因の五つに過ぎない。(p.169)

例えば、取り出しグループへの治療的援助や劣等生のための特別カリキュラム、あるいは特別支援学級、これら学校が学習困難のある生徒のために用意した多くの手だては徹底的に批判された。先の分析における知見を確認した上で、ギャロウェイ（Galloway, 1985）は、次のように述べる。第1に、これらのアプローチに共通する要素は、メインストリームの学校に勤務する教師に対して、生徒たちの経験する困難の生成に学校がどのように貢献するのかを考える機会や刺激を与えていない点にある。

　ハンディキャップ者に対する科学的な関心の一つの結果は、彼らを臨床的な、または行動上の症状という視点からながめるようになったことである。しかし、それにより彼らに提供される生活の多くは不満足なものであり、尊厳に値するものではなかった。我々が切実に欲しているのは新たな展望であり、マルチン・ルーサー・キングの言葉を借りるなら「夢」である。我々は、ウェクスラー（Wexler, 1981）が解放的視座と呼ぶもの、つまり、意味や個人的アイデンティティのためのオルタナティブな文化的基盤を提供するもののために働かなくてはならない。個人的な不満は、ウェクスラーが述べるとおり、

　　オルタナティブな社会の可能性を実現するための初期条件に過ぎない。（p.259）

　子どもたちの多様性へと視点を転換し、共通性を明らかにするという（Simon, 1985）プロセスにおいて、理論構築と実践が重要な役割を果たす。集合的アイデンティティの確立とそれに基づく闘争は、社会正義と平等に対する希求の基本的特徴となるだろう。そうした営為は障害者自身の近年の分析を通じて推進されつつある。彼らは今ある理論の不備を認め、根源的な変革のための確かな基盤を発展させようとしているのである[9]。教育社会学の領域において、そうした試みの一部が現れ始めている（Oliver, 1984a, b, 1986; Abbedy, 1985）。

　変革のための闘争に貢献しようとするとき、我々は同時代のフェミニストの

思想や実践から多くのことを学びうる。一つの決定的な教訓は、個人的な事柄と政治的な事柄を結びつけることの重要性である。すなわち、主に個人的な問題と見なされてきた事柄というのは、社会的苦境つまりは政治課題だということである（Eisenstein,1984）。この見方は、人々が人生で感じ経験する事柄こそが重要であるという前提に立っている。他者と経験を共有することから、従属的な位置におかれた集団のメンバーは、自分が孤独ではないということを理解し始める。こうした手段を通じて、自尊心と有能感を発展させ始めるのである。

なすべきことはとても大きい。無力感と抑圧をはねのけて、個別的・集合的自己実現を達成しなければならない。そのために、人々に自らについて語ってもらうことが重要となる。マクドナルド（McDonald, 1980）が書くように、

　自らの身体の内側に監禁されるのはとても恐ろしい。そして、重度知的障害者のための施設への収容は、それとは異なる仕方で人を破壊する。つまりそれは、全ての希望を奪い去る。
　普通の子どもたちと全く出会ったことがなかったので、私たちは彼らがどんな子どもたちなのか知らなかった。どこで私たちは落ち零れてしまったのか。醜い体にもかかわらず、精神をもちうるなどとは全く信じられていなかった。心臓の鼓動は、私たちの肩書きが「人間」であることを示していた。しかし、それは、私たちに普通の子どもたちのように生きる権利を与えはしなかった。私たちは、人類として想定される境界線の完全な外側にいる者とされてしまったのである。(p.8)

我々は教育者として問わねばならない。このような方法で人々を扱う政策を策定し、合理化するのはどのような社会であるのだろうかと。内に秘めた思想を公にすることにより、ハンディキャップがあるとされた人たちは社会運動に本質的な内実を与え、政治的な同盟と闘争のための基盤を提供しているのである[10]。

【謝辞】
　私は現職コースに在籍する教師たちに恩義を感じている。2学期間に彼らと共に働くという栄誉を得てきたのである。彼らは、私が自分の考えを明確にするのを助けてくれたし、大事な

問いを提起してくれた。そのいくつかについては、私は未だに十分に答えられないでいる。そして、私は本論文で、彼らの懸念のいくつかを、明らかにしようとしてきた。また私は、本論の旧版に対するジョン・クイックの建設的な批判、および本誌の2人の査読者に感謝する。

【注】

1 この種の論文で、そうした問いに関わる複雑な事柄を議論するのは不可能である。教育社会学の内部では、フェミニストによる提起やエスノグラフィに対する関心の高まりの結果として、研究者の視点や被調査者との関係性、分析目的に関連する諸問題が極めて重要な問題として扱われてきている。

   近年の社会学や教育政治学におけるアプローチの展開を分析するなかで、ウィッティ（Whitty, 1986）はラディカルな視座にコミットする社会学者たちの貢献について議論し、以下のように述べている。

   自分自身の利害や、自らのキャリアを進展させるために知識を産出することと比較して、ラディカルな実践を行うために諸々の状況を調べようとすることは、経験的に厳密であろうとするインセンティブにはつながらないと言われてきたが、そうした主張を支持する明らかな理由は全くない。（p.84）

2 これはまさに発展途上の領域である。我々は、特別な教育的手だての出現と拡大との関連において、これらの問題を歴史的に理解するための材料をほとんどもたない。
3 ある時代に支配的であった見方において、障害者は性的に放縦であると見なされていただけでなく、彼らと同じような障害をもつ子どもを産み、その遺伝材料を変質させると信じられていた。それゆえに、我々はこの国の優生学運動の意味を理解することが重要である（Woodhouse, 1982）。
4 その研究の詐欺的な性格が暴露されてもなお、彼の権威が疑われることはほとんどなかったようだ（Gillie, 1978; Simon, 1985）。また、心理学や教育学の学会誌において、この問題が真剣に取り上げられるということもほとんどなかった。
5 この用語は一般的にいくつかのアプローチを包含するものと理解されている（Ainscow and Tweddle, 1979; Wheldall et al., 1984）。それでもやはり、特別な教育的ニーズをもつ子どもの教育において強力な行動主義的アプローチが採用されている兆候がある。とりわけ、重度の学習困難児の教育の場合に、この兆候は顕著である。
6 1981年教育法は、子どもの特別な教育的ニーズを定義する際、地方教育局が得なくてはならない助言の種類を明示している。それは、担任教師や学校医（school medical officer）、教育心理士からだけでなく、必要に応じて他の専門家からも助言を得るべ

きことを定めている。そして、一度完全なアセスメントが実施されたなら、地方教育局は子どもに必要な特別な教育的手だてを規定するステートメントを発行する。だが、ステートメントの草案は、子どもの両親に開示され彼らの意向を聞く。その後に、当局は当人たちの意向に即して最初のステートメントを修正するかもしれない。最終的に両親は教育科学大臣にまで自らの意思を訴えることができる。
7　マンパワーサービス委員会は、これまで学校が提供してきたものよりも適切なトレーニングを提供することに関連する諸々の計画に責任を負う中核的な機関である。同委員会は非常に強力な組織であり、教育科学省や地方自治体に対して何らの責任も有してはいない (CF.:M.S.C., 1981)。
8　ESN(M)は、中程度の学習困難をもつ、軽度教育遅滞児を指し示すのにかつて用いられたカテゴリーである。
9　特別支援教育と障害に関する機能主義者とウェーバー主義者の既存の見方を批判し、彼らは、自らの経験を表現する手段として、また不利な状況に置かれた集団間のつながりを発展させる方法として、「抑圧」の概念を使用する。我々は彼らの思想の展開の初期段階にいる。しかしここは、まさに楽観主義のための基盤であるように思われる。
10　例えば、アメリカ合衆国ではセルフ・アドボカシー運動に参加する人々が増加している。この国で同様の展開が生ずるのを、私たちは今まさに目撃しようとしている。

【文献】

ABBERLEY, P. (1985) *Policing Cripples: social theory and physical handicap.* Bristol, Bristol Polytechnic Library.

AINSCOW, M. and TWEDDLE, D. (1979) *Preventing Classroom Failure: an objectives approach.* Chichester, Wiley.

APPLE, M. (1980) Analysing determinations: understanding and evaluating the production of social outcomes in schools. *Curriculum Inquiry*, 10, pp.55-76.

APPLE, M. (1985) *Education and Power.* London, Ark Publications. 〔=マイケル・W・アップル著、浅沼茂・松下晴彦訳（1992）『教育と権力』日本エディタースクール出版部。〕

BALDWIN, S. (1986) Problems with needs. *Disability, Handicap and Society,* 1, pp.139-145.

BART, D. S. (1984) The differential diagnosis of special education: managing social pathology as individual disability. in L. BARTON and S. TOMLINSON (Eds) *Special Education and Social Interests.* Beckenham, Croom Helm.

BARTON, L. and TOMLINSON, S. (Eds) (1981) *Special education: policy, practices and social issues.* London, Harper and Row.

BARTON, L. TOMLINSON, S. (Eds) (1984) *Special Education and Social Interests*. Beckenham, Croom Helm.

BARTON, L. and WALKERS, S. (Eds) (1984) *Social Crisis and Educational Research*. Beckenham, Croom Helm.

BATES, R. (1984) Educational versus managerial evaluation in schools. in: P. BROADFOOT, (Ed.) *Selection, Certification and Control*. Lewes, Falmer Press.

BECKER, H. (1967) Whose side are we on? *Social Problems*, 14, pp.239-247.

BERNSTEIN, B. (1975) *Class, Codes and Control*. London, Routledge and Kegan Paul?

BOOTH, T. (1985a) Labels and their consequences. in: D. LANE and B. STRATFORD (Eds) *Current Approaches to Downs Syndrome*. New York, Holt, Rinehart and Winston.

BOOTH, T. (1985b) Training and progress in special education. in: J. SAYER and N. JONES (Eds) *Teacher Training and Special Educational Needs*. Beckenham, Croom Helm.

Centre for Contemporary Cultural Studies, (1982) The Empire Strikes Back: race and racism in 70's Britain (London, Hutchinson).

CARRIER, J. (1986) *Learning disability: social class and the construction* of *inequality in American education* (New York, Greenwood Press).

COLLINS, R. and CAMBLIN, L. (1983) The politics and science of learning disability classification: implications for black children. *Contemporary Education*, 54, pp.113-118.

CONNEL, R., et also. (1982) *Making the Difference: schools, families and social division*. London, Allen and Unwin.

CROLL, R. and MOSES, O. (1985) *One in Five*. London, Routledge and Kegan Paul.

CROSSLEY, R. and McDONALDS, A. (1980) *Annie's Coming Out*. London, Penguin?

D.E.S. (1978) *Report of the Committee of Enquiry into the Education of Handicapped Children and Young People*. (*Warnock Report*). London, HMSO.

D.E.S. (1985) *Better Schools*. London, HMSO.

DAVIES, L. (1984) *Pupil Power: deviance and gender in school*. Lewes, Falmer Press.

EISENSTEIN, H. (1984) *Contemporary Feminist Thought* (London, Unwin

Paperbacks).
FORD, J., MONGON, D. and WHELAN, M. (1982) *Special Education and Social Control: invisible disasters.* London, Routledge and Kegan Paul.
FISH, J. (1985) Special Education: the way ahead. *Milton Keynes*, Open University Press.
GALLOWAY, D. (1985) Meeting special educational needs in the ordinary school or creating them? *Maladjustment and Therapeutic Education*, 3, pp.3-10.
GILLIE, O. (1978) Sir Cyril Burt and the great I.Q. fraud, *New Statesman*, 24 November, pp.688-694.
GRACE, G. (1985) Judging teachers: the social and political contexts of teacher evaluation, in: L. BARTON and S. WALKER (Eds) *Education and Social Change*. Beckenham, Croom Helm.
HALL, S. (1977) Education and the crisis in the urban school. in: J. RAYNOR and E. HARRIS (Eds) *Schooling in the City*. London, Ward Lock.
HARGREAVES, D. (1982) *The Challenge for the Comprehensive School.* London, Routledge and Kegan Paul.
HIUMPHRY, D. (1972) *Police Power and Black People*. London, Panther.
I.L.E.A. (1985) *Educational Opportunities for All?* (Fish Report) (London, ILEA).
JONES, N. (1985) The silent agenda of special education. in: J. SAYER and N. JONES (Eds) Teacher *Training and Special Educational Needs*. Beckenham, Croom Helm.
JOSEPH, K. (1985) Education for a new Society. *The Tablet*, No. 45, pp.569-571.
KARABEL, J. and HALSEY, A. H. (Eds) (1977) *Power and Ideology in Education*. Oxford, Oxford University Press. 〔＝J・カラベル／A・H・ハルゼー編、潮木守一ほか編訳 (1980)『教育と社会変動――教育社会学のパラダイム展開（上・下）』東京大学出版会。〕
KIRP, D. (1983) Professionalization as a policy choice: British special education in comparative perspectives. in: J. CHAMBERS, and W. HARTMAN (Eds) *Special Education Policies: their history, implementation and finance*. Temple University Press.
LAWN, M. (1985) Teachers' hard lessons. Marxism Today, December, pp.29-32.
LEWIS, I. and VULLIAMY, G. (1981) The social context of educational practice: the case of special education, in: L. BARTON and S. TOMLINSON (Eds),op.

cit.

M.S.C. (1981) *A New Training Initiative*. London, M.S.C.

OLIVER, M. (1984a) The politics of disability. *Critical Social Policy*, 11, pp.21-32.

OLIVER, M. (1984b) The integration and segregation debate: some sociological considerations. *British Journal of Sociology of Education*, 6, pp.75-92.

OLIVER, M. (1986) Social policy and disability: some theoretical issues. *Disability, Handicap and Society*, 1, pp.5-17.

QUICKE, J. (1984) The role of the educational psychologist in the post-Warnock era. in L. BARTON and S. TOMLINSON (Eds) *Special Education and Social Interests*. Beckenham, Croom Helm.

QUICKE, J. (1986) A case of paradigmatic mentality? A reply to Mike Oliver. *British Journal of Sociology of Education*, 7, pp.81-86.

REX, J. (1970) . *Race Relations in Sociological Theory*. London, Routledge and Kegan Paul.

REX, J. and TOMLINSON, S. (1979) *Colonial Immigrants in a British City: a class analysis*. London, Routledge and Kegan Paul.

ROBINSON, P. (1981) *Perspectives on the Sociology of Education*. London, Routledge and Kegan Paul.

SAYER, J. and JONES, N. (Eds) (1985) *Teacher Training and Special Educational Needs*. Beckenham, Croom Helm.

SCULT, A. T. (1982) *Museums of Madness*. London, Penguin.

SHAPIRO, H. (1980) Society, ideology and the reform of special education. *Educational Theory*, 30, pp.211-223.

SIGMON, S. B. (1985) Foundations of education and learning disabilities: toward a new understanding, Research Communications in *Psychology, Psychiatry and Behaviour*, 10, pp.71-97.

SIMON, B. (1985) *Does Education Matter?* London, Lawrence and Wishart.

SOLOMOS, J. (1986) The social and political contexts of black youth unemployment: a decade of policy developments and the limits of reform, in: S. WALKER and L. BARTON (Eds) *Youth, Unemployment and Schooling*. Oxford, Oxford University Press.

THOMAS, J. (1985) Psychologists, psychiatrists and special educational needs. *The Exceptional Child*, 32, pp.69-80.

TOMLINSON, S. (1981) The social construction of the E.S.N. (M) child, in: L.

BARTON and S. TOMLINSON (Eds), op. cit.

TOMLINSON, S. (1982) *A Sociology of Special Education*. Beckenham, Croom Helm.

TOMLINSON, S. (1985) The expansion of special education, *Oxford Review of Education*, 11, pp.157-165.

WALKER, S. and BARTON, L. (Eds) (1983) *Gender, Class and Education*. Lewes, Falmer Press.

WALKER, S. and BARTON, L. (Eds) (1986) *Youth, Unemployment and Schooling*. London, Open University Press.

WEIS, L. (1985) *Between Two Worlds: black students in an urban community college*. London, Routledge and Kegan Paul.

WEIS, L. (1986) Thirty years old and I'm allowed to be late: the politics of time at an urban community school. *British Journal of Sociology of Education*, 7, pp.241-263.

WEXLER, P. (1981) Body and soul: sources of social change and strategies of education. *British Journal of Sociology of Education*, 2, pp.247-264.

WHELDALL, K. and MERRETT, F. (1984) *Positive Teaching: the behavioural approach*. London, Allen and Unwin.

WHITTY, G. (1986) Review article--recent American and Australian approaches to the sociology and politics of education. *Educational Theory*, 36, pp.81-85.

WILLIS, P. and Wolverhampton Metropolitan Borough Council Youth Review Team. (1985) *The Social Condition of Young People in Wolverhampton in 1984*. Wolverhampton, Wolverhampton Borough Council.

2 学校システムと特別支援教育
――20世紀における原因と影響――

ヨエル・キヴィラウマ／オスモ・キヴィネン 著／原田琢也 訳

The School System and Special Education
: Causes and Effects in the Twentieth Century

Joel Kivirauma & Osmo Kivinen,
Disability, Handicap & Society 3(2), 1988

[論文紹介]

　フィンランドでは、1970年代から1980年代にかけて、特別支援教育を受ける子どもの数が急増した。20世紀初頭には1,000人に1人だったものが、1985年にはなんと165人にまで膨れあがっている。その原因は総合制学校制度の導入に求められる。
　総合制学校制度が導入されるまでは、フィンランドでも他のヨーロッパ諸国同様に複線型学校システムがとられており、6年間の小学校の後に2年間のセカンダリー・モダンスクールに行く大多数の者と、4年間の小学校のあとに5年間のグラマースクールに行く少数の恵まれた者に分かれた。それを教育機会の公平性の観点から見直し、9年制の総合制学校に統合したのである。
　学校には多様な子どもたちがやってくる。小学校の低学年までは皆が同じペースでやっていけても、高学年ぐらいになると、徐々に学習について行けない子どもも現れる。複線型システムならそのような子どもは、小学校が終わった段階で社会に出るか、セカンダリー・モダンスクールに行けばなんとかやっていけたのだろうが、総合制学校に9年間通い続けるとなると、その困難は「問題」として顕在化し、新たな総合制学校システムの阻害要因としてみなされるようになってくるのである。特別支援教育は、システムの問題を露見させずに問題を解消させるための最適の解決策として選び取られた。
　「障害児生徒」の間には、女子生徒よりも男子生徒が圧倒的に多く含まれた。そしてそのほとんどは、労働者階級の親をもつ子ども、あるいは家庭に何らかの問題のある子どもによって占められた。社会的・家庭的な課題が、学校文化との葛藤を経て、個人的な病理へとすり替えられていったのである。学校が近代化すればするほど、

何が標準であるかの規準は厳格になり、用いられる評価システムは洗練され、スクリーニングの方法は研ぎ澄まされ、結果的に、特別な手だてで処遇されねばならない逸脱の数が増えることになる。皮肉なことではあるが、教育機会の平等と公平性を高めることを狙った総合制学校システムの導入が、逸脱生徒をつくりだし、教育のメインストリームからの分離を促進させることにつながったのである。これが学力世界一を誇るフィンランドを支える仕組みであった。

　現在日本でも、教育改革の名の下に、欧米の近代学校モデルの模倣が進んでいる。特別支援教育の制度化、学力テストの実施と結果の公表、学校評価と教員評価、学校選択の自由化、道徳教育の強化、教員養成制度改革、等々。すべてがつながり一つの合理的な教育システムを形づくり、「早期発見、早期治療」の合い言葉と共に逸脱者をあぶり出し、「障害児生徒」を生産している。実際に、日本でも障害児生徒の数は増加の一途を辿っている。

　ところで、2013年10月21日、文部科学省は、全国学力・学習状況調査（全国学力テスト）について、来年度から区市町村教育委員会の判断で学校別成績を公表できるよう、実施要領を見直す方向で検討に入ることが報道された。学力テストの学校ごとの結果が公表されるとなると、学校間の競争に拍車がかかり、学校・教師はテスト結果に対してますます神経質にならざるを得なくなるだろう。2006年、東京都足立区が実施した学力テストで、校長と5人の教員がクラスを見回り、誤答していた児童の問題個所を指さし再考を促す不正があったことが記憶に新しい。このような不正行為も増えるのではないだろうか。

　しかし、本研究が示唆するところによれば、問題はもっと深刻である。競争の激化と合理的学校システムは、学習の苦手な子どもたちを「障害児」としてラベリングし、通常学級から排除することを後押しすることになるだろう。そのことにより通常学級での学習効果は向上し、残された多数の子どもたちのテスト結果は向上する。さらに「障害児生徒」として位置づけられた子どもたちを特別支援学級に在籍させ、テストを受けさせない（あるいは受けさせてもカウントしない）ことにすれば、平均点は確実に上昇する。障害児生徒の早期発見と囲い込みに成功した学校は名声を高め、校長と担任教師の給料も、給与システムと結びついた教員評価のおかげで向上するにちがいない。

　もちろんこんなことは教育の倫理に照らし合わせて許されることではない。しかし、本研究の示唆するところによれば、あながち絵空事と油断することもできない。

　　　　　　　　　　　　　　　　　　　　　　　　　　　　（原田琢也）

[原著者紹介]

Joel Kivirauma（ヨエル・キヴィラウマ）

　トゥルク大学（フィンランド）教育学部教授。専門は、社会学、特別支援教育の歴史的研究。EFA（Education for All）の研究、など。代表的な論文に Excellence through Special Education（Kari Ruoho との共著、2007 年）。

Osmo Kivinen（オスモ・キヴィネン）

　トゥルク大学（フィンランド）教育学部教授、教育社会学研究部門ディレクター。代表的な論文に、Koulutuksen järjestelmäkehitys: peruskoulutus ja valtiollinen kouludoktriini Suomessa 1800-ja 1900-luvuilla.（単著、1988 年）。

2 学校システムと特別支援教育
―― 20世紀における原因と影響 ――

【要旨】
　本稿では、特別支援教育とその増大しつつあるニーズが、学校システムにおける近代学校モデルの漸進的な制度化と結びついて発達してきたという一連の流れを描出する。このタイプのモデルでは、所与の目標を達成するために、教師は限られた時間をできる限り有効に使わなければならない。すなわち、あらゆる妨害や迷惑行為は、時間の制約を伴う重要な目標の達成可能性を危険にさらすことになり、生徒の間にある多様性は問題として位置づけられてしまうことになるのである。換言すれば、学校が近代化すればするほど、何が標準であるかの規準は厳格になり、用いられる評価システムは洗練され、スクリーニングの方法は研ぎ澄まされ、結果的に、特別な手だてで処遇されねばならない逸脱の数が増えることになるのである。

はじめに

　本稿で明らかにしようとする基本的な問いは以下ある。なぜ万人を教育することを目指す学校システム（いわゆる義務教育制度）に、特別支援教育のニーズが存在するのか。そしてなぜこのニーズは拡大し続けているのか。さらに、教育的逸脱を処遇するために用いられる特別な手だてが与えている文化的悪影響とは何か。具体的な答えはフィンランドの学校システムに関する研究に求められる。しかし、ここで示される公教育の基本構造に関する研究からもたらされる説明は、原則的に、西欧近代学校モデルの系譜に沿って組織された学校システムを持ついかなる国々にも適用可能である。
　ここで言う特別支援教育とは、教育遅滞児（ESN）のための［特別支援］学校における教育、社会不適応児（SMA）のための［通級］複式学級あるいは特別支援学級における教育、同様に、言語障害、読字書字障害、その他の学習困

難を矯正することをねらいとする治療訓練に特化した特別支援教育を意味している。従って、身体的にハンディキャップを負っている子どもたちの教育は、本稿には含まれていないことになる。

　フィンランドの法によれば、情緒障害や社会不適応の子どもたちはそうした子どもたちを対象にした特別支援学級に在籍するが、知的発達遅滞児（retarded mental development）または精神薄弱児（the feeble-minded）は、教育遅滞児［特別支援］学校（ESN）に移されることになっている。複式で行われる特別支援教育は部分的で、同級生集団からの分離は一時的であるが、特別支援学級に移された子どもたちが、彼らの仲間から孤立させられることになることは間違いない。フィンランドの総合制学校システムにおいて特別支援教育を受けている子どもたちの絶対数と割合の両方ともが、増え続けているのである。半世紀前には、1,000人中1人が特別支援教育を受けているに過ぎなかったのが、1985年にはその数字は165まで上昇している。

1　フィンランドの学校システムの主要な特徴

　フィンランドにおける義務教育の始まりは、ヨーロッパの国々の標準に比べれば比較的遅く、1921年まで実施されていなかった。7歳からの6年間の義務教育がまず始まった。その後、1950年には8年間に、1970年には9年間に増えた。今世紀の最初の70年間は、フィンランドの子どもたちはいわゆる複線型の学校システムのもとで教育を受けていた。このシステムでは、学齢期の子どもの多数が6年間の小学校に行き、その後、通常は夜間に開かれる2年間のいわゆる継続教育（further education）を受けることになっていた。

　1958年にこの夜間の学校は2年間の昼間のセカンダリー・モダンスクール（secondary modern school）にとって代わられることになった。この選択肢は、主に手労働者向けのものとされた。教育的に恵まれた一握りの子どもたちのグループは、4年間の小学校の後、グラマースクール（小学校と後期中等教育の間の5年間）に進学した。この5年制グラマースクールにだけ在籍した子どもたちもいたが、3年間の後期中等教育に進学する子どもたちもいた。そしてそれは大学進学を可能にし、知的な職業に就く道を開くものであった。1972年か

ら1977年の期間にかけて、これらの複線型の学校はしだいに9年制の総合制学校システムに統合されていった。

　地方か都会かの違いは、教育の様々な形式の普及に大きな影響を与えている。20世紀の中葉以降においてさえ、フィンランドでは大多数の人々が地方に住んでいた。地方では、20～30人の在籍児童に対して、教師は2人といった体制の学校が典型的であった。

　全国の義務教育段階の子どもの数を見てみれば（表Ⅰ）、急速に増加している期間が2カ所あることがわかる。最初は40万を上回った時期で、今世紀の初頭から始まった。そして1930年代と1940年代には、一旦落ち着く。戦後のベビーブームが1950年代のもう一つの急増期をつくった。1960年代には、62万6千でピークに達している。しかし、その後の10年で4分の1減少した。小学校の児童数が減っているのである。原因の一つは小学校への入学者人口が減ったこと、もう一つは、グラマースクールへの入学者が増加したことによる。1960年代の特徴はグラマースクールへの入学者の急増であった。1970年代初頭には、総合制学校システムが導入される前の最後の年に入学した生徒のおよそ60%が、グラマースクールに進学していたのである（Kinvinen & Kivirauma, 1986; Kom, 1973）。

　継続教育（further education）への可能性に開かれているグラマースクールへの入学は厳しい競争だった。逆に、セカンダリー・モダンスクールは存亡の危機に瀕していた。二つのシステムを一つの9年制の総合制の学校に統合することは、学校という世界で生じている多くの問題の解決を図る上で自然な解決策であった。

　このフィンランドの新しいシステムは、1972年から1977年までの間に導入され、地方の発展が目覚ましい地域から始まり、ヘルシンキで終わった。この学校改革は、親の経済状況や居住地域を問わず、すべての子どもたちに前期中等教育レベル（9年制）までの無償教育を授けることになった。教育機会の平等性と公平性が、この改革の指導原理であった。

表Ⅰ. 1910～1985年までの、フィンランドにおける、教育遅滞児学校（ESN学校）と、小学校・総合制学校における社会不適応児学級（SMA学級）、または通級特別支援学級の子どもの数、そしてそれらの小学校と総合制学校における子どもの数全体に占める割合。

	・ESN学校の子どもたち		・SMA学級の子どもたち		・通級特別支援教育の子どもたち		・特別支援教育を受けている子どもの総数		・小学校あるいは総合制学校の子どもたちの総数
	N	%	N	%	N	%	N	%	N
1910-1911	252	0.14					252	0.14	180648
1920-1921	346	0.13					346	0.13	268784
1930-1931	512	0.12					512	0.12	422709
1940-1941	854	0.18					854	0.18	480939
1950-1951	1427	0.29	215	0.04			1642	0.33	489093
1960-1961	3055	0.49	423	0.07	4365	0.70	7843	1.26	625968
1965-1966	3993	0.70	655★	0.12	7608★	1.34	12256	2.16	567274
1970-1971	5375	1.14	1627★★	0.35	39621★★	8.43	46623	9.91	470593
1975-1976	6666	1.11	2307	0.39	52571	8080	61544	10.30	597326
1980-1981	6991★	1.17	2294	0.49	78408	13.16	88323	14.82	595816
1984-1985	7022★	1.25	3289	0.58	82669	14.68	92980	16.51	563034

★ 数値は前年のもの
★★ 数値は翌年のもの

出典：SVTX, 1910-1982, Tilastokeskus, 1981-1985, KH, 1965-1976, LE,1962, 1966, 1970, 1974, annual reports of the primary schools of Helsinki,Tampere,Turku and Vaasa 1910-1911,annual reports of the primary schools of Helsinki, Jyväskylä, Lahti, Pori, Tampere and Turku 1950-1951.

2　特別支援教育の増加

　今世紀の初頭、都市の学校で特別支援教育も制度化された。学業不振児、学校不適応児、不就学児は、早い時期に都市の学校の機能を阻害するものと見なされた。フィンランドの最初の教育遅滞児学校は、1901年にトゥルクに創設された。そして義務教育法制定時までに、そのような学校が七つの市に存在した（LE 1955, pp.93-96）。1921年義務教育法は、人口１万人以上の全ての市に「理解力の弱い」子どもたちのために特別に工夫された教育を準備することを要求した。そして、1958年には、この責任は人口８千人以上の市と自治体にまで拡大された（SA 101/1921; SA 321/1958）。最初の社会不適応児学級は1938年にヘルシンキに、1942年にトゥルクに、「行動上の障害」をもつ子どもたちのために創設された（SA 321/1958; LE, 1955, pp.143-149）。1940年代の終わりには、通級複式特別支援教育も開始された（LE, 1959）。
　総合制学校システムへの移行は、教育遅滞児学校、社会不適応児学級、[通級]複式特別支援教育を含む特別支援教育の多様化を意味した。通級社会不適応児教育は、主として高学年（７～９年生）のために始められた。このいわゆ

る「広範囲」の特別支援教育（'wide-range' special education）は、目下のところ、特別支援教育で最も速く成長した領域である（LE, 1974, pp.413-424; 1979, pp.419-420; Tilastokeskus KO, 1982; 1985）。

　表Ⅰは、絶対数とパーセントの両方において、教育遅滞児が1940年代に顕著に増加していることを示している。1950年代の初頭、都会の学校の教育遅滞児の比率は、全ての学齢期の子どもに対する比率の3倍、小学校（その大部分は小さな地方の学校であるが）に限れば4倍であった。1960年代に入ってようやく教育遅滞児学校の創設が地方で本格的に始まった（LE, 1962, p.145; 1974, pp.415-419）。この教育遅滞児の急激な増加は、1970年代半ばまで続いた。1980年代の初頭には、教育遅滞児の数はさほど大きくは増加しなかった（表Ⅰ; Kivinen & Kivirauma, 1986）。

　社会不適応児の教育は都会の学校に特徴的であった。1940年から1975年までの情報は全ての社会不適応児の90％以上が都会に住んでいることを示している（LE, 1970, p.327）。1960年代は社会不適応児学級教育が急激に増加した時期である。そのような特別支援教育を受けている子どもの絶対数は4倍に、パーセントでは5倍に膨れあがっている。同じ10年間、社会不適応児教育は、依然本質的には都会中心であり続けたとはいえ、いくつかの地方の行政区に広がっていった。例えば1984年、全ての社会不適応児教育のおよそ半分は、大ヘルシンキ地域で行われていたのである（SVT X 1960-1981; KH 1982-1985; LE 1974, pp.413-415）。

　1960年代まで、［通級］複式特別支援教育は大都市においてのみ提供されていた。［通級］複式特別支援教育を受けている子どもたちの大部分は、言語療法を受けていた（KOM, 1970,37-44）。1960年代終盤に、［通級］複式特別支援教育は飛躍的に増加した。子どもたちの数は5倍に、パーセンテージでは6倍に膨れあがっている。それゆえに、［通級］複式特別支援教育は、特別支援教育の中でも最も広まった形式だということになる。その中で1984年における最大のサブ・カテゴリーは、全児童生徒の58％を占める読字書字障害児であった。言語障害をもつ子どもは35％。そして最後に残る7％が、いわゆる広範囲の特別支援教育、すなわちクリニック・タイプの社会不適応児教育に包摂されていたのである（Tilastokeskus, 1984; 1985）。

言語・読字・書字障害を矯正することをねらいとする特別支援教育同様、教育遅滞児学校の増加は、1980年代に収まった。一方、情緒障害や社会不適応と分類された子どもたちを対象にする教育の数は増え続けた（分離されたクラスと通級指導の両方において）。1984年、子どもの数は約9千であった(Tilastokeskus, 1985)。特別支援教育はフィンランドでは明確な性的バイアスによって特徴づけられている。特に社会不適応児教育においては、はっきりと男子の数が多い状況が続いている。そのようなクラスにおける女子の数は、1970年代と80年代においてのみ増加し始めた。にもかかわらず、1982年社会不適応児教育の男子の比率は83%であった。ちなみに、男子の比率は、言語・読字・書字障害を扱うクリニックでは68%、教育遅滞児学校では64%であった(Kivinen & Kivirauma, 1986; Tilastokeskus, 1982)。

　表Ⅱは、1980年代初頭の学齢期の特別支援教育の状況を表している。この論文の他の部分とは対照的に、この数値はごく少量ではあるが、様々な形の身体障害をもつ、あるいは長期病気療養中の子どもたちの数も含んでいる。特別支援教育を受けている子どもたちの数は、学齢期の子どもたち全体の数が減少しているにもかかわらず増え続けているのである。4年間の内に、特別支援教育を受けている生徒の数は14.8%から17%に上昇しているのである。

　もし、就学前の状況が未来を暗示しているのだとしたら、フィンランドの特別支援教育は、まだ子ども期であるといえる。フィンランドの就学前教育は少数の子どもしか受けておらず、任意であり、いろいろな意味で試行的である。にもかかわらず全ての就学前児童の半数が特別支援教育に含まれていたときが何度かあるのである。もし学習困難はできる限り早期に介入することで克服されるべきであるとする、総合制学校改革の指導原理に沿って未来が計画されるのなら、就学前児童を対象とした特別支援教育的な対策が拡大する可能性は極めて高い。

　特別支援教育を受けている総合制学校に通う比較的低い学年（1年生から6年生まで）の子どもたちの数は、5分の1のところで横ばいになっているように見える。高い学年の特別支援教育の拡大が、増加のほとんどを占めているのである。特別支援教育を受けている子どもたちの数も割合も、4年間の内におよそ倍増しており約12%に達している。性別を考慮に入れれば、女子の割合

表Ⅱ　1979-1980，1981-1982，1983-1984の各年度における，各ステージごとのフィンランド総合制学校システムにおける特別支援教育を受けている子どもの数と割合

	1979-1980			1981-1982			1983-1984		
	特別支援教育生徒数 N	全生徒数 N	特別支援教育生徒の割合 %	特別支援教育生徒数 N	全生徒数 N	特別支援教育生徒の割合 %	特別支援教育生徒数 N	全生徒数 N	特別支援教育生徒の割合 %
・就学前（6歳）	270 77974	986 391088	27.4 19.9	542 73982	1084 366635	50.0 20.2	350 73581	870 369672	40.2 19.9
・総合制学校初等レベル（1〜6年生）	13897	231135	6.0	20233	222802	9.1	23493	203712	11.5
・総合制学校中等レベル（7〜9年生）									
・合計	92141	623209	14.8	94757	590521	16.0	97424	574254	17.0

出典：Tilastokeskus, 1981-1985

は特に高学年において遅れて増加していることを見いだすことができる。「診断類型」別に分析すれば、情緒障害や社会不適応と分類される子どもたちの割合が増加しつつあることがわかる。

　特別支援教育は、フィンランドの総合制学校改革の一部分として、教育の平等の名の下に、国全体に拡大された。実際に、このことはフィンランドの 400 全ての自治体が、国家の計画が割り当てた数に見合う特別支援教育該当生徒を見つけなければならなくなったことを意味していた。この見地からすれば、特別支援教育の急激な増加は、全く自然なことであり、望ましいことでさえあるということになる。以前の複線型システムでは、両親が子どもをグラマースクールに行かせるのかどうかを決定するに際して、重大な選択を迫られた。この選択は本来構造的なものであり、それぞれの同年齢集団は 4 年間だけ一緒に教えられたのであった。総合制システムの出現に伴って、それぞれの同年齢集団は 9 年間そのままの状態で教えられるようになったので、この構造に埋め込まれた選択は先送りにされた。総合制システム導入のために想定されてきた能力別学級編成や設定方法のほとんどを取りやめなければならなくなったとき、特別支援教育は、システムの欠点から帰結される問題と一般的な選別の問題の両方の解決策として当てにされたのであった。

3 「近代学校」の文化的説明モデル（あるいは、なぜシステムの問題は、個人的なレベルの理由で説明され得ないか）

　フィンランドの資料を利用することによって、特別支援教育としだいに増えつつあるそのニーズが、学校制度における近代学校モデルの漸新的な制度化と関係があることを示す、一筋の進化の道筋を描くことができる（Kivinen & Kivirauma, 1987）。近代学校の最も重要な特徴は以下である。
（１）発達心理学に依拠した同年齢グループごとの正常発達水準の概念
（２）上述の点と教育心理学の原理をもとに開発されたカリキュラムに依拠した、それぞれの学年段階ごとに厳格に規定されたひとまとまりの学習内容
（３）上述のカリキュラムによって規定された、ひとまとまりの学習内容を教えるための目的志向的で効果的な教授を可能にする、教訓的でオーソドックスな教授法
（４）「時間、場所、儀式」のシステムによって決定される年齢固有の行動パターンと学校の日課

　このタイプのモデルにおいては、教師は定められた目的を達成するために、限られた時間を有効に使わねばならない。このことは、妨害や迷惑行為が限られた時間内に大切な目的を達成する可能性を危険にさらすこと、そして生徒の間の多様性が問題になることを意味することになる。言い換えれば、学校が近代的になればなるほど、何を標準とするかの規準は厳しくなり、評価システムは高度になり、スクリーニングの手続きは厳格になり、結果として、特別な手だてが必要な逸脱の数を増やすことになるということである。

　学校内の特別な教育的手立ては、例外的な生徒の最善の利益に資するものとして常に正当化されるが、同時にそれらは通常学級の活動が平穏に行われることを常に保障しているのである。制度化された基礎教育が機能してきた全期間において、実際的な決定が次のような仮定のもとで行われてきたのである。それは、学校の機能的な問題を課題のある個々の児童生徒の否定的な特徴に起因するものとして説明するほうが、より賢明であるということである。この方法

では、学校制度そのものの特質、あるいは学校と社会全体との関係に端を発する問題の多くが、生徒の逸脱に帰せられることになってしまう。

　社会学的に言えば、より支持できる説明は、学校に起因する逸脱は異なる文化の衝突の産物であるという仮定に基づくものになるだろう。教育活動は「モデル的な生徒」に提供するようにデザインされているのである。このモデルは、生徒がどうあるべきかという制度化された期待に対する学校の制限や要求の実際的な適用を通してつくられているのである。それゆえに逸脱は、生徒の文化的な期待が定められた規準と合致しないときにつくられるのである。この文化的なモデルを使えば、なぜ特別支援教育制度が性の違いによって異なった適用のされ方をするのかということを説明することができる。特別支援教育の対象になるのは、常に女子よりも男子の方が多いという事実（1910年から1985年までの間の教育遅滞児学校の生徒の3分の2、1950年から1985年までの社会不適応児のための学校の10分の9、1982年の［通級の］複式特別支援教育の3分の2が、それぞれ男子であった）は、生物学に依拠する理論では説明され得ない。教育遅滞児学校の場合を例にとってみよう。この世紀全体を通して、知的能力の低さで教育遅滞児学校に移された子どもたち（93%がIQ85より低い）にとって、男子のほうが女子に比べて生物学的な意味で知的能力が劣っている子どもが多い、ということを信じる根拠はどこにも見あたらない。一般的に、学校における成績、問題行動あるいは特別支援教育へのニーズに見られる性差を、男性と女性の間にある生物学的差異に基づいて説明することは不可能である。これらの違いは社会と文化の産物なのである。

　同じ説明モデルは、若干修正を加えることによって、社会階層間の差異にも適用可能である。このモデルは、なぜ低階層出身の子どもたちが、教育遅滞児学校や社会不適応児のための教育に顕著に多く見出されるのかを説明するためにも用いることできる。以下の数値は、1910年から1985年の5年おきの社会不適応児と教育遅滞児の移籍記録（transfer document）のデータを分析したものである。データは2,861のケースから成っており、961人の生徒について社会階層的な分析がなされている。結果は、1910年から1985年の間、（フィンランドの基準で）二つの大都市で、教育遅滞児学校の保護者の約90%が労働者階級に属していたというものであった。この割合は、その期間、比較に使わ

れた経済活動人口が 65% から 51% に減少したにもかかわらず変化しなかった。教育遅滞児学校の子どもたちの労働者階級の保護者の相対比率は増え続けた。「平等」が総合制学校システムのキーワードになった時期にあたる 1970 年から 1985 年の間に、ピークに達したのである。労働者階級の保護者の数は、当時の社会全体の中におけるその割合が 41% であったことを考えれば、明らかに多すぎるのである。社会不適応児の保護者に関する限り、労働者階級に属する人の割合は 1950 年から 1969 年の 91% から、1970 年から 1985 年にかけての 82% に減少している。後者の期間においてさえ、労働者階級の保護者の率が(経済活動人口全体と比較したところ) 31% である事実を考えれば、まだ多すぎる。

　アンティカイネン (Antikainen, 1985b)、ヒュームネン (Hermunen, 1984)、そしてクーシネン (Kuusinen, 1985) のフィンランドに関する研究は、総合制学校改革と学校の拡大が、異なった集団間の教育における不平等を取り除くことができなかったこと、そして教育の機会は全く平等化されていないことを明らかにしている。OECD 諸国では、ここ数年をかけて同様の調査が行われてきた (OECD, 1984)。特別支援教育に低い社会階層の子どもたちが過剰に含まれているということを示す研究は、アメリカやイギリスにも見いだすことができる (Carrier, 1984; Coulby & Harper, 1985; Sarason & Doris, 1979; Tomlimson, 1981)。

　家族的・文化的な背景は、子どもが学校における経歴で成功を収めることができるか否かということにおいて、決定的な役割を担っている。言語資本と文化資本、そして学校で求められる諸領域での成功への高い期待を家庭環境から得られる子どもたちが、小学校 1 年生の段階から有利になるように学校構造は働いている (Bourdieu & Passeron, 1977)。そして、それがゆえに、学校での問題行動と家庭は明確な相互作用があるのである。もし家庭が社会の新しい構成員を育てる能力に重大な問題を負っていたとすれば、その影響は増え続ける問題として学校に現れるだろう。問題のある子どもは、問題のある家庭出身であることが多い。私たちの研究は、1950 年代から教育遅滞児のための学校の子どもたちの 3 分の 1 が、そして全ての社会不適応児の 2 分の 1 が、崩壊家庭の出身であることを示している。1980 年代、多く見積もってもせいぜいすべての社会不適応児の子どもたちの 3 分の 1 ほどしか、まともな家庭の出身ではなかった。女子の家庭背景が崩壊状態にある比率は、男子のそれよりも多かった。

さらに、児童相談所の評価によれば、教育遅滞児と社会不適応児のおよそ4分の3は普通ではない生活習慣をもっているとされた。

教育遅滞児と社会不適応児の教育に措置することは、しばしば教育機会の制限につながることを諸研究は明らかにしてきた（Koro & Moberg, 1981; Mäki, 1951; Poikonen & Wiegand, 1968; Turunen, 1969）。このような子どもたちの学業での成功可能性は、同級生とは比較にならない。もし不完全な教育的背景にあるしたら、長い間の教育の結果としての学業成績の到達度が成功の指標であるような社会において、競争に参加することは難しいのである。

児童生徒をグループ化し互いに順序づけるすべての分類システムは、固有の文化的な意義と社会的影響を有している。例えば、生存に関わる問題や両親が無職で絶望的な状況を抱えており、それがゆえに学校で無関心に陥ったり、落ち着きがない状態に陥ったりしている子どもを考えてみればよい。彼は、情緒不安定と診断されたときから、政治的に異なる地位を与えられることになるのだ。彼はそのとき、一部の市民に対して差別的に働く経済の顕在化ではなく、個人的な疾病事例の象徴となるのである（cf. Edelmann, 1977, pp . 20-21 ; Kivinen & Kivirauma, 1987）。

4　総合制と早期介入

特別支援教育を受けている子どもたちの数が増え続けている（現在ほぼ5人に1人であるが）ことに加えて、特別支援教育の幅も拡大の一途をたどっている。それに伴い、特別な処遇の対象となる差異や逸脱は増え続けているのである。上述のように、言語・読字・書字障害のための特別支援教育の量は、1970年代より驚くほど増え続けている。このタイプの教育は、通級で行われている。つまり、生徒は週に数回治療者のもとを訪れるだけで、教育のほとんどを通常の教室で通常の様式に沿って受けるという方法である。平等と学習困難の克服の名の下に始められた総合制学校システムの出現以来、［通級の］複式特別支援教育に割り当てられる時間も顕著に増え続けている。そのアイデアは、できるだけ早い段階での診断と専門家による特別な訓練で学習困難は克服できるというものである。しかしながら、かつてないほどの勢いで拡大していく特別支

援教育の現状は、この高尚な原理が実際に実現されているのかどうか、人々に疑いの目を向けさせる。

　学習困難を克服するための通級特別支援教育の主張は、原理的に疑問視されうる。再度言うが、近代学校モデルは啓蒙的である。出発点は、発達心理学と児童心理学に基づいた年齢集団ごとの標準的な発達という概念である。すべての子どもたちは、原理的には同じ比率で発達し、ある作業をすれば同年代の子どもたちと同じようにできるはずであると考えられているのである。まるですべての子どもが同じ文化的背景をもっており、同じ家庭背景をもっているようにである。許された時間内である作業ができない子どもは、問題性ありとみなされてしまうのである。ただでさえ時間が足りないと考えている教師にとって、彼の逸脱的な行動は、使用可能な時間を目的達成のために合理的に使うことを妨げる妨害や混乱を生み出すものとされるかもしれない。

　増大し続ける学校福祉サービスは、ほんの小さな逸脱が後に学業の妨げとなる深刻な困難へと発展することのないように、かつてよりも早期に、それらを特定しようと試みている。それゆえに、軽度の「予備的な」兆候が見られるに過ぎないときでさえ、利用可能な最も効果的な特別な手だてを用いることにより、「ノーマライゼーション」は試みられているのである。可能性は除外されるべきではないが、早い段階での特別な手だての多くは、ある意味、完全に無駄に終わっているのである。なぜならその兆候は、その子どもが大きくなり成熟すれば、消えてしまうことになるからである。日々の経験が物語るように、言語・読字・書字障害を、大人になった今日においてもなお引きずっている人は、ほんのわずかしかいない。そして彼らが学校にいたときには、「複式特別支援教育」という言葉は発明すらされていなかったのである。

　学校における困難を防ぐためというような、総合制学校改革の特別支援教育に据えられた目的は、中等教育段階での特別支援教育の著しい増加と明確に矛盾しあっているのである。情緒障害や社会不適応障害と分類される子どもたちの数が増加していることを解釈する一つの方法は、現在あるいは未来の活動に関して学校は何も提供してくれないと感じている子どもの数が、彼らの成長とともに増えているというものである。学校への出席が意味を失っているのだから、無関心で不満足な生徒（女子である場合が多いが）は、学校にとってます

ます問題となってくる。子どもたちを特別支援教育へ送ることは、教師がこの問題に対処するための一つの方法だということになる。

5 専門家の利益

専門家の利益は、特別支援教育の増大について吟味するとき、考慮されねばならないもう一つの要素である。特別支援教育の拡大に反対しなければならないと考えている教育に関する専門家集団は一つもない。なぜ彼らはそうなのだろう。特別支援教育は、困難な生徒の問題に対して、多かれ少なかれ永久的な解決法（例えば、特別支援教育学級やクリニックにおける治療への移行）を提供することによって、通常学級の教師の仕事の負担を軽くしているからである。

学校福祉において重要な役割を担っている児童相談所の数は、フィンランドでは1940年代と1980年代の間で10倍も増加している。1986年には107に及んだ (LE, 1966, pp.257-266; Taskinen, 1986, p.2)。これらの相談所のスタッフの数も増加した。例えば、トゥルクとタンペレでは、1950年から1984年にかけて、学校心理士とソーシャルワーカーを中心に、5倍に増加した。いくつかの地域では、学校心理士のための個室をわざわざ設けていたりもする。特別支援教育の拡大は、これらのグループの職業的な利益と衝突しているようには思えない。学校システムによる専門家の雇用拡大が生徒の福祉と合致するものなのどうかは疑問であり、未だに明らかにされてはいない。今世紀の初めの20年間の間、教師1人につき平均36人の生徒であった。1950年代、この数字は27人に減少し、1984年にはたった16人になった。教師1人当たりの生徒数が少ないと学校の機能はスムーズに遂行でき、学習の効率も上がると、とりわけ教師たちは強く主張してきた。もしこれが真実ならば、今日の学校の機能は1920年代の学校の2倍の効果を発揮することが期待できる。しかし、特別支援教育の教師の数が1960年の300（これは義務教育に従事する教師全体の1.2%に相当する）から、1984年の2,800（8％）に増大している事実を直視すれば、私たちが確実に言えることは、ただ特別支援教育が驚異的に成長しているということだけである。

元来学校になぜ特別支援教育が導入されたのかということを無視して、特別

支援教育システムは多かれ少なかれ他から独立して存立するようになり、その成長に伴って独自の法則で機能するようになった。そして、この領域における専門家の数が増大してきたので、彼らが学校内での意思決定母体における発言力を増し、それ故、増えつつある諸施策において、特別支援教育の機能にとって都合がいいように状況を導くようになったのである。

結　論

　以上に論じてきたように、特別支援教育の拡大は、学校システムの近代化と結びついている。近代学校の指導理念によれば、それぞれの年齢集団に典型的な通常の到達レベルが、発達心理学から推定しうるのである。そしてその発達心理学によって、教条的に、正統的で、目的指向的で、効果的な教育的働きかけが形づくられるのである。すべての学校の一見正確で細かい指導案の履行と、評価と選別のための基準の標準化によって、このモデルを実践に移す試みが進められているのである。そこにおいては、広く行き渡っている学年制度のもとで、同年齢のすべての子どもたちは、皆同じことを同じ順序で理解するものとされているのである。言い換えれば、近代化が進めば進むほど、標準の規準は厳格になり、評価システムは研ぎ澄まされ、スクリーニングの手続きはより徹底され、その結果、特別な手だてを通して処遇されねばならない逸脱の数は増加するのである。

　学級タイプの教育遅滞児と社会不適応児の教育は、古い分岐型の学校システムで始められた。そしてそれは、そのような学級に移籍された子どもたちや、いわゆる通常学級に残された子どもたちのためにも、学習過程を容易にする目的で行われていたのである。学級タイプの特別支援教育は、様々な理由で邪魔者としてレッテルを貼られた子どもたちを通常学級から排除し隔離・監禁するものであるとして、長い間批判にさらされてきた。それは、しかしながら、新しいシステムでも廃止されなかったのである。学級タイプの特別支援教育は、「トラブルメーカー」を監禁することに加え、すでに広まっている発達、行動、そして実行力の基準に見合う意欲と能力をもたないという結果が何をもたらすのかについて、通常学級に残されている子どもたちに対して警告（たぶん脅

しでさえある）を発する、他に類を見ない機能をもっているのである（Cohen, 1985; Ford et al., 1982; Oliver, 1985; Tomlinson, 1981）。

統合されたまま通級する形式の特別支援教育は、通常学級の円滑な機能を確保するまだましな方法だと言えるかもしれない。そのような通級システムにおける生徒の移籍は、以前の方法に比し、柔軟で迅速である。フィンランドの総合制学校システムにおける複式特別支援教育は、統合されたまま通級するという性質から、子どもたちを同級生から引き離さないで済む。それは、取り消すことができない分離と永遠のラベリングを避けるための試みである。しかし、平等を大義にした統合的な側面が強調される割には、イギリスやアメリカほどには、フィンランドの通級タイプの特別支援教育は廃止されていないのである（cf. Carrier, 1984）。その代わりに、この「統合」のもたらした最終的な結果は、特別支援教育を受けている子どもの総合計が顕著に増大したということにすぎないのである。

【文献】

ANTIKAINEN, A.（1985a）Korkeakoululaitoksen kehitys, yhteiskunnan muutos ja aluepolitiikka, *Kasvatus*, 2, pp . 118-127 .

ANTKAINEN, A.（1985b）*Ehdotus koulutuspolitiikan esityslistaksi, reoksessa : Kansalaiskasvatuksen keskuksen vuosikirja* .（Lappeenranta, Kansalaiskasvatuksen keskus）.

BOURDIEU, P . & PASSERON , J .-C.（1977）*Reproduction in Education, Society and Culture*.（London, Sage）.〔＝ピエール・ブルデュー／ジャン・クロード・パスロン著、宮島喬訳（1991）『再生産：教育・社会・文化』藤原書店。〕

CARRIER, J.G.（1984）Comparative special education : indeology, differentiation and allocation in England and the United States, in L. BATON & S. TOMLLNSON（Eds）*Special Education and Social Interests*（Beckenham, Croom Helm）.

COHEN, S.（1985）*Visions of Social Control. Crime, Punishment and Classification.*（Cambridge, Polity Press）.

COULBY, H. & HARPER, T.（1985）*Preventing Classroom Disruption : policy, practice and evaluation in urban schools.*（Beckenham, Croom Helm）.

EDELMAN, M.（1977）*Political Language*.（New York, Academic Press）.

FORD, J., MONGON, D. & WHELAN, M.（1982）*Special Education and Social*

Control. (London, Routledge & Kegan Paul).
HERMUNEN, H. (1984) *Oppilaiden sosiaalinen tausta*. *Tilastokeskuksen tutkimuksia* 111. (Helsinki, Central Statistical Office of Finland).
KH (1980-1985) *Kouluhallituksen kansa- ja peruskoulutilastot 1980-1985*. Kouluhallitus. (Helsinki, School Administration).
KIVINEN, O. & KIVIRAUMA, J. (1986) Erikseen ja integroituna: erityisopetus ja -oppilaat suomalaisessa koulujarjestelmassa 1910-1985, *Sosiologia*, 4, pp. 295-312.
KIVINEN, O. & KIVIRAUMA, J. (1987) Deviance as deficiency-pupils in 20th century Finnish special education. (unpublished manuscript).
KOM (1970) *Erityisopetuksen suunnittelutoimikunnan I osamietintö*. *Komiteamietintö, A 16*. (Helsinki, Committee report).
KOM (1973) *Vuoden 1971 koulutuskomitean mietintö*. *Komiteamietintö* n:o 52. (Helsinki, Committee report).
KORO, J. & MOBERG, S. (1981) *Tarkkailuoppilaiden sijoittuminen yhteiskuntaan. Kouluhallituksen kokeilu- ja tutkimustoimisto, tutkimusselosteita n:o 36*. (Helsinki, School Administration).
KUUSUUSINEN, J. (1985) *Lukioon siirtyneiden lahjakkuus ja sosiaalinen tausta, Sosiologia*, 3, pp.191-197.
LE (1955) *Lasten erityishuolto ja -opetus Suomessa-* (2nd ed.) (Helsinki, Central Union of Child Protection Organisations in Finland).
LE (1959) *Lasten erityishuolto ja -opetus Suomessa-* (3rd ed.) (Pieksämäki, Central Union of Child Protection Organisations in Finland).
LE (1962) *Lasten eriryishuolto ja -opetus Suomessa-* (4th ed.) (Pieksämäki, Central Union of Child Protection Organisations in Finland).
LE (1966) *Lasten eriryishuolto ja -opetus Suomessa-* (5th ed.) (Pieksämäki, Central Union of Child Protection Organisations in Finland).
LE (1970) *Lasten erityishuolto ja -opetus Suomessa-* (6th ed.) (Helsinki, Central Union of Child Protection Organisations in Finland).
LE (1974) *Lasten erityishuolto ja -opetus Suomessa-* (7th ed.) (Joensuu, Central Union of Child Protection Organisations in Finland).
LE (1979) *Lasten erityishuolto ja -opetus Suomessa-* (8th ed.) (Lahti, Central Union of Child Protection Organisations in Finland).
MÄKI, N. (1951) *Helsingin kaupungin apukoulujen entisten oppilaiden* (1903-39) *myöhemmät elämänvaiheet. Helsingin kaupunginhallituksen mietintö 27*.

(Helsinki, The City of Helsinki).

OECD (1984) *Educational Trends in the 1970's*. (Paris, OECD).

OLIVER, M. (1985) The integration-segregation debate : some sociological considerations, *British Journal of Sociology of Education*, 1, pp . 75-93 .

POIKONEN, P. & WIEGAND, E. (1968) *Tutkimus tarkkailuluokkien oppilaista ja heidän myöhemmistä vaiheistaan.* (Helsinki).

SA 101 (1921) *Suomen asetuskokoelma 101/1921. Oppivelvollisuuslaki.* (Finnish Statues).

SA 321 (1958) *Suomen asetuskokoelma 321/1958. Kansakouluasetus.* (Finnish Statues).

SARASON, S. & DoRis, J. (1979) *Educational Handicap: public policy, and social history.* (New York, Free Press).

SVT X (1950-1982) *Suomen virallinen tilasto X. Kansanoperus.* (Helsinki, Official Statistics of Finland).

TASKINEN, S. (1986) Sosiaalihuoltolain vaikutukset kasvatus- ja perheneuvoloiden toimintaan. Julkaisussa Kasvatus- ja perheneuvoloiden toimintaa. Sosiaalihallitus 2/1986.

TILASTOKESKUS (1981-1985) *Tilastokeskuksen tilastotiedotus, erityisopetus* KO *1981-1985* (Helsinki, Central Statistical Office of Finland).

TOMLINSON,S. (1981) *Educational Subnormality-a study in Decision-making.* (London, Routledge & Kegan Paul).

TURUNEN, S. (1969) *Apukoulun mielenterveystyöstä. Turun yliopiston julkaisuja, C 6* (Turku, University of Turku).

3 フーコーと特別な教育的ニーズ
―子どもたちのメインストリーム化経験を分析する「道具箱」―

ジュリー・アラン著／中村好孝訳

Foucault and Special Educational Needs:
a 'box of tools' for analysing children's experiences of mainstreaming

Julie Allan

Disability & Society 11 (2), 1996

[論文紹介]

　本稿は 1996 年に *Disability & Society* に掲載された論文である。その後、アランの単著 *Actively Seeking Inclusion: Pupils with Special Needs in Mainstream Schools (Studies in Inclusive Education)*（1999 年、Routledge 社）に第 2 章 "Foucault's box of tools" として組み込まれている。

　当時のイギリスでは特別支援学校の廃止が進んでおり、特別な教育的ニーズをもつ子どもたちが普通学校に通う（メインストリーム化）ようになっていっていた。このような状況において、その子どもたちは普通学校に通うことでどのような経験をしているのだろうか。それが本稿の問いである。

　包摂を単純に量的にとらえる見方では、彼らが普通学校や普通学級という空間でどのくらい長時間過ごしているか、などが注目されることになる。しかしそのような空間、時間の中で、子どもたちがどのような経験をするのかということこそが重要なはずである。それを考察するための分析ツールとして著者のアランが提案するのが、フーコーの議論である。例えば、特別な教育的ニーズをもつ子どもは、そうでないクラスメイトよりも密に観察され（階層秩序的観察）、規格に照らして判定され（規格化を行う審判）、検査される。今日の日本の教育においても、同じようなことは観察されるだろう。

　ところで、本稿の後半で議論されているように、フーコーはさまざまな読まれ方をされ、さまざまな批判を受けてきた。それらの批判に対して、著者のアランは基本的にフーコーを擁護しているが、その中心的なメッセージは、フーコーをいわばつまみ食い的に、「道具箱」としてプラグマティックに使ってもよいのではないか、ということである。本稿で説明されているいくつかの道具は、わたしたちの周りの教育現象をこれまでよりもクリアに見る役に立つと思う。

（中村好孝）

[原著者紹介]

Julie Allan（ジュリー・アラン）

バーミンガム大学教育学部教授。専門はインクルーシブ教育、障害学、子どもの人権。編著に *Making a Difference in Theory: The theory question in education and the education question in theory*（Gert Biesta と Richard Edwards との共編）ほか。

3　フーコーと特別な教育的ニーズ
――子どもたちのメインストリーム化経験を分析する「道具箱」――

【要旨】
　普通学校にいる特別な教育的ニーズをもつ子どもについての調査は、極度に単純化されたインテグレーション概念に基づいており、子どもたちの学校経験の性質についてほとんど明らかにしてこなかった。代案としてフーコーの観点を提案し、公式非公式の言説に焦点を当てる彼の方法論と（とくに医学、狂気、規律訓練についての）分析の妥当性について検討する。特別な教育的ニーズについての言説が、普通学校にいる児童の経験とアイデンティティを、知識の主体と客体としてどのように構築するのかを理解するための一連の戦略あるいは「道具箱」（Foucault, 1977a, p.205）をフーコーは提供しているということを論じる。本稿は、フーコー的な分析がどのようになるのかを、進行中の研究から簡潔に素描して終わる。

はじめに

　特別な教育的ニーズをもつ子どもたちのメインストリーミングについての調査は、生じるインテグレーションの量に集中しがちであった。子どもがどれくらいの時間を普通学校や普通学級で過ごすのかとか、「人的・物的資源の一覧表」（Slee, 1993）といった粗雑な考え方を超えることはめったになかった。ヘガティ（Hegarty, 1993）は、インテグレーションは単純すぎ、誤用をされやすいので満足できる概念ではないと論じたし、オリバー（Oliver, 1985）は理論的基礎が完全に欠落しているとして批判的である。しかし、フルチャー（Fulcher）が指摘するように、インテグレーションは、「教室内およびもっと広い教育装置における社会関係のパターンを組み立てる」（Fulcher, 1989: 53）高度に政治的なプロセスである。重要なのは、普通学校にいる特別な教育的ニーズ（SEN）をもつ子どもたちの複雑な経験を理解できる新しい方法を見出すことであり、

ミシェル・フーコーが実質的な議論と方法論の両面で寄与できる可能性を本稿は探る。特別な教育的ニーズを理論化する他のアプローチとの関連でこの可能性を考察し、フーコー的アプローチに対する批判について検討する。フーコー批判の中でも最も重要なものは、フーコーが制度内部の経験的調査を行わなかったという批判である。この経験的調査の一部になりうる進行中の研究を、一例として簡潔に示し本稿を終える。

1　フーコーと特別なニーズ──知識領域と権力のタイプ

　フーコーの仕事は、(イギリス内外の) 特別支援教育の研究に対して、二つの点で重要である。第一に、医学、狂気、規律訓練と刑罰についての彼の分析は、特別な教育的ニーズをもつ子どもたちの経験とも関係がある。フーコーは、患者、狂人、犯罪者が、規律訓練技術、例えば「医療的なまなざし」(1973, p.29=51) を通じてどのように構築されるのかを記述している。特別な教育的ニーズをもつ子どもたちも、同様のやり方で構築されると言うことができよう。第二に、フーコーが示す方法論あるいは「道具箱」(Foucault, 1977a, p.205) は、特別な教育的ニーズについての公式の言説と、学校や教室の中で作動している言説との両方を分析できる。政治行動の範囲を拡げるためには、「障害を構成している制度化された実践」(Liggett, 1988, p.264) を自覚する必要があると、リゲット (Liggett) は論じている。しかし彼女は、フーコー的アプローチの重大な誤りは過小評価されるべきではないとも警告している。

2　主体と権力

　フーコーの主な関心は、規律訓練と言説を通じて理解しうる社会的主体として、諸個人が構築される方法にある。フーコーの仕事の目標は、「われわれの文化において人間を主体たらしめているさまざまな様式について一つの歴史を創案すること」(Foucault, 1982, p.208=287) であった。フーコーは『臨床医学の誕生』(1973) と『狂気の歴史』(1967) で、身体的・精神的病いや異常の語られ方の変化を跡づけている。これらの研究のために、フーコーは考古学(アルケオロジー)という

独特の方法論を用いている。考古学のねらいは、「みずからを真理であると主張する言表の歴史」（Davidson, 1986, p.221=261）を提供することである。フーコーの後期の仕事である『監獄の誕生』（1977b）は、一つの施設の内部で作動し、同時に「知の一つの全領域と権力の或る型全体」（Foucault, 1977b, p.185=188）を生み出す権力技術に焦点を当てている。この仕事は系譜学（ジェネアロジー）と特徴づけられており、「真理を生みだす政治体制」（Davidson, 1986, p.224=265）の考察を企てている。考古学と系譜学はいずれも言説の限界と条件に関わるが、系譜学は政治的経済的な事柄を考慮に入れる（Shumway, 1989）。

フーコーは、近代の監獄と教育実践の規律訓練メカニズムを類似のものとして描く。規律訓練と刑罰、教育に対する現代のアプローチは、過去の制度よりも人道的だとみなされるかもしれないが、フーコーは逆だと論じる。彼の主張によれば、権力のメカニズムの効果は、諸個人を二つの意味での主体として構築する。つまり個人は、統制と抑制を通じて他の誰かに従属する主体として構築され、そして良心と自己認識によって自らのアイデンティティに結びついた主体として構築されるのである。「どちらの意味も、服従させ、従属させる権力形式を示唆している」（Foucault, 1982, p.212=292）。

3　監　視

フーコーの仕事の中心テーマは、「まなざし」がいかにして、知識と権力の主体及び客体として諸個人を構築するかである。『臨床医学の誕生』でフーコーは、医学的まなざしがどのようにして、医者のための「明晰な可視性の領域」（Foucault, 1973, p.105=149）を開いたのかを素描している。つまり、医学的まなざしは、患者の中で起こっていることを説明し、兆候や症状を特定の疾患と結びつけることを可能にしたのである。そのまなざしが作動する空間は、患者の自宅から病院へと移動した。病院は、医学知識の獲得だけではなく教授の場となり、その客体は病人の身体であった。フーコーによれば、狂人の身体は、「疾患の可視的で確固たる現存」として見られた。こうして、医学的まなざしは身体に焦点を当て、狂気の「正常化（ノーマライゼーション）」あるいは治療は、「強固にすること」「浄化すること」「水にひたすこと」「運動を調整すること」を伴った（Foucault,

1967, pp.159-172=329-339)。

　規律訓練と刑罰、セクシュアリティについての系譜学的分析において、フーコーは「監視の諸技術」がいかにして個人化効果をもつのか記述している。監視技術は、彼が「〈知である権力〉の局地的中枢」［フーコー（1986）『性の歴史Ⅰ 知への意志』新潮社、127頁］と呼ぶものにおいて（例えば、子どもとおとなの間の関係性において）生じる。

　　規律・訓練的な制度のなかでは、個人化は《下降方向》である。つまり権力がいっそう匿名的でいっそう機能的になるにつれて、権力が行使される当の相手のほうは、いっそう明確に個人化される傾向をおびる。……規律・訓練の体系のなかでは、子どものほうがおとなよりもいっそう個人化され、病者が健康人以上に個人化される。……しかも健康な、普通の、法にかなったおとなを個人化したい場合には、以後いつも、そのおとなに、きみにはまだどんな子どもらしさが残っているか、と質問するのである。（Foucault, 1977b, p.193=195）

監視技術は非常に洗練されているので、「巡視はたえず行なわれる。いたるところで視線が見張る」（1977b, p.195=198）とフーコーは論じる。フーコーは三つの監視メカニズムを明らかにしている。
　階層秩序的観察
　規格化を行なう審判
　検査
　これらの技術は、特別な教育的ニーズをもつ子どもたちの経験の多くを形づくるように思われるので、以下で考察する。

4　階層秩序的観察

　フーコーによれば、規律・訓練の装置が完璧であれば、「唯一の視線だけで何もかもをいつまでも見ることを可能にするだろう」（1977b, p.173=178）。フーコーは、「一望監視方式」の技術（ジェレミー・ベンサムの設計に基づく）が、最

初に 18 世紀にどのように教授関係に結びつけられ、児童たちが常に観察されるようになったのか、記述している。

　教師の補助をさせるため、バタンクールは優秀な児童のなかから一連の「かかり」を選んで、元締め・観察係・忠告係・復習係・祈りの朗誦係・筆記具係・インク受取係・施物分配係・訪問係とした。このように定められた役柄は二種類にわかれ、一つは品物にかんする仕事を担当し……、別の役は監視の次元に属する。（Foucault, 1977, pp.175-176=180）

　フーコーは、このメカニズムは効率的かつ効果的だったと見ている。効率的だったというのは、監視がどこでも一定していたからであり、効果的だったというのは、それが「秘密を守って」、「いつも、また大幅にひそかに」機能したからである（1977b, p.177=181）。それはまた、他者を監視することを任せられた人びとをも監督した。
　普通学校にいる特別な教育的ニーズをもつ子どもたちのための手立てには、この種の監視の要素がある。普通学級に措置されたそのような子どもたちは、通常、絶え間なく監視されている。そのような児童の多くが、普通教室の中では特別ニーズの補助者や教師に付き添われているという意味で、この監督は階層的である。学習支援の専門家は、仕事のプログラムを作成し、その進行を監督し、普通教室の教師がその子をどのように扱っているのかを監視する。公式の検討会で教育心理士や親などに伝えるために、児童の進歩の記録は、校長にも常に知らせておく必要がある。相互権力関係の網目が生み出されたために、監視はこの時点で止まらない。

　この網目がその総体を《保持》させ、相互に支え合う権力的な影響を総体のすみずみにまで及ぼす。つまり監視者も常時監視される、という仕組である。（Foucault, 1977b, pp.176-177=181）

　学校内ではすべての子どもが精査の対象であるが、特別な教育的ニーズをもつ児童に対しては、まなざしはさらに遠くまで達する。彼らは教室での学習中

に観察されるだけではなく、休憩時間中も観察される。彼らが普通教室の同級生とどのように交流するのか、どのように社会的に統合されるのかということは、普通教室のカリキュラムの目標を達成するかどうかより重要ではないにしても、しばしば同じくらい重要なものと見られる。それゆえ、その子の対人関係のあらゆる側面が、スタッフの監視下に置かれうる。特別な教育的ニーズをもつ子どもの情緒面の幸福も、特別支援教育の重要な一面として言及される。これは、例えば子どもが幸せであったり自信を得たりしているしるしを、その子どもの中に探すことを正当化するが、普通学校の児童たちであれば、教師はそれほど入念に調べないであろう。特別な教育的ニーズをもつ児童を監視することによって、専門家たちは、彼らの幸福についての関心を示し、彼らの状態と進歩について知識を獲得することができる。監視はまた、特別な教育的ニーズをもつ児童を、権力と知識の対象として構築する。

　この権力形式が直接関与するのは、日常生活、つまり個人を分類し、個人にその個別性の刻印を押し、個人をそのアイデンティティに縛りつけて、彼に自分も他人も認めざるをえない真理の法を強いる日常生活である。それは個別的主体をつくりだす権力形式なのである。(Foucault, 1982, p.212=291)

5　規格化を行う審判

　フーコーは、「規格（Norm）」がどのようにして教育やその他の規律訓練に入り、「それらに新しい限界設定を強制した」(Foucault, 1977b, p.184=187) のかを観察する。これは、教育を標準化し、均質化を促進した一方で、「逸脱を測定したり水準を規定したり特性を定めたり、差異を相互に調整しつつ有益にしたりを可能にすることによって」(p.184=187)、個人化する効果もあった。特別なニーズをもつ子どもたちは、正常との関係で定義される。しかしながら、ある子どもにニーズ記録またはステートメントが必要だと思われるかどうかという、その「限界」点は、決して明確に定義されてはいないし、記録とステートメントを出す水準の変化は管理者その他の人びとにとって悩みの種であった。記録されていないが、親や専門家からは特別な教育的ニーズをもっていると見

られている子どももいるが、その子どもたちは「普通の」児童から明確に区別されるラベルをもっていないことによって、不利益を被っていると思われる。資源が限られている情勢においては、規範から外れていることにも価値があったのである。

6　検査

　検査という技術は、階層秩序的観察と規格化を行う審判とを結びつける、とフーコーは論じる。「ある可視性をとおして個々人が差異をつけられ、また審判を加えられるのだが、検査はそうした可視性を個々人に対して設定するのである」(Foucault, 1977b, p.184=188［訳者改訳］)。それは教育においては、例えば医療ほどには儀式化された形態を取ってはいない。医療においては、医者は医学的まなざしによって、患者の体内で起こっていることの説明を組み立て、徴候と症状とを疾患に結びつけることができる。三つの特徴が、検査技術が規律訓練技術としてはたらくことを可能にしている。

- 強制的な可視性の原則を押しつけ、「客体化の機制」(Foucault, 1977b, p.187=190) の中に主体を保持する。
- 個体性が記録の分野に導入される。これによって、諸個人を分類し、カテゴリーを作り、平均を決定し、規範を定めることができる。
- それぞれの個人は、**一つの事例**として確認され、「記述され判定され測定され他の個人と比較され、しかも個人性じたいにおいてそうされうる」。またこの個人は、「訓育されるべき、もしくは再訓育されるべき、さらに分類されるべき、規格化されるべき、排除されるべき等々」(Foucault, 1977b, p.191=194) かもしれない。

つまりフーコーは、検査とは、個人を権力と知識の対象にする技術の中心だと見ているわけである。
　ニーズ記録またはステートメントの開始となるアセスメント手続きのなかで、能力の正常基準と比べられ、かつ特定のカテゴリー内に区別されることを通し

て、子どもの固有性が構築される（公式にはカテゴリー化は否定されているにもかかわらずである）。したがってダウン症の2人の子どもは、いったん困難、性格、家庭背景といった他の要素が考慮されると、それぞれ違った判定になるだろう。特別なニーズをもつ子どもの学際的なアセスメントの前に、異常の疑いが表明される必要がある。これは、出生時に、遺伝的欠損や脳にダメージを与える外傷に医者が気づいたときに表明されるかもしれないし、後になって、親や教師が心配したときに表明されるかもしれない。保育所や学校が提供する空間は、親や教師が子どもを標準と比較できる空間であり、そこではいかなる違いであっても異常の証拠になってしまう。

　差異を表象する観念である異常あるいは特別な教育的ニーズは、それ自体社会的に構築されたものであるけれど、子どもが公式のアセスメントを受けるまでは疑われないのが普通である。学際的アセスメントは、（例えば医学、教育、心理学などの）多様な観点から行われ、その子どもとその家庭背景について可能なかぎり多くの情報を得ようとするが、それは何よりもまず政治的社会的なプロセスである（Galloway et al., 1994）。この形態の検査は、

　　権力の新しい様式の出現を明示するのであって、その様式では各人は固有の個人性を身分として受取り、しかもそこでは各人は、各人を特色づけてとにもかくにも一つの《事例》に仕上げる、特徴や尺度や逸脱や《評点》に、規約によって結びつけられるのである。（Foucault, 1977b, p.192=194-195）

　アセスメントを受けると、特別な教育的ニーズをもつ子どもは、その後の学校生活の間ずっと、絶え間のない監視を受ける運命にある。親と専門家も、記録された子どものニーズの継続的観察の一部として注視されるようになる。すべてが「常に逸脱を感知する」まなざしによってとらえられ（Foucault, 1973, p.89）、特別な教育的ニーズといった「異常性」の存在そのものが、一般住民の監視をさらに正当化する（Ryan, 1991）。

　特別な教育的ニーズをもつ子どもたちの経験に関連すると思われるフーコーの分析の最後の側面は、空間化である。

7　空間化

フーコーは、分類学として始まった医学の実践が、どのようにして、二つの変容を経て、症状を診る医学になり、今日存在する臨床医学として現われたのかを示した。その二つの変容は、疾患の空間化における変化と、医学的治療の変化によって特徴づけられる。医学的まなざしは、病いの起源や分布区域として認識されている空間を変えたのであり、医学は「一つの科学をまなざしの行使と決定の上に築こうとした最初の試みであった」(1973, p.89=128)。狂気の治療も根本的な変化を経て、懲罰空間としての狂人保護院（アサイラム）が誕生した。フーコーは狂人保護院を次のように描いた。

　観察・診断・治療を中心とする自由な領域ではない。それは人が告訴され裁かれ有罪宣告をうける裁判の空間である。しかもそこを出て自由の身になるためには、心理の深層でのこの審判の表現、つまり罪悔悟によるほかはない、そうした裁判の空間である。仮に外部の世界では無罪の扱いをうけるとしても、狂気は狂人保護院では罰せられるだろう。(Foucault, 1967, p.269=523-524)

子どもとその特別な教育的ニーズが「重なり合っている、というのは、単に歴史的な一時的所与にすぎないのにちがいない」(Foucault, 1973, p.3=19) が、それは学習困難の原因をめぐるしばしば感情的な議論を招いてきた。欠損モデルとカリキュラムモデルは、いずれも妥当性があるが、いずれにも独断的な論者がいる。ある子どもが統合されているという主張に関しては、特別支援教育が提供される空間も重要である。インテグレーションという理念的な観念は、主に特別な教育的ニーズをもつ子どもたちと普通の子どもたちが空間を共有することに関わっているが、その際、共有が最も広がることが最大の成功だと見なされている。場所、交流、カリキュラムのインテグレーションが、特別な教育的ニーズをもつ児童たちにとって進歩的な段階だと見なされる傾向にあるが、最も監視され、インテグレーションの証拠として言及されるのは、物理的に近

くなることである。

8 考古学、系譜学、フーコーの分析「道具」

考古学は、フーコーの初期の仕事（1967, 1972, 1973）の大半の特色となっているが、それは言説の「記述的」な説明、つまり真理を意味した言明の歴史を発展させるものである（Davidson, 1986）。特別支援教育の場合で言うと、われわれが問うべきなのは、われわれはなぜ「統合主義者」になったのか、ということではなく、他のものではなく統合が、いかにして特別支援教育の内部で支配的な言説になったのかということなのである。このためには、特別支援教育言説内部の不連続と対立について解明する必要がある。例えば、聴覚のインペアメント、失語症、特殊な学習困難をもつ人のなかには、分離または少なくとも分離された専門家の提供を主張してきた人たちもいるが、彼らを代表する集団をこのプロセスの一部として考える必要がある。

フーコー後期の系譜学的探求（1976、1977b）は、制度内部の権力／知識関係に焦点を当てており、フーコーの関心が言説から「言説的実践」へ、また分析レベルがマクロからミクロへと変化したことを反映している。フーコーは、「抵抗点」（1976, p.95=123）を探すことによって「権力の微視的物理学」（1977b, p.29=33）を分析するよう促す。これは、特別な教育的ニーズをもつ児童にとっては、抵抗点の証拠を探すこと、自分たちに与えられているアイデンティティに異議を申し立てること、他の経験を選びとることを含むであろう。

考古学と系譜学の中でフーコーが使う主な「道具」あるいは戦略は、転倒戦略である。これは、ある特定の（通常肯定的な）結論を示す公式言説を精査して、それが含みもつ反対の結論を考察することを意味する（Shumway, 1989）。セクシュアリティと狂気についての研究の中で、フーコーは転倒をきわめて効果的に用いて、例えばセクシュアリティは抑圧されたり沈黙されたりしているのではなく、言説の増殖全体の一部となっているのだということを示している。フーコーのもう一つの仕掛けは不連続である。これは、歴史的言説の内部に裂け目や乖離を探すことを促す。なぜならば、フーコーの主張によれば、ここで変化が起こるからである。それは、歴史は連続的で進歩的であるという、伝統的

な歴史観を捨てることを求めており、「ウォーノックの分岐点」が啓蒙された進歩の先触れになったという自己満足を考えると、特別な教育的ニーズにとっては重要であるように思われる。最後に、特殊性と外面性は、諸個人と諸現象をかなり異なった仕方で理解するように求める。フーコーは、特別な教育的ニーズのような現象を、それについての言説の外部として理解することに対して警告する。むしろ、その現象を構築する言説は、それが述べられる特定の時代という文脈の中で考察されるべきなのである。また言説は、(内的な合理性ないし不合理性があるというよりも) 外観上は動機や意図のないものとして見られるべきである。以上の戦略は、特別な教育的ニーズをもつ子どもたちについての公式・非公式の言説が、彼らを包摂したり普通学校から排除したりしていることを考察するにあたって助けとなるはずである。

9　特別な教育的ニーズを理論化する別のアプローチ

　二つの対照的なモデルが、特別な教育的ニーズをもつ子どもたちの概念化を支配する傾向があった。欠損モデルは、困難を子ども内部の要因に帰属させるモデルであり、本質主義的観点の一つに位置づけられる。他方のカリキュラムモデルは、子どもの外部の諸特徴を探す。この諸特徴には、使われる教育アプローチや、子どもと相互行為をする人の態度が含まれ、その本質は障害の社会構築主義的な見方である。この観点の中で、シンボリック相互作用論者 (例えば Goffman, 1963) は次のように考察する。諸個人が例えば「パッシング」などの戦略を通して、自分のラベルをいかに扱い、自分に関して公衆が受けとる情報をいかにコントロールしようとするのだろうか、と。これは役に立つが、「恥ずかしい差異」は不可避であるという感覚は残ってしまう (Abberley, 1993)。
　社会構築主義者は、あらゆるラベリングやカテゴリー化の使用に反対することを狙っており (これは欠損モデルに対する主要な批判である)、スコットランド局教育省は、この点に関して次のように勝利を主張している (SOED, 1993)。

　　児童をラベリングする特徴的なシステムに替わり、彼らの学習ニーズを記

述するようになった (p.5)。

奇妙なことに、スコットランド局教育省は同じ文書の中で、中度の学習困難や身体的困難などをもつ子どもたちを分離させた集団に、カリキュラム教材を提供することを約束している。これは別に不思議ではない。(欠損という考え方に基づく) カテゴリーは、ニーズを特定してそれに応じる際には、教師その他の人びとの役に立つということは変わらないのであるから。

社会的構築主義者の反ラベリングの姿勢は、セーデル (Soder, 1989) によって危険だと批判された。

　サービス構造の変化によって障害者のニーズが見えなくなりがちなときにあって、善意からとはいえ障害者の問題を否定することが、専門家イデオロギーとして展開している。分離が廃止され、インテグレーション、脱施設化、脱中央化が実施されつつある。この展開を駆動している力は二つある。第1に、ラベルを貼らず、分離させて扱わず、インテグレートするという、善き意志からのイデオロギー的な関与がある。第2に国家の財政危機が、より安上がりな代替案を探す動機となっている。(p.255)

障害者は、自分の「特別で」「異常な」「必要」を認めないことによって不利な立場に置かれると、アバーリーは論じる (Abberley, 1993, p.111)。そしてオリバー (Oliver, 1992) は、障害者 (disabled people) を「障害のある人びと」(people with disabilities) として見ることによって「障害という現実を否定しようとする言葉上の試み」に対して、きわめて批判的である (Oliber, 1992, p.21)。

新しい観点がアバーリー (1992) と他の人たち (例えば Fulcher, 1989 や Oliver, 1990) によって提案されているが、それは社会生成主義 (social creationist) と定義される。

　社会構築主義的な障害観と社会生成主義的な障害観との本質的な違いの中心は、「問題」が実際はどこに位置づけられるのか、ということである。いずれの障害観も、個人主義という中心イデオロギーから脱し始めている。社

会構築主義的な見方は、問題を、健常者の心の中にあるものとして見る。個人的であろうと（偏見）、敵対的な社会的態度の示威や、障害についての悲観的な見方にもとづく社会政策の立法化を通じた集合的なものであろうと、いずれにせよである。しかし社会生成主義的な見方は、問題を、社会の制度化された実践の中にあるものとして見る（Oliver, 1990, pp.82-83）。

社会生成主義的な観点は、障害を抑圧と見て、障害者によって経験される物理的、環境的、社会的、心理的不利を説明する。インペアメントの社会的生産を非難する一方で、社会生成主義者は、障害のある生活の価値を主張し、「差異が寛大に取り扱われ受け入れられるだけでなく、積極的に価値付けられ称賛される」（Oliver, 1992, p.25）ことを要求する。それは一つの政治的立場をとり、障害者の物質的条件を改善するために、国家と福祉的手立ての変革を求める。社会生成主義的観点をフーコー的観点から区別するのは、この変革への絶対的要請である。アバーリーによれば、その目標は次のような社会理論を展開することである。それは、

　経済的、社会的、心理的不利に共通する諸特徴と、「それらの不利の物質的基盤と、それらの不利を蔓延させ再生産するイデオロギー」の理解をつなげる社会理論である。（Abberley, 1992, p.244）

障害者が自分のニーズというよりも要求をはっきり言う権利も、社会生成主義の観点の本質的な部分である。しかしながら、障害者の中にも健常者の中にも複数の声があるし、一人の社会生成主義者がそのすべての声が聞かれるようにさせる保証はない。最も歯切れ悪く弱々しい声は特にそうである。アバーリーが挙げた目標をすべての障害者に対して達成する、特別な教育的ニーズの単一理論を確立することは不可能かもしれないし、不適切かもしれない。コーベットは、一つの形の支配的言説を他の言説へと単に置き換えることについて、警告している（Corbett, 1993）。

複数の声自体が支配的にならないという条件のもとで、声の複数性を可能にする一つの観点はポストモダニズムである。コーベットは、このポストモダニ

ズムであれば、「コース上の障害物」(Warnock, 1991) や「領土の境界線」(Booth, 1992) といった特別な教育的ニーズのメタファーの意味を精査することが可能になると論じる (Corbett, 1993)。彼女は、分離からインテグレーションへの移行はポストモダンであったのであり、この移行をハッサン (Hassan, 1980) によって引用されているモダニズム／ポストモダニズムの対照的な特徴（例えば、距離／参加、集中／分散）の一つとしても場違いではないと、冗談めかして示している。彼女はコースと領土のメタファーを脱構築して、進んだ近代とインテグレーションとを結びつける言説に異議を申し立てている。そうではなく、コースや領土は、障害者の参加を妨げる障壁の一部として示される。コースは、勝者と敗者を生み出すために階層化されており、そこでは障害者は敗者集団の一部である、と彼女は論じる。領土は専門家によって防衛され続けているが、「身体の所有権を求める戦い、つまり専門職の領土の侵略」(Corbett, p.550) はある程度の成功を収めたと、コーベットは示している。

これらの観点との関係では、フーコーはどこにいるのだろうか？　この問いに答えようとする時の問題の一つは、フーコーが自分に帰属されるいかなるラベルも否定したということである。

　実際のところ、私は政治のチェス盤のほとんどのマス目に、次々と、時として一度に複数のマス目に位置づけられてきたと思う。無政府主義者、左翼、仰々しいマルクス主義者、偽装したマルクス主義者、ニヒリスト、明示的または密かな反マルクス主義者、ドゴール主義に仕えるテクノクラート、新自由主義者などと。これらの記述は単独ではどれ一つとして重要ではない。他方で、ひとまとめにすると、それらは意味をもつ。私がその意味をむしろ好んでいることを、認めねばならない。(Rainbow, 1984, pp.383-384)

サイードはこう示唆する。フーコーは、現代におけるニーチェの最もすぐれた弟子として、そして20世紀西洋における対抗的な知的生活の中心人物として理解するのが最も良い (Said, 1986)。フーコーのアイディアは、特別な教育的ニーズに適用するならば、社会生成主義とポストモダンの観点の間のどこか、ただし完全にどちらか一方ではないところに位置するように思われる。フ

ーコーは障害者（と障害者差別）については、それを社会の制度化された実践に位置づける社会生成主義の見方を共有するだろうが、それがいかにして打倒されるのかを具体的に述べてはいない。フーコーは、例えばアバーリーらが障害者のために行なったように、諸個人の物質的条件の変化を求める議論はしない。ポストモダニストたち（彼らが集団として認識できるならば、だが）と同じく、フーコーは声の複数性を認識しており、それを聞く手段を見出すように研究者を促すが、手本を示してはいない。キジルタン（Kiziltan）らは、教育はポストモダン言説に埋め込まれており、フーコーの権力と知識の相互共生関係はとくにポストモダン的であると示唆している（Kiziltan et al., 1990）。フーコーがモダニティのメタナラティブ（例えば進歩、一貫性、合理性）に異議申し立てを行ない、転倒戦略を使うという意味では、彼をポストモダニストと見るのは、たしかに適切であるように思われる（いかなる種類であれラベルが有益なのであれば、であるが）。本稿の最後では、フーコーに向かって浴びせられてきた批判が、この観点をとる特別な教育的ニーズの研究をどの程度制限するのか、考察する。

10　フーコー批判

ハーバーマス（Habermas, 1986）とローティ（Rorty, 1990）は、フーコーの問題は次の二つのものの間の緊張にあると見ている。つまり、

一方の、客観性を求める学者のほとんど平穏といってよい科学的慎みと、他方の、傷つきやすく、主観的に激しやすく、道徳に敏感な知識人の政治的バイタリティである。(Habermas, 1986, p.103)

ローティは、客観的でありつつ政治的であることは、その二つを明確に区別することによって可能なはずだと考え、フーコーを「自律性の騎士」と呼ぶ（p.2）。他方、ハーバーマスは、フーコーは究極的には価値判断をすることができないとみており、フーコーはペシミストだと非難する。特にこの非難は教育に対して重要であるため、本節でもっと十全に考察する。しかし最初に、フ

ーコーの歴史の扱いについての批判をとりあげよう。

11 「無責任な」歴史家

　歴史に対するフーコーのアプローチは、社会制度の中心的な構成要素を分離させて、それを時代の中にさかのぼることである。そうすることで、歴史家が過去と現在の関係の中で伝統的に享受している居心地の良さを揺り動かすのである (Poster, 1984, p.74)。シャムウェイが指摘するように、フーコーは規律訓練を直接扱うのではなく、その考古学、「つまりこの場合、それを築いている堆積物の層」を記述する (Shumway, 1989, p.159)。フーコーは歴史的なデータと時間に関して「無責任であり」、出典から恣意的に選んでいると批判されてきた (Megill, 1979)。ポスターは、フーコーが歴史家に批判されてきたのは少しも不思議ではない、なぜならば「テキストの証拠となる基礎が雑多で不完全である」から、と述べている (Poster, 1984, p.73)。しかし、メギル (Megill) は、フーコーはずさんだという批判は、その仕事のポイントを見過ごすことになるとも論じている (Megill, 1985)。メギルは、フーコーは権威者ではなく活気づける人として扱うのが最も良いと主張する。

　フーコーは、起源を探すという考えを避ける。そのかわりに、

　　微細なこと、さまざまな始まりの偶然にゆっくりつき合うことであろう。それらの嘲弄するような意地悪さに細心な注意をはらうことであろう。それらが、ついには仮面をおろして、他者の顔立ちをもって現われてくるのを見ようと予期することであろう。(Foucault, 1984, p.80=356)

　現在の状況の診断から始めることによって、フーコーは「われわれはいかにしてここに来たのか」と問うことを可能にする。このためには、言説内部の微細な変化に注目することが必要であり、ずさんだとか恣意的だという批判を容易には受け入れられない。

12　ペシミズム

　この 300 年間のヨーロッパの社会制度の変化についてのフーコーの説明からは、その期間に苦しみがかなり減ったとか、人びとが自分の生活スタイルを選ぶ機会がかなり増えたとは、全く思えないであろう。(Rorty, 1990, p.3)

　おそらく、フーコーの仕事に対する最も重大な批判は、彼が社会変革の処方箋を示していないということである。フーコーは、小さな変化をもたらす、地域的で継続的な活動を擁護しているが、シャムウェイが指摘するように、「彼の仕事は、そのような活動にとりかかることに関心をもっている人を勇気づけたり方向を示したりすることはほとんどない」(Shumway, 1989, p.158)。さらにフーコーは、権力は必然的に抵抗をともなうと主張するが、しかし「抵抗は概して権力に取り囲まれており、何の脅威にもならないという印象を与える」(Fairclough, 1992, p.57)。この批判は教育専門家にとっては特に重要である。なぜならば教育専門家は、活動の可能性を否定する（あるいは少なくとも認めない）分析からは、ほとんど得るものはないと感じるかもしれないからである。フーコーの意図は、単に「現代の脅威の性質を究明」(Dreyfus & Rabinow, 1986, p.118=83) することだったのであり、彼の分析と社会変革の間の矛盾はわれわれが解決するべきである、と論じられてきた (Said, 1986)。フェアクローの見解では、この問題の原因は、フーコーが実践を構造へと還元しがちであることと、「物事をしたり言ったり書いたりする人びとのリアルな例」が彼の研究に不足していることである (Fairclough, 1992, p.57)。この点については後ほど戻ることにする。

　もしかしたら、フーコーはずっと誤解されてきたのであり、彼は実際には希望を、とくに教育専門家にとっての希望を示しているのかもしれない。この鍵は、フーコーの啓蒙の解釈にある。「啓蒙とは何か」という問いに対するカントの答は、啓蒙を三つの方法で定義するものであった。つまり、思想の無条件の自由、思想を公表する無条件の自由、公衆面前で思想に疑問を提起する無条件な自由である。しかしながら、これは高度に超越論的な理解（知識を人類

から独立した普遍的な構造をもつものと見る理解）を採用するということであり、フーコーはその理解を共有しなかった。フーコーの啓蒙概念は、「私たち自身の批判的存在論」を提示するものである。それを、

　一つの理論、教義、あるいは蓄積される知の恒常体とさえ見なすのではなく、一つの態度、一つのエートス、私たち自身のあり方の批判が、同時に私たちに課された歴史的限界の分析であり、同時にまた、それらの限界のありうべき乗り越えの分析でもあるような、一つの哲学生活として、それは理解されるべきなのだ。(Foucault, 1984, p.50=393)

これはペシミスティックには全く聞こえないし、教育専門家にとっては、教育実践を再考し評価する展望を示してくれるように思われる。もしも、「相違、不断の脱中心化、終わりなき延期、繰り返し疑うこと」を特徴とする「限界的態度」(Kiziltan et al., 1990) をもって教育に取りかかるならば、教育は

　カリキュラムから組織再編までの公教育の様々な側面で大転換を起こしうる、終わりなき再構築へと変わる。(Kiziltan et al., 1990, p.366)

ローティ（Rorty, 1990）とロス（Roth, 1992）は、フーコーには教育を転換させる力があるという信念を共有している。その条件は、われわれが教育専門家として、「われわれ自身の思考の閉塞と反復性を調べ始める」ことである (Roth, 1992, p.695)。このためには、われわれは「既成の自己を乗り越えて、不確実性の中に住まうことができるほど、いや不確実性の中で栄えることができるほど十分な、新たな勇気をつくり上げる」(Roth, 1992, p.693) 必要がある。キジルタンらが言うように (Kiziltan et al., 1990)、

　限界的態度の迷路のような環境の中で、人生は光や普遍的社交性の約束にしたがって導かれるのではなく、克己し、自律した主体として自己を構成するコミットメントによって導かれる。それは、常に始原に留まりながら進み、共に住む迷宮を整理し直すような、本質的に集合的なプロジェクトなのである。(p.369)

しかし、障害者にとってはダブルバインドが存在する。というのも、リゲットが（Ligget, 1988）指摘するように、規範化する社会において、障害者が自分について喧伝することには、障害者／非障害者という区別を受け入れる代償がともなうからである。これは規律訓練の実践に挑戦するというよりも、それを永続させるかもしれない。しかし、議論はあるだろうが、これは冒す価値のあるリスクである。研究には、諸個人がいかにして主体として構築されるのかを明らかにしようという重要な役割がある。そのためには、教室その他の制度の中で起こっていることに注目することが必要である。

13　経験的分析

この最後の批判は、フーコーが権力／知識関係を暴露することが鍵であると主張していたにもかかわらず、制度内部の経験的研究に取りかからなかったことに関わっている。フーコーは、社会制度は内部の観点から研究することがきわめて重要だと主張している。なぜならば、社会制度は

> 多様で凝縮され、秩序だてられた、もっとも効率のよい観察の特権的な要点である。（Foucault, 1982, p.222=302）

しかしながら彼は、制度自体が決定的な証拠を明らかにする可能性があると、完全に確信しているわけではない。

> 権力関係の観点から制度を分析すべきであって、その逆ではないということ、そして多くの関係性がたとえ一つの制度のうちに具体化され結晶化されていようとも、関係性の根本的な投錨地点は制度の外に見出されるべきだということである。（Foucault, 1982, p.222=302-303）

フーコーは、ある種の普遍理論家であり続けたが、フェアクローが指摘するように、実践について語っているのだと主張している。「彼が構造に対して焦

点を当てるのは、起こりうることと、現実に起こることを説明する意図からである」(Fairclough, 1992, p.57)。しかしこれは、制度的実践の経験的分析を成し遂げることができないという意味ではなく、すでに、教育運営 (Ball, 1990) と心理学 (Walkerdine, 1984) の説得力のある分析がある。しかしこれらの分析でも、言われていることと言われていないことの具体例を提供することで、規律訓練技術がどのように機能するのかを示しているわけではない。フーコーの道具箱は、分析枠組みを発展させることにより、普通学校における特別な教育的ニーズをもつ子どもたちの経験を理解する助けとなるかもしれない。その分析枠組みは、特別な教育的ニーズをもつ子どもたちを構築してきた公式・非公式の言説をして語らしめるものである。

フーコー的な観点から、特別な教育的ニーズをもつ子どもたちの経験を分析する一つの試み (Allan, 1995) は、啓発的であった。特別な教育的ニーズをもつ児童と同級生たちの話には、次のような特徴があった。

- 特別な教育的ニーズをもつ児童は、(障害者あるいは正常という) 固定したアイデンティティをもっていなかった。彼らはむしろ、(医療、慈善、権利といった) 様々な言説の中で、継続的にアイデンティティを形成する途上であった。
- 普通学級の児童による、特別な教育的ニーズをもつ児童の識別過程は曖昧なものであり、ぐらつき、矛盾、不確実性に満ちていた。
- 特別な教育的ニーズをもつ児童による抵抗は多種多様であった。その中には、自分たちの障害を強調する罪を正そうとすること (視覚的インペアメントがある2人の少女) や、異なる障害を主張すること (情緒と行動に困難がある少年) があった。
- 普通学級の児童は、小さな統治性レジームを作動させ、特別な教育的ニーズをもつ児童に対する、許容される態度と許容されない態度の境界線を引いていた。しかしこれもまた、きわめて曖昧なものであった。
- このレジームの内部で、しばしば抵抗が再構築されたり (例えばやんちゃや彼らの「差異」の事例として)、消滅させられたり (端的にそれを無視することによって) したが、それは「自分たちのための」活動をする児童た

ちによって行なわれたことであった。

　フーコー的な言説分析は、普通学級に通う障害児童の経験をわれわれが理解するにあたって、どんな貢献をできるだろうか。少なくとも、インテグレーションに関する無意味な説明を避けられることは約束できる。インテグレーションに関する無意味な説明は、他のことはさておいて、子どもがどこで教育されるのかということを語るのである。もし私たちが、普通学校の中の特別な教育的ニーズをもつ児童を例えば「哀れみの対象」や「人々を勇気づける存在」(Shapiro, 1993［p.30=49］) として描く言説を通じて、彼らの経験がいかに構築されるのか、探求を始めるならば、彼らの経験の種類は少しは明確になるかもしれない。これらの経験の改善については、「フーコーを加えてかき回そう」というシャムウェイの提案を取り上げるならば、可能かもしれない。それは試す価値があるということは確かである。

【文献】

ABBERLEY, P. (1992) The concept of oppression and the development of a social theory of disability, in: BOOTH, T., SWANN, W., MASTERTON, M. & POTTS, P. (Eds) *Learning for All 2 -- Policies for diversity in education* (London, Routledge/Open University Press).

ABBERLEY, P. (1993) Disabled people and normality', in: SWAIN, J., FINKELSTEIN, V., FRENCH, S. & OLIVER, M. (Eds) *Disabling Barriers-- enabling environments* (London, Sage Publications/Open University).

ALLAN, J. (1995) *Pupils with special educational needs in mainstream schools: a Foucaldian analysis of discourses.* Unpublished PhD thesis, University of Stirling.

BALL, S. (1990) Management as moral technology: a Luddite analysis, in: BALL, S. (Ed.) *Foucault and Education: disciplines and knowledge* (London,Routledge). 〔=スティーブン・J・ボール著、稲垣恭子・喜名信之・山本雄二監訳 (1999)「モラル・テクノロジーとしての学校経営——教育におけるラッダイト現象の分析」『フーコーと教育——「知=権力」の解読』勁草書房。〕

BOOTH, T. (1992) *Reading Critically, Unit 10, Learning for All* (Milton Keynes, Open University).

CORBETT, J. (1993) Postmodernism and the 'special needs' metaphors, *Oxford Review of Education*, 19, pp. 547-553.

DAVIDSON, A. (1986) Archaeology, genealogy, ethics, in: HOY, D. (Ed.) *Foucault: a critical reader* (Oxford, Basil Blackwell). 〔=ディヴィッド・カズンズ・ホイ編、椎名正博・椎名美智訳（1990）『フーコー――批判的読解』国文社。〕

DREYFUS, H. & RABINOW, P. (1986) What is maturity? Habermas and Foucault on 'What is enlightenment?' in: HOY, D. (Ed.) *Foucault: a critical reader* (Oxford, Basil Blackwell). (＝前掲書)

FAIRCLOUGH, N. (1992) *Discourse and Social Change* (Cambridge, Polity).

FOUCAULT, M. (1967) *Madness and Civilisation* (London, Tavistock).〔＝ミッシェル・フーコー著、田村俶訳（1975）『狂気の歴史――古典主義時代における』新潮社。〕

FOUCAULT, M. (1972) *The Archaeology of Knowledge* (London, Tavistock). 〔＝ミッシェル・フーコー著、慎改康之訳（2012）『知の考古学』河出文庫。〕

FOUCAULT, M. (1973) *The Birth of the Clinic* (London, Routledge). 〔＝ミッシェル・フーコー著、神谷美恵子訳（1969）『臨床医学の誕生』みすず書房。〕

FOUCAULT, M. (1976) *The History of Sexuality* (Harmondsworth, Penguin). 〔＝ミッシェル・フーコー著、渡辺守章訳（1986）『性の歴史1 知への意志』新潮社。〕

FOUCAULT, M. (1977a) Intellectuals and power: a conversation between Michel Foucault and Giles Deleuze, in: BOUCHARD, D. (Ed.) *Language, Counter-memory, Practice: selected essays and interviews by Michel Foucault* (Oxford, Basil Blackwell).

FOUCAULT, M. (1977b) *Discipline and Punish: the birth of the prison* (Harmondsworth, Penguin). 〔＝ミッシェル・フーコー著、田村俶訳（1977）『監獄の誕生――監視と処罰』新潮社。〕

FOUCAULT, M. (1982) The subject and power, in: DREYFUS, H. & RABINOW, P. (Eds) *Michel Foucault: beyond structuralism and hermeneutics* (Brighton, Harvester). 〔＝ミッシェル・フーコー著、山形頼洋ほか訳（1996）『ミシェル・フーコー――構造主義と解釈学を超えて』筑摩書房。〕

FOUCAULT, M. (1984) What is enlightenment? in: RABINOW, P. (Ed.) *The Foucault reader* (London, Peregrine).〔=ミッシェル・フーコー著、小林康夫・石田英敬・松浦寿輝編 (2006)『フーコー・コレクション6 生政治・統治』[同書の別の章 Nietzsche, Genealogy, History からも引用されており、それは『コレクション3 言説・表象』(ちくま学芸文庫) 所収]

FULCHER, G. (1989) *Disabling Policies? A comparative approach to education policy and disability* (London, The Falmer Press).

GALLOWAY, D., ARMSTRONG, D. & TOMLINSON, S. (1994) *The Assessment of Special Educational Needs: whose problem?* (London, Longman).

GOFFMAN, E. (1963) *Stigma: notes on the management of spoiled identity* (Harmondsworth, Pelican).〔=アーヴィング・ゴッフマン著、石黒毅訳 (2001)『スティグマの社会学――烙印を押されたアイデンティティ』改訂版、せりか書房。〕

HABERMAS, J. (1986) Taking aim at the heart of the present, in: HOY, D. (Ed.) *Foucault : a critical reader* (Oxford, Basil Blackwell).

HASSAN, I. (1980) The question of postmodernism, in: GARVIN, H. (Ed.) *Romanticism, Modernism, Postmodernism* (Bucknell Review, 25), pp. 117-126.

HEGARTY, S. (1993) *Meeting Special Needs in Ordinary Schools* (London, Cassell).

KIZILTAN, M., BAIN, W. & CANIZARES, M. (1990) Postmodern conditions: rethinking public education, *Educational Theory*, 40, pp. 351-369.

LIGGETT, H. (1988) Stars are not born: an interpretive approach to the politics of disability, *Disability, Handicap & Society*, 3, pp. 263-275.

MEGILL, A. (1979) Foucault, structuralism and the ends of history, *Journal of Modern History*, 51, pp. 451-503.

MEGILL, A. (1985) *Prophets of Extremity: Nietzsche, Heidegger, Foucault, Derrida* (Berkeley, University of California Press).

OLIVER, M. (1985) The integration-segregation debate: some sociological considerations, *British Journal of Sociology of Education*, 6, pp. 75-90.

OLIVER, M. (1990) Politics and language; the need for a new understanding. *International Rehabilitation Review*, XL, April, p. 10.

OLIVER, M. (1992) Intellectual masturbation: a rejoinder to Soder and Booth. *European Journal of Special Needs Education*, 7, pp. 20-28.

POSTER, M. (1984) *Foucault, Marxism and History* (Cambridge, Polity Press).

RABINOW, P. (Ed.) (1984) *The Foucault Reader* (London, Peregrine).

RORTY, R. (1990) Foucault, Dewey, Nietzsche, *Raritan*, 9, pp. 1-8.

ROTH, J. (1992) Of what help is he? A review of Foucault and Education, *American Educational Research Journal*, 29, pp. 683-694.

RYAN, J. (1991) Observing and normalizing: Foucault, discipline and inequality in schooling, *Journal of Educational Thought*, 25, pp. 104-119.

SAID, E. (1986) Michel Foucault, 1926-1984, *Raritan*, 4, pp. 1-11. 〔=エドワード・サイード著、大橋洋一・近藤弘幸・和田唯・三原芳秋訳 (2006)「ミシェル・フーコー 1927-1984」『故郷喪失についての省察1』みすず書房。〕

SCOTTISH OFFICE EDUCATION DEPARTMENT (1993) *Support for Learning: special educational needs within the 5-14 curriculum* (Edinburgh, SOED).

SHAPIRO, J. (1993) *No Pity: people with disabilities forging a new civil rights movement* (New York, Times Books). 〔=ジョセフ・シャピロ著、秋山愛子訳 (1999)『哀れみはいらない――全米障害者運動の軌跡』現代書館。〕

SHUMWAY, D. (1989) *Michel Foucault* (Charlottesville, University Press of Virginia).

SLEE, R. (1993) The politics of integration -- new sites for old practices? *Disability, Handicap and Society*, 4, pp. 351-360.

SODER, M. (1989) Disability as a social construct: the labelling approach revisited, *European Journal of Special Needs Education*, 4, pp. 117-129.

WALKERDINE, V. (1984) Developmental psychology and the child centred pedagogy, in: HENRIQUES, J, HOLLWAY, W., URWIN, C., VENN, C. &

WALKERDINE, V. (Eds) *Changing the Subject: psychology, social regulation and subjectivity* (London, Methuen).

WARNOCK, M. (1991) Equality Fifteen years on, *Oxford Review of Education*, 17, pp. 145-154.

4　学校選択、市場、そして特別な教育的ニーズ

カール・バッグレイ／フィリップ・A・ウッズ著／渡邊充佳訳

School Choice, Markets and Special Educational Needs
Carl Bagley; Philip A. Woods
Disability & Society 13 (5), 1998

［論文紹介］

　教育の受益者は子どもとその保護者であり、子ども・保護者がそのニーズに応じて学校を選択できるようにして、各学校が「特色ある学校づくり」に向けて互いに競争することで、教育の質の向上が図られる——これが、市場原理に基づく教育改革の一環として、義務教育段階での学校選択制の必要性が訴えられる際の決まり文句である。アメリカおよびイギリスでは1980年代から、日本でも1990年代後半から2000年代前半にかけて、本格的に学校選択制の導入がはじまった。本論文は、1990年代のイギリスのある一都市のケーススタディを通して、学校選択制の導入が、はたして表向きの理念通り、多様な立場の子ども・保護者のニーズに応える教育政策となりうるのかを鋭く問うものである。

　本論文の著者は、市場原理に基づく教育改革、そしてその一環としての全国学力テストの実施や学校選択制の導入といった一連の政策が、子ども・保護者・学校にどのような影響をもたらすのかという問題に関して、特別な教育的ニーズをもつ子どもとその保護者の立場から切り込んでいる。まずは、このような研究の視点の独自性に、本論文の意義が認められる。

　日本の学問状況においては、学校選択制の是非や、その成果と課題について論じる際に、公教育一般の原理に照らした議論は数多あるものの、社会的マイノリティ、とりわけ障害児（特別な教育的ニーズをもつ子どもを含む）やその家族にとってそれが一体いかなる意味をもつのかといった視点での研究はほとんどみられない。市場原理に基づく教育改革において、尊重されるべき「消費者」とみなされているのは果たして誰なのか、そこでイメージされている「消費者」の「ニーズ」とはいかなる性質のものであるのかという問いが、十分深められるには至っていないのである。「子ども・保護者のニーズに応える」あるいは「選択の自由を広げる」といった改革論者の呼びかけは、実際、わが子の将来への不安を抱える少なからぬ保護者にとって——それぞれの保護者の置かれた社会的

立場の違いを超えて——魅惑的なものとして受けとめられている。その魅惑的な呼びかけが、誰にとっても明るい未来を指し示すものなのか、それとも大いなる「詐欺」でしかないのかということは、理念的な観点のみならず、さまざまな立場の子ども・保護者、そして学校関係者にとってのリアリティを明らかにするという営みによって具体的に検証されるべきであろう。その意味で、本論文は、市場原理主義的教育改革の批判的検証を行う際の一つの有効なモデルを提示している。

また、本論文は、現に子育て中の保護者や教育関係者の実践的関心にも応える知見を提示しているという点でも非常に意義深いものである。本論文は1998年に公表されたものであるが、そこで描き出された学校状況は、今日の日本の学校を取り巻く状況とも大いに重なり合う。日本においても、全国学力テストの学校別成績の公表の是非が、基礎自治体における教育行政のあり方をめぐる主要な論点の一つとなっているが、学校別成績の公表と学校選択制のコラボレーションが、はたしていかなる帰結をもたらすのか、その一つの解が本論文において明快に示されている。

本論文において明らかにされているのは、学校という場が、（主として中産階級の）生徒とその保護者に対して学力向上のためのサービスを供給する消費財と化し、その構造的な差別性・排他性をますます強め、（労働者階級に相対的に多くみられる）学力面での課題や行動上の問題を呈する生徒とその保護者は、消費財としての学校の価値を下落させる存在としてあからさまに忌避・排除されていくという情景であった。学校選択制への批判として、このような帰結を招くことの危惧は以前から指摘されてきたところであるが、保護者や学校関係者へのインタビューを通じてその実情をあぶりだしているところに説得力があり、読者にも強い印象を残すものとなっている。日本においても市場原理に基づく教育改革がこのまま進展するならば、本論文で示されたような情景が全国の至るところで「日常」として立ち現れるであろうことが推測される。いわば本論文が提示しているのは、日本の学校状況についての「未来予想図」である。

さて、われわれはそのような未来を望むのかどうか、改めて考えてみる必要があるだろう。

(渡邊充佳)

[原著者紹介]

Carl Bagley（カール・バッグレイ）

論文執筆時は、スタッフォードシャー大学所属。現ダラム大学教育学部長（2013年）。専攻は教育社会学。反人種差別主義の取り組みを進めるためのコミュニティワーカーとしての活動経験も有する。主な著作に *Navigating Borders: Critical Race Theory Research and Counter History of Undocumented Americans*.（Ricardo Castro-Salazarとの共著、2012年）。

Philip A. Woods（フィリップ・A・ウッズ）

　論文執筆時は、イギリス放送大学所属。現ハートフォードシャー大学教育学部教授（2013 年）。専攻は教育経営学。教育における民主主義と社会的公正の実現に向けたリーダーシップのあり方について研究している。主な著作に *The Geography of Reflective Leadership: The Inner Life of Democratic Learning Communities.*（Glenys Woods との共著、2010 年）。

4 学校選択、市場、そして特別な教育的ニーズ

【要旨】

　イングランドおよびウェールズにおける学校選択と特別な教育的ニーズに関する政策枠組を議論することにより、本稿では、教育市場で競争にさらされている学校が特別な教育的ニーズをもつ児童生徒の保護者のニーズを認識し対応する方法を調査し、学校選択に関する保護者の視点・経験・価値観について考察する。ある地域に関する徹底的な事例研究により、「親性と学校選択の相互作用」(Parental and School Choice Interaction：PASCI) 研究プロジェクトにおける質的調査の結果を記述する。このプロジェクトは、保護者による学校選択と学校の意思決定の間の相互作用に関する 3 年間にわたる長期研究である。そこで明らかとなったのは、学校管理者への圧力と、特別な教育的ニーズをもつ生徒の保護者の前に立ちはだかる困難である。また、市場において競争にさらされている学校は、「学力偏重」の傾向をますます強めているので、特別な教育的ニーズをもつ児童生徒と保護者のニーズと選好はますます周縁化され、貶められていることを調査結果は示唆している。

はじめに

　1980 年代から 90 年代にかけて、市場理論や、サービス利用者に選択権を与えるという発想が、公共政策のあり方に強い影響をもたらすようになった。とりわけ、イギリスやアメリカにおいては、これらの考え方は教育政策にも影響を与えており、学校制度の改革によって、地域の実情に応じて学校選択の機会を広げる多様な試みが進められている。これらの改革がいかに望ましいものであり、かつ有用なものであるかということが、しばしば改革の基本原理あるいは予測される結果、またはその双方に基づいて熱心に議論されてきた。

　先行研究（Evans & Lunt, 1994; Gewirtz et al., 1995; Evans & Vincent, 1996; Knill & Humphreys, 1996）では、特別な教育的ニーズへのサービス供給に対する公

教育市場化の影響（Woods & Bagley, 1996a）に関して言及がなされてきた。それにもかかわらず、学校選択制の導入が特別な教育的ニーズに対して与える影響、そのことが学校および保護者に何をもたらすのかという問題についての政策的な議論は、学校選択に関する他の側面の議論に比べて不十分であるように思われる。この点に関して、エヴァンスとヴィンセント（1996）は、特別支援教育をそれ自体として完結した、他の教育政策から切り離された事象として取り扱うべきではなく、むしろそれは「教育制度の変化の総体を捉えるためのきわめて有益なレンズ」（Evans & Vincent, 1996, p.102）になると主張した。文明化されたと自認する社会においては、特別な教育的ニーズをもつ人々も含めて、最も脆弱な構成員のニーズに対応できる教育制度が必要とされる。そこできわめて重要な政策上の問題は、学校選択制の実施が、彼らの多様で異なるニーズに適切に対応できているのかということである。

　本稿の前半部分では、特別な教育的ニーズをもつ児童生徒の保護者に対する、学校の視点及び反応について調査している。批判的論者（Evans & Lunt, 1994）が述べてきたように、競争的環境に置かれた学校は、特別な教育的ニーズをもつ児童生徒のように課題があるとわかっていてその支援に費用がかかる児童生徒よりも、学校の成績や評判を高めることのできる児童生徒のほうを集めようとするのではないかという点をわれわれは検討する。また、これも以前から論じられてきたことであるが（Gewirtz et al., 1995）、一般の保護者の目から見て悪いイメージや評判が立たないようにという理由から、学校は、特別な教育的ニーズに対する自分たちの方針や手立てについて表に出したがらない傾向にあるのではないかという点も調査する。さらに、資源配分についての組織運営上の決定を困難にするような財政上の制約が課せられている現状において、特別な教育的ニーズをもつ児童生徒への学校の対応が不十分なものとなってしまうのではないか（Lee, 1992; Housden, 1993）という点についても検討する。

　本稿の後半部分では、中学校選択のプロセスを通過した特別な教育的ニーズをもつ児童生徒の保護者の経験について議論する。われわれは、保護者の情報へのアクセス、学校選択において活用した資源、学校選択の決め手となった理由について検討する。

　最後に、保護者の意見をある特定の価値観のもとに位置づけ、特別な教育的

ニーズをもつ児童生徒とその保護者にとっての示唆を、市場における学校の応答性の観点から考察する。

まずは、学校選択に関する法律の制定と、それが特別な教育的ニーズをもつ児童生徒の保護者にもたらした影響について、概要を記すことからはじめよう。

1 政策的文脈

『ウォーノック報告』(1978年)の発行以降、学齢期の子どものほぼ20%が、教育を受ける過程において特別な教育的ニーズを呈することが広く受け入れられるようになった。彼らのうち(学齢期総数の)ほぼ2%の児童生徒には、特別な教育的ニーズの性質ゆえに、普通学校において児童生徒が受けているものに加えて追加の支援と資源が必要であると考えられている。1981年教育法が施行されてからは、特別な教育的ニーズをもつ児童生徒を判定し、アセスメントし、必要な追加の支援や資源が受けられるようにするためのステートメント——特別支援の法的保証書——を発行することが地方教育局の義務となった。しかしながら、残り18%の特別な教育的ニーズをもつ児童生徒については、ステートメントがないなかで、彼らのニーズへの対応は各学校の判断に委ねられる傾向にある (Vinsent et al., 1994)。

学校選択に関しては、残り18%の児童生徒の保護者も、他の保護者と同様の法的権利を有しているものの、地方教育局が管轄する学校での具体的な手立てが法定化されたのは主に1980年教育法においてである。同法セクション6(1)では、地方教育局に対して、管轄地域における全ての保護者が、「わが子にどの学校でどのような教育を受けさせたいかという選好を表明する」(Morris, 1995, p.1) ことを可能にするための条件整備に取り組むことを求めている。

1988年教育改革法では、地方教育局による学校入学者数の規制を緩和し、入学者の基準(入学者数の基準が学校の公式な収容能力を表す)によって定義された物理的収容能力の限界まで入学を許可することとした。これにより、保護者にとっては、わが子にどこでどんな教育を受けさせるのかについての選好を表明するチャンスがさらに広がった (LeMetais, 1995)。その上、生徒数という要素も含めた形での定額投資が開始されたことにより、学校が受け取ること

のできる財源の総額が、入学可能な生徒数次第で大きく変化するようになった。これ以降、学校への資源配分のあり方は、準市場、すなわち競争によって学校が保護者のニーズや要望への対応能力をより高めていくことにつながるとする市場擁護の政策 (Chubb & Moe, 1990; Tooley, 1993) のもとで生徒の獲得をめぐって学校が競争し、その中から保護者が学校を選択した結果によって決まるものへと本質的に変化した。

対照的に、ステートメントを持つ児童生徒の保護者は、1980年教育法のセクション6に規定する手立てを受ける対象からは除外され、他の保護者と同等の学校選択権は与えられなかった。彼らが学校の選好について表明する権利について取り扱われるようになったのは1981年教育法からである。ただ、同法セクション2では、学校「指定」（子どもが教育を受ける上で適切であると判断）を含むステートメントを発行する地方教育局は、その「指定」において保護者の願いを「考慮」しなければならないとするまでにとどまっていた (Morris et al., 1993)。

『ウォーノック報告』(1978年) に即せば、1981年教育法は、地方教育局と保護者は子どもの最善の利益を追求するためのパートナーであるという考え方を促進するものであった。しかし、学校選択にあたっての最終決定権者は保護者であるとは明記されず、保護者の願いが承認されるかどうかは専門家の裁量に委ねられたままとなっていた (Riddell et al., 1995)。同法では、学校指定にあたって、地方教育局は可能なかぎり、特別支援学校ではなく普通学校を指定すべきだと規定していた。この規定は、ステートメントを持つ児童生徒にとって、分離された特別支援学校で教育を受けるよりも、普通学校に統合／包摂される中で教育を受けられるようにすることが望ましいとする『ウォーノック報告』の理念を支持するものであった。

ステートメントを持つ児童生徒の保護者の権利を、他の保護者のそれと一致させるために、政府の協議文書である『特別な教育的ニーズ：制度へのアクセス』(DES, 1992a) では、「学校選択についての保護者の権利を拡張する」(p.1) ことが重要な提案の一つとして掲げられた。その後、ステートメントを持つ子どもの保護者の権利が、1993年教育法において位置づけられた。この法律のもとで、国務長官が『特別な教育的ニーズの判別とアセスメントに関する実施

綱領』を発行した。1994年9月からは、全ての公立学校は、実施綱領に従い、特別な教育的ニーズをもつ児童生徒のための教育方針を広報しなければならないとされた（DFE, 1994）。地方教育局には、保護者が希望する学校にわが子を通わせることができるよう、各地域に存在するさまざまな種類の普通学校および特別支援学校についての情報提供を行うことが期待されている（DFE, 1994）。

　教育省（DFE）のブックレットである『特別な教育的ニーズ　保護者への手引き』では、ステートメントを持つ子どもの保護者の権利について、次のように記されている。

・みなさんは、お子さんをどの学校に通わせたいか、意向を表明する権利があります。そして、地方教育局は、以下の条件に該当する限り、みなさんの意向に賛成しなければなりません（DFEにより強調）。
・みなさんの選んだ学校が、お子さんの年齢、能力、そして特別な教育的ニーズにとってふさわしい場合。
・お子さんがその学校にいることが、他の子どもたちの能率的な学習に悪影響を及ぼさないであろう場合。
・お子さんが、その学校生活の中で、与えられた資源を有効に活用することが期待される場合。(DFE, 1994, pp.24-25)

　1993年教育法には、親の意向に基づいた学校選択を促すための手立てが盛り込まれたが、例えば、普通学校への入学が適当とされた場合の保護者の拒否権を含むものではなかった。もし地方教育局が、統合ないしは包摂された場における教育的手立てを講じることが適切であると考えたならば、保護者が特別支援学校で教育を受けさせたいと願ったとしても、地方教育局の判断が優先されることになっていた（Morris et al., 1993）。特別な教育的ニーズをもつ児童生徒に関する親の学校選択権が強化されたとはいえ、最終的な選択にあたっては、まだまだ専門家の判断に権限が与えられていたのである（保護者は、特別な教育的ニーズの判定者に対して、わが子がどのような種類・名称の学校に通うことになるのかを含むステートメントの内容への反対意見を述べる権利はある）。

2 「親性と学校選択の相互作用」(PASCI) 研究

　本稿は、ESRC の研究助成によって行われ (ref. no. R000234079)、近年完了した、イギリスにおける学校選択と教育政策の実態に関する大規模かつ包括的な調査研究の結果に基づくものである (Woods & Bagley, 1996; Woods et al., 1997, 1998 を参照のこと)。PASCI 研究は、1980 年代末からのイギリス政府の教育改革の効果を明らかにするために、市場に親和的な環境に置かれた中学校と保護者との間のダイナミクスを調査したものである。調査は、それぞれに対照的な 3 地域の事例に焦点を当てて行われた。データ収集は 1996 年 3 月に完了した。データ収集にあたっては、以下に記す質的及び量的な方法を用いた。

・数千名の保護者を対象とした 1 年間にわたる継続的な郵送による質問紙調査（対象となった保護者のうち 6～7％が、子どもに特別な教育的ニーズがあると回答している）。
・109 名の学校管理者〔特別な教育的ニーズコーディネーター（SENCO）を含む〕を対象としたインタビュー調査。
・保護者へのインタビュー調査（インタビューを実施した 128 名の保護者のうち、約 20％が、子どもに特別な教育的ニーズがあると回答した）。
・学校への参与観察に基づく記録その他のデータ。

　2 地域（ノーザンハイツおよびイーストグリーンヴェール）においては 3 年以上、残り 1 地域（マーシャンプトン）においては 5 年以上にわたりデータ収集を行ったことにより、状況変化の経年的分析が可能になった。加えて、学校の応答性に関するデータの蓄積（本研究プロジェクトの一角を占める）により、事例データの全国的な位置づけが明らかになった。

　本研究プロジェクトで収集されたデータ（特別な教育的ニーズに関するものも含む）の分析は現在も継続中である。本稿では、ノーザンハイツにおける質的調査によって得られた知見について報告および議論を行う（テクストにおいて使用されている固有名詞はすべて架空のものである）。本稿で取り扱うデータ

は、12名の学校管理者、3名のSENCO（ノーザンハイツの3小学校から各1名）、ノーザンハイツの特別ニーズ教育担当の地方教育局職員1名、および9名の保護者（うち5名は、ステートメントを持つ児童生徒の保護者）へのインタビューである。保護者へのインタビューは1994年の夏から秋にかけて、学校及び地方教育局関係者へのインタビューは1994年と95年にそれぞれ実施された。つまり、インタビューは、『特別な教育的ニーズの判別とアセスメントに関する実施綱領』が提示された時期に実施されたことになる。また、地方教育局が発行しているブックレットや学校案内のパンフレットを含む文書データの分析も行った。

3 対象地域

ノーザンハイツは、さまざまな形態の社会的剥奪や不利益（労働者階級に属する世帯の割合の高さ、劣悪な住宅環境、高い失業率等）が顕在化した、ノースボローという都市の中の1地域である。ノースボロー地方教育局では、1977年より、管轄する4校のうちであればどこでも、保護者の希望に従って学校選択を行うことができるという制度を施行している。1990年代においては、すでにノーザンハイツの各学校は、競争的環境に馴染んでいたことになる。それでもなお、生徒の受入数によって各学校の予算の増減が決まるようになり、学校間競争は確実に激しさを増した。

ノースボローにおける生徒の約2％が、特別な教育的ニーズのステートメントを持っている。ステートメントを持つ生徒は、可能なかぎりどの普通学校でも特別な支援が受けられることになっている。加えて、ノースボローにはステートメントを持つ生徒が通うことのできる学校が6校（特別支援学校3校と、普通学校に付属する特別ユニット3校）ある。三つの「専門的学校」は、中度学習困難（MLD［日本での軽度知的障害に相当］）、重度学習困難［日本での重度知的障害に相当］、情緒行動困難（EBD［日本での自閉症、ADHD等に相当］）をもつ生徒のための学校である。また、三つのリソースユニットは、視覚障害、軽度の身体障害、特異性学習困難（SPLD［日本での読字障害等の学習障害に相当］）、聴覚障害のそれぞれに該当する生徒のための学校である。

ノーザンハイツには、11歳から16歳までの生徒の通う公立総合制中等学校が、ブリーランド校、レアサイド校、ニュークレスト校の計3校存在する。ニュークレスト校は、地域の中心部にある多民族の生徒が通う学校である。牧歌的指向が強く、ノースボローにおける統一試験の学校別成績順位表においては下位に属し、基準定員の180名の入学を維持するのも難しい。(中学入学年齢の)7年生時点で生徒たちはリテラシーテストによって評価され、読解年齢が8.4歳以下とされた生徒（全生徒のうち約35％）は特別な教育的ニーズをもつと判断された。ステートメントを持つ生徒は約4％で、中度学習困難が多数派を占めており、ニュークレスト校は専門的な（聴覚障害の生徒向けの）リソースユニットを持つ3校のうちの1校である。

　レアサイド校は、生徒の大多数が白人によって構成されている学校で、さびれた住宅街に立地している。牧歌的指向が強く、統一試験の学校別成績順位表では底辺に位置し、入学応募者は基準定員（210名）の50％に満たない。生徒は入学時に検査を受け、読解年齢が8歳以下であるとされた生徒（全体の約20％）が特別な教育的ニーズをもつと判断される。ステートメントを持つ生徒は4％で、中度学習困難が多数派を占めている。さらに、この学校は、収容能力を超えた中度学習困難の生徒向けの特別支援学校のサテライト施設としての役割も担っている。これらの生徒の受け入れによってレアサイド校は追加の財政支援を得られるが、レアサイド校の在籍生徒としてはカウントされない。

　ブリーランド校は、ノーザンハイツの周辺部の、他自治体と隣接する田園地帯に位置している。生徒の大多数は白人で、学究的指向が強く、統一試験の学校別成績順位表では最上位であり、入学応募者は基準定員（180名）を上回っている。全生徒のうち約2％がステートメントを持っており、その多数派は特異性学習困難の生徒である。その他、入学生徒のうち約10％を占めるより大きな集団（入学時のリテラシーテストにより審査され、読解年齢が9歳以下であるとされた生徒）が、特別な教育的ニーズをもつ生徒として分類される。

4 学校、市場と特別な教育的ニーズ

(1) イメージ

　学校管理者の間で意見が一致していたのは、学校の収容能力を最大化する必要があるだけでなく、アカデミック・プロフィールに記載する数値を可能なかぎり増進（ニュークレスト校およびレアサイド校の場合）または維持（ブリーランド校の場合）できるかどうかが第一の関心事であるということだった。学校管理者は、学校のイメージや評判、そして結局のところは統一試験の学校別成績順位表における位置を高める上で最も効果がありそうな人々にターゲットを絞る必要があった。したがって、より学業成績の優秀な生徒を惹きつけること、そのためにも、学業達成の能力と社会階層の間には関連があることを踏まえて、教育の消費者として、とりわけ中産階級の保護者に学校の魅力をアピールすることをねらいとしていた。

　ノーザンハイツという競争の場において、成績優秀な児童生徒のいる中産階級の保護者が最も高い価値をもつ存在として認識されるならば、特別な教育的ニーズ（特に情緒行動困難）をもつ児童生徒の保護者（とりわけ労働者階級の保護者）は、最も価値が低い存在として扱われることになる。例えば、ブリーランド校の学校管理者——学力向上に力を入れているという学校のイメージを苦心してつくりあげてきた——は、1995年になり、レアサイド校の地元の保護者が、少数ではあるが重要な意味で、ブリーランド校を選択したと考えるようになった。定員を超過した学校への入学管理基準のおかげで、レアサイド校の近隣に暮らす保護者のうち、地元の学校を選択したいという保護者の願いが大いに叶えられるようになったのである。ここから示唆されるのは、伝統的にはブリーランド校を選択してきた学業成績が優秀な子どもをもつ中産階級の保護者のうち遠方で暮らす者は、同校への入学が不可能になったということである。ブリーランド校の校長は、学校が置かれた苦境を次のように述べている。

　　学業的に優秀でない生徒さんが本校を選択することを心配しています。今まで以上に人員と資源が必要になるからです。これまで本校に入学を希望し

ていた非常に成績優秀なお子さんが、入学できなくなるおそれもあります。私は地元の子どもに本校に来てほしいと願っていますが、本校のあり方を変えるつもりはありません。これまで本校で出会ってきたのとは異なる子どもを受け入れることになっています。この9月から、読むことができない生徒が5人学んでいます。もちろん、今では彼らは、原子物理学者になりたいと願う子どもと同様、我々にとって大切な生徒です。しかし、率直に申しまして、本校には特別なニーズに対応する教員が1名しかおりません。本校では最小限の特別なニーズにしか対応できないのです。行動面で重篤な課題を抱えているような生徒には、入学してほしくありません。

(校長、ブリーランド校、1995年)

 特別な教育的ニーズをもつ生徒の増加に対応できないことを心配していたブリーランド校の校長は、成績優秀者にとって魅力的な学校であることを変えたいとは思っていなかったのである。
 ニュークレスト校およびレアサイド校は、どちらも特別な教育的ニーズをもつ生徒が高い割合で在籍し、特別な教育的手立てについての評判もよいが、このような学校の体制とイメージによって、中産階級の保護者から敬遠されるのではないかという懸念を学校管理者は表明した。ニュークレスト校の教頭は、次のように述べている。

 本校は、統一試験の成績ではいつも最低ランクです。英語の習得にも困難を抱える子どもが40人いて、補習クラスが6クラスあり、4〜5人のろうの子どもがいれば、それが精一杯ですよ。本校は、特別な教育的ニーズのある、難しい課題を抱えた生徒にとってはよい入学先であり続けてきました。我々は課題のある生徒への対応を得意としていますし、そのような名声も得ています。でも、今は、それが逆効果となっています。難しい課題を抱えた子どもに合った学校であるということで、やっかいな生徒が集まりやすい場所だと思われているからです。もし成績優秀な子どもを集められなければ、本校の試験の結果は振るわず、学校別成績順位表の下位になり、翌年はますます優秀な子どもを集められなくなるでしょう。そうなれば悪循環ですよね。

(教頭、ニュークレスト校、1994年)

　同様に、レアサイド校の学校管理者も、中度学習困難の生徒向けのサテライト施設の拡充に対して、複雑な感情を抱いていた。サテライト施設があることで、在籍生徒数の追加なしで財政支援を得られる上に、統一試験における学校の成績にはサテライト施設利用生徒の成績は反映されない。しかし一方で、「本校の生徒の知的水準が、さまざまな特別なニーズによってどんどん低下していっている」かのようなイメージにつながっているのではないかという懸念を校長は述べており、学校理事もその懸念を共有していた。
　ニュークレスト校およびレアサイド校は、「支援が手厚い」学校というイメージがあり、管理職もまた、大多数の保護者はそのイメージがあるからこそ両校への入学を選択するのだと認識していた。学校として生き残るためには、「支援が手厚い学校」を求める保護者からの伝統的な支持を失う危険を冒してまでマーケティング戦略を採用する余地はないことを両校とも認識していた。それでもなお、管理職は、より競争的な環境の中で、より広範な学力層の子どもを惹きつけられるよう、専門的要求に応えるための試みを進め、特別な教育的ニーズをもつ子どもへの対応とのバランスを図らねばならないと述べていた。ニュークレスト校の校長は、このジレンマの解決策を次のように総括した。

　　支援をなくすわけにはいきません。補償教育をなくすわけにもいきません。これらは私たちにとってパンとバターのようなものだからです。しかし、それらの質を落とすかわりに、学校の他の側面の質を高めることはできるのです。(校長、ニュークレスト校、1994年)

　特別な教育的ニーズへの対応に価値を置く保護者を疎外することなく、特別な教育的ニーズへの対応の質を「落とす」ことができると校長は考えるに至ったのである。自分たちの取り組んできた特別な教育的ニーズへの対応方法が、「すでに質の高い確立されたもの」であるという自信があり、保護者の側も、この分野におけるニュークレスト校の能力を「口コミ」で十分に把握しているだろうというのが、その理由であった。特別なニーズを抱えながらもステー

トメントを持たない生徒の「増加」による財政削減の風潮の中で、「何とかやりくりしようと格闘している」両校の特別なSENCOも、特別なニーズへの対応能力の質を「落とす」という学校の考え方を**強く**支持していた。

（２）情報

　学校管理者は、学校案内のパンフレットについて、単に保護者の選択を手助けするのみならず、マーケティング機能を有する広報媒体として重要な文書であると認識していた。特別な教育的ニーズに重きを置かないマーケティング戦略の結果として、3校すべての学校案内パンフレットでは、特別な教育的手立てについての情報の記載は最小限にとどまっていた。この点について、ニュークレスト校の特別なSENCOは次のように打ち明けている。

　　親御さんが学校選択について考える時のために小学校に送られた冊子の中で、私たちはそのことについてちっとも触れませんでした。全く触れなかったのです。特別な教育的ニーズの部門がないかのようなふりをして、隠しているような気持ちになったので、改めて、触れるようにしただけのことです。それでも、「ぜひおいでください！」などというようなことは決して書きませんでした。そうではなくて、ただ事実と情報を淡々と書いただけでした。
　　（SENCO、ニュークレスト校、1995年）

　保護者が情報を得るために利用できるもう一つの方法は、オープンスクールへの参加であったが、ここでも、特別な教育的ニーズには重きを置かない戦略が採られた。ブリーランド校では、SENCOは「ショート・スピーチ」を行い、そのことをもって保護者からの疑問に応じたこととしていた。レアサイド校では、特別な教育的ニーズについて、校長のスピーチの中で言及がなされ、それをもって、保護者からの質問に対するSENCOからの回答としていた。ニュークレスト校のオープンスクールでは、SENCOは保護者に会えるようにしてはいたけれども、プレゼンテーションはしなかったし、校長のスピーチの中で特別な教育的ニーズについて言及がなされることもなかった。学校でどんな手立てを講じてくれるのか知りたいと願う保護者は、特別な努力をしなければ

ならなくなった。この点について、ニュークレスト校の教頭はこう語っている。「我々は、あえて関心を引こうとしなかったのです」。また、教頭は地方教育局の教育心理士に「特別なニーズをもつ子どもの保護者に対して、本校への入学を勧めるのを止めるように」と伝えていた。

特別な教育的ニーズに関して、学校側から提供される情報がきわめて少ないにもかかわらず、学校管理者やSENCOは（保護者の選択と特別な教育的ニーズに関する後半の議論でも取り上げるが）、中産階級の保護者（特に特異性学習困難の子どもをもつ保護者）が教育の消費者としてますます多くの知識をもつようになっていると考えていた。

親御さんは当を得た質問をしてこられます。入学したら、具体的にどんな支援をしてくれるのかを知りたいのです。親御さんは「個に応じた支援」という用語を使われますし、その用語が何を意味するのかもよく知っています。教室でどんな支援を受けられるのかと尋ねられます。それがどのように、うちの子の利益になるのですか？　とね。（教頭、ニュークレスト校、1995年）

保護者がますます事情通になっていることは、いくつもの要因から説明できる。メディアが特別な教育的ニーズについて以前にも増して深く取り扱うようになったこと、政府が『親憲章』というブックレットを発行したこと、「ディスレクシア（読字障害）協会」などの組織が保護者の権利についての情報提供等の支援に取り組んできたこと等である。しかしながら、労働者階級の保護者の大多数（特に情緒行動困難または中度学習困難の子どもをもつ保護者）は、中産階級の保護者ほどには、知識も自信も有していないと考えられていた。

本校の生徒の大多数は労働者階級の家庭の子どもですし、保護者もまた特別なニーズを抱えているのです。労働者階級の保護者はほとんどの場合、学校に来ること、意見交換することを恐れています。多数派は物知りではないのです。保護者の前で、黒を白だと言い、月曜日を水曜日だと言ったとしても保護者にはその違いがわからないのです。

(SENCO、ニュークレスト校、1995年)

（3）学級編成

　他の研究（Gewirtz et al., 1995; Evans & Vincent, 1996）でも同様の傾向が確認されているが、本稿で事例として取り上げた3校とも――以前は混合能力指導を行っていた――この3年から5年の間に新たな学級編成を行い、特別な教育的ニーズをもつ生徒は最低レベルの能力のグループに位置づけられた。
　このような展開が導かれたのは、主として統一試験の成績に基づく学校別成績順位表の導入と、学校の成績向上のためには混合学級から能力の低い子どもたちを取り除く必要があるという学校管理者や当局責任者の信念によるものであった。

　　能力別学級編成は、より聡明な子どもたちに利益をもたらすでしょう。我々は、統一試験の成績が悪化したことを受けて、特別な能力をもつ子どもたちに、あるいは通常より能力の高い子どもたちにチャンスを与えなければならない、それが我々自身のためであり、学校の利益のためでもあると考え、決断したのです。（校長代理、レアサイド校、1995年）

　先行研究においても同様に、能力別学級編成は学力的に優れた子どもには利益をもたらすという知見とともに、一方で、能力的に下位のグループに位置づけられた子どもには疎外と不利益をもたらすであろうということも指摘されている（Hargleaves, 1967; Lacey, 1970; Ball, 1981; Mortimore et al., 1988）。【しかしながら、1988年以降、ナショナルカリキュラムの導入に伴い、形式化されたグループでの実践がイギリスにおける教育達成のあり方にどのような効果をもたらしたのかについての研究はほとんどない（Ireson, 1998）ことを記しておくべきであろう。】
　新たな学級編成の導入に対するSENCOの態度はさまざまであった。ブリーランド校のSENCOは、とりわけ特異性学習困難の生徒は混合能力指導の学級に所属することで利益を得ていたと考えており、能力別学級編成に反対した。彼は自らの意見を学校管理者に訴えたが、「改革への抵抗の無力さ」を痛感したという。対照的に、ニュークレスト校およびレアサイド校のSENCOはともに、広範な能力差のある生徒集団において、個々の生徒の差異に配慮した学習

戦略を展開することはとても困難であるという考えから、能力別学級編成を支持した。さらに、レアサイド校の校長代理は、「特別な教育的ニーズをもつ生徒は、能力別学級編成に伴う追加の支援や学級の小規模化により利益を受ける。我々は彼らが伸びる可能性のあるところまで彼らを伸ばすことができる」と信じていた。したがって、学級編成の変化は、成績優秀者の学力試験の成績を向上させる必要性によって促され、能力別学級編成の再導入も、（ブリーランド校のSENCOを除いては）特別な教育的ニーズへの対応にとって有害なものとは考えられていなかった。それどころか、学校管理者は、能力別学級編成がすべての子どもにとって最善の利益をもたらすと考えていた。

統一試験が近づいてくると、生徒にはプレッシャーがかかり、とりわけ、特別な教育的ニーズをもつ生徒にはストレスフルなものであると思われたにもかかわらず、レアサイド校の校長代理はこのように述べていた。

　本校のスタッフは、保護者が本校の成績と他校の成績を比較していることに気づいていますし、特別な教育的ニーズをもつ生徒も含めたすべての子どもに対して最善を尽くしています。しかし、生徒に負担をかけすぎているので、試験を受けることもできなかったり、ついには学校に来なくなる生徒がいるのではないかと考えることが時々あります。特別な教育的ニーズをもつ生徒はプレッシャーがかかると後ずさりしてしまい、スタッフはさらに苛立つのです。学校に来なくて、どうして試験でよい結果を出せるようになるのか？　とね。（校長代理、レアサイド校、1995年）

（4）排除

ニュークレスト校やレアサイド校の管理者は、自分たちの学校のイメージや評判が良くならないのは、ブリーランド校や、その他ノースボローにおける定員超過の学校が、それまで以上に情緒行動困難の生徒を排除していること（ブリーランド校の管理者は否定している）が原因であるとしていた。定員割れの学校だけが、他校から排除された生徒を受け入れなければならず、ノースボローの定員割れ6校のうち、2校がニュークレスト校とレアサイド校であった。ニュークレスト校の校長は次のように述べている。

本校は他校から排除された生徒や退学者の受け皿になっています。ブリーランド校は首尾よくこれらの生徒を本校やレアサイド校に流し込んでくるのです。(校長、ニュークレスト校、1995 年)

　ニュークレスト校の校長は、制度的排除に加えて、ある学校では、情緒行動困難の生徒が自発的に転出するように、保護者への促しがなされていると考えている。このような場合、生徒が制度的に排除された場合よりも、学校側に資金が残るのである。彼はこのように述べる。

　競争が増すにつれて、校長の陰険な策略も増してきたのです。排除ですよ。あなた方がここで出会うのは、別の学校を見つけるよう諭された子どもたちですよ。「対応してもらえる唯一の場所だと思って、ニュークレスト校に来ました」。そう訴える保護者に「お子さんは学校から追い出されたのですか？」と尋ねると、「いいえ、追い出される前に転校してくれと頼まれたんです」と言うんです。その校長はお金を守っているのですよ。「我が校を優れた子どもたちで一杯にしよう」という人たちばかりなのです。

(校長、ニュークレスト校、1995 年)

　この帰結は幾重にも重なり合っている。情緒行動困難の生徒は少数の定員割れの学校に押し込まれますます**ゲットー化**させられているのである。排除する学校は、得られる成果とは不釣り合いなほど莫大な時間と資源を要求される生徒や、学力的に劣る生徒を在籍者名簿から除外し、学校別成績順位表の順位を上昇させる機会を得て、在籍生徒に関するプロフィールを向上させ、厳格な規律を求める中産階級の保護者からの受けがよくなるのである。学校にとってマイナス面があるとすれば、排除される生徒があまりにも大量に生み出されるため、保護者から**問題のある**学校として受け取られるかもしれないという点だけである。[排除された生徒を受け入れることになる]**競争相手**の学校にとっては、結果は正反対であり、学校への良い評判を得ることの重大な障壁となる(Bagley et al., 1996)。それゆえ、ニュークレスト校の校長にとって、学校の定

員を満たそうとする主な目的の一つは、他校から排除された生徒を受け入れなければならない事態を避けることなのである。

5 親の選択と特別な教育的ニーズ

（1）情報

　何の問題も抱えていなくても、わが子の学校を選ぶのは難しいことです。ましてや、たくさんの異なる特別なニーズがあれば、本当につらいことです。悪夢ですよ、まったく。（労働者階級の母親、ステートメント有、1994年）

　もし、中学校を選択するという経験が、どんな保護者にとってもトラウマティックなものであるならば、上記の引用が示すように、特別な教育的ニーズをもつ生徒の保護者にとってはとりわけストレスフルな経験となるに違いない。保護者が学校選択権を行使する上で――そしてその選択が正しかったと安心できるようになる上で――鍵になる要因の一つは、情報へのアクセスである。今回インタビューに応じた保護者は、政府が保護者向けに発行した手引書（DES, 1992b; DFE, 1994）について、受け取ったこともなければ、請求したこともなく、その存在について知らされてさえもいなかった。保護者にとっての主要な、学校からのものではない情報資源は、ノースボロー地方教育局によって発行されたブックレットであった。ブックレットは、全ての保護者に郵送により周知され、保護者の学校選択の一助となることを目的としていた。

　ブックレットのセクション3では、全22ページのうち1ページを「特別な教育的ニーズをもつある子ども」に割いている。そこでは、保護者に対して、「約20％の生徒が、学校生活を送る中で何らかの特別な教育的ニーズをもつことになる」こと、そして彼らの多数派のニーズは、「地方教育局からの追加の支援がなくとも」普通学校で満たせるということが伝えられている。

　ブックレットでは続けて、特別な教育的ニーズをもつ生徒の中には、「保護者と専門家によるコンサルテーション」と正式なアセスメントを経て、追加の支援ないしは「特別な手立て」が必要だと判断される場合があると述べられている。これらの支援や手立ては「できる限り」地域の普通学校で受けられるよ

うにするが、「専門的な学校」や、普通学校に設置されている特定のニーズに対応したリソースユニットにおいても受けることが可能であるとされている。ブックレットでは6校（3校の専門的な学校と、3施設）を列挙し、正式なアセスメントと保護者のコンサルテーションを経て、子どもの就学先が決定されるとしている。

　情報収集の上での、保護者にとっての最大の関心事は——しばしばその他すべての関心事を脇に置いても——わが子の特別な教育的ニーズと、そのニーズに最も応じた学校選択についてであった。ステートメントを持つ児童の保護者は、学校選択にあたって、地方教育局からの特別な支援と専門的な案内を頼りにしていた。

　ノースボローでは、ステートメントを持つ子どもにとって最も適切な中学校はどこなのかについての意見交換は、小学校の最終学年のレビュー会議——保護者も出席する——において行われている。地方教育局としては、学校を推薦する（ステートメントを継続するかどうかということも含めて）以前に、最終年度のカリキュラムをできるだけ多く修了しておいてもらいたいと考えており、保護者にとっては、レビューの結果を知らされないまま、中学校に関する意向を表明するために必要な地方教育局の一般的な文書を受け取るという、ぎこちない立場に立たされることになった。その上、後に、地方教育局によってステートメントの継続が決定されたとしても、そこで特定の学校が指定される保証はなかった。例えば、地方教育局が、生徒の認定されたニーズは普通学校において対応可能である（特別支援学校または施設への入学は反対である）と考えた場合、ノースボローの政策では、保護者に対して、どの学校も指定しないことになっていた。小学校の最終年度を迎えたステートメントを持つ児童の保護者は、他の保護者と同じように、学校選択のプロセスに参加することを期待されていた。このようなプロセスを経ることで、保護者は、次の引用が示すような、ひどい混乱と不確定さの中に置かれることになった。

　私はこの子にとってよい学校に行かせたかったのです。この子のニーズにあった対応をしてくれる理想の中学校に行かせたかったのですが、地方教育局は、中学校に移る前に、最終ステートメントが下りるようにばたばたして

いました。私は言いました。「地方教育局はうちの子が希望する中学校に行けるように助けてくれるんですよね？　私はどうしたらいいのかわかりません」と。すると教育心理士が家にやってきて、「2％の子どもは特別支援学校に行く」と言うんです。彼は目安を出してきて、グラフを私に見せて、「お子さんはこの範囲に属しています。お子さんは6％の範囲です」と言うんです。「それはどういう意味ですか？」と聞くと、彼は「お子さんはカリキュラム変更ができます」と言いました。「そうですか、でも、私が知りたいのは、どの学校がうちの子にとって理想的で、子どもに合ったカリキュラム変更をしてくれるかということなんです」と尋ねたんです。これに対しては、「すみませんが、それはお伝えできないんです」という返答でした。（地方教育局への願書返信）期限は11月30日でしたが、12月17日になっても出せずにいました。私はどうしたらいいかわからないまま、返答しませんでした……。すると（レビュー会議の席で）彼らから「返答をいただいていないのですが」と言われ、私は「ええ、でも皆さんが手助けしてくれるものと思っていたので」と伝えると、「そうおっしゃいましても、最後に決めるのはあなたですよ」と返されたんです。どんな学校で、この子にどんな対応をしてくれるのか、何の助言もしてくれなかったんですから、気分が悪いです。今でも腹が立ちますよ、本当に。怒りが収まりません。

（労働者階級の母親、ステートメント有、1994年）

　この保護者の事例では、子どもはステートメントを継続したが、地方教育局からの追加の支援は、地域の普通学校を含めてどこであっても受けられることになり、それゆえに、ステートメント上での学校指定はなされなかったということである。ステートメント上で学校を**指定しない**という地方教育局の決定のもとになっている公式見解は、特別な教育的ニーズに対する手立ては、どの普通学校においても同じ水準で提供されているというものである。ただし、地方教育局の特別ニーズ教育政策担当者が非公式に述べたところによれば、実際に各学校で行われている手立ては「きわめてバラつきがある」けれども、この事実を地方教育局が公式見解として認めてしまえば、ステートメントのない特別な教育的ニーズをもつ生徒、あるいはステートメントはあるが学校指定を受け

ていない生徒が特定の学校に「押し寄せる」ことになるだろうとのことであった。彼は、地方教育局がこの事実を表明することは、保護者にとってはよいことかもしれないが、「学校別成績順位表の結果で、自分たちが欲しているイメージとは違う状況に置かれている」学校管理者には嫌がられることだろうと考えていた。さらに、そのことはむしろ特別な教育的ニーズへの対応に消極的な学校を「窮地から救う」ことになるだろうというのである。

　原則的には、ステートメントを持たない場合でも、学校指定のないステートメントを持っている場合でも、特別な教育的ニーズをもつ子どもの保護者は、地方教育局の管轄する学校であればどこでも、どの学校にわが子を通わせたいかについて意見を表明することができる。しかし、通学のための費用について定めた地方教育局の規定では、(例えば子どもが公共交通機関を利用できない場合に、学校の行き帰りにタクシーを利用するといったような手立てについて)保護者が必要とした場合でも、それに対する財政面およびその他の支援が受けられる可能性はあらかじめ除外されている。通学のための費用について、地方教育局からの支援が受けられるのは、その学校が保護者の家から3マイル以上離れており、かつその学校よりも近隣に通える学校がない場合に限られる(地方教育局にとっての公平性についての立場は先述の通りであるので、この基準は、子どもが特別な教育的ニーズをもつ場合でも、例外なく全ての保護者に適用される)。したがって、先述の保護者が他の区域の普通学校にわが子を通学させたいと思っても、公共交通機関も利用できず、当局からの追加の支援も得られないなら、地域の学校を選択する以外の道は残されていないことになる。

　最終的にステートメント上で特別支援学校の指定を受けたとしても、中学校選択が近づく局面において、保護者に対する地方教育局の反応が遅かったり、反応がなかったりすると、保護者や子どもを悩ませることになる。

　　中学校に向けてのごたごたに振り回されていたので混乱していました。それにうちの子は適切な普通学校に行ける可能性があると思っていたので、普通学校ではうまくやっていけないだろうと知って呆然としました。私は教師のもとに通いつめてたずねました。「私はどうしたらいいんですか。迷っているんです。学校見学は？　うちの子がやっていけないことはわかっている

から、見学はしないとでも？」すると教師はこう言いました。「正直に申しますと、レビュー結果を受け取るまではできることはあまりないんですよ」。私たちは地域の学校を2校訪れましたが、何もわからなかったので満足はできませんでした。とてもいらいらしました。学校訪問の後、心理士に話をして、私が迷いの中にいること、どうしたらいいのかわからないことを説明しました。「来年には中学校生活がはじまります。2校だけしか見学できませんでしたし、それらがうちの子にとって正しい選択とは思いません……。それでもレビューが終るまではわからないのですね。私はどうしたらいいんですか？」すると心理士はこう言いました。「そうですね、お母さん、あきらめないといけません」。……私はびっくりしました……。ディーンにとってそれは試練でした。彼は全ての中学校のパンフレットを学校でもらってきていたし、学校でそのことについていろいろ言われていたからです。彼は取り乱しました。何かが起きていると感じて、彼は私に八つ当たりし、教師にも八つ当たりしましたが何の役にも立たず、ただ私の心配の種が増えただけでした。（労働者階級の母親、ステートメント有、1994年）

　中産階級の保護者は、学校見学の計画・準備と学校選択にもっとも多くの時間を費やす傾向にあった。ある父親はこれらの行動を「真実を見つけ出すという仕事」と述べた。オープンスクールに先だって、彼は全ての学校に電話をかけ、「午前、あるいは夕方の早い時間が、校長先生とお話できる最大のチャンスだと思うので、校長先生とお話がしたい、それが無理だったら特別なニーズ担当の先生とお話がしたい」と伝え、「レビューのために」と、各学校の特別なニーズへの対応についての方針のコピーと、学校のパンフレットをもらえるよう要望した。
　オープンスクールへ向けて、彼はSENCOに尋ねる必要がある息子のニーズに関する質問項目を準備し、家族で選んだ学校のショートリストを作成した。さらにこの保護者は、最終選択を前にして「各学校とも、オープンスクールに向けてPRをしているだろうから」と、子どもと一緒に、普段の学校の様子を見学した。
　複数の中産階級の保護者（前述の保護者を含む）が、特別な教育的ニーズを

もつ児童が「最大限に発達できるよう」にするという、小学校の特別支援教育担当学校理事の役割を引き受けていた。

先行研究においても、特別な教育的ニーズをもつ児童生徒の保護者の、消費者としての潜在能力が、その属する社会階層によってある程度異なってくるという見解が広く支持されている（Reddell et al., 1994; Ball et al., 1995; Evans & Vincent, 1996）。中産階級の保護者は、文化的・社会的・財政的な資源を有しており、それがより高い意識をもつことや、公教育市場を理解することにつながっているのである。ノーザンハイツのように特別な教育的ニーズに関する情報提供が最小限にとどめられている状況下では、「情報をもつ消費者」として行動する能力はとりわけ役立つし、その点から、競争の場においては中産階級の保護者が有利になる（Woods, et al., 1996）。

全ての保護者が、少なくとも第一志望の学校のオープンスクールの際に学校を訪れており、また大半の保護者は、学校選択の前に少なくとも2校の訪問を行っていた。学校訪問の主要かつしばしば唯一の焦点は、特別な教育的ニーズに対してその学校ではどんな手立てが利用できるのかという点にあり、全ての保護者が、SENCO を見つけ出して、具体的な手立てについて――学校側はそのことに重きを置かない戦略をとっているにもかかわらず――話し合いをもとうとしていた。

　私の関心の全ては、特別なニーズについてです――学校について、私たちはそれ以外のことであれこれ思い悩んだりはしません。あちこち見回っていた他の保護者と一緒に［SENCO に］会いました。彼はよく話をしれくれましたし、私たちもいろいろ質問できました。結果はお分かりですよね。彼はとてもよい返答をいくつもしてくださり、私たちはとても感動しました。（中産階級の母親、ステートメント無、1994年）

学校訪問に加えて、大半の保護者は、同じような学習困難をもつ子どもがいる友人からアドバイスを求め、自分が選ぼうとしている学校が、友人の子どものニーズにどれだけ対応してくれたのかを知ろうとしていた。

　私の友人の娘さんが今、レアサイド校に通っているのですが、この1年で

彼女は信じられないくらい変わりました。以前は時間を言うことさえできなかったのに、今では読み書きができるのです。

(労働者階級の母親、ステートメント無、1994 年)

　保護者の努力にもかかわらず、特別な教育的ニーズに関して得られる情報は、相対的にまだまだ限定され、かつ不確かなものである。とりわけ、身体的障害はないけれども特別な教育的ニーズのステートメントを持つ児童の保護者にとっては、一般的な説明以上の情報を得ることはきわめて難しい。保護者はわが子の様子について、「文章が全然読めないんです」「本当に文字が書けないんです」「集中できないんです」などと表現する。保護者が学校を訪ねて、SENCO に話しかけ、特別な教育的ニーズについて意見交換しても、その内容は一般的なレベルにとどまりがちで、わが子のニーズにその学校が適しているのかの判断も難しいことがうかがえる。ある母親は、こう述べている。「正直なところ、学校探しのとき、うちの子のニーズがこれで全てなのかということは本当にわかりませんでした」。

　学校選択と特別な教育的ニーズについて解説した地方教育局のブックレットが配布されているにもかかわらず、特別な教育的ニーズへの手立てについて、保護者はその利用可能性も性質もよくわからず、混乱した状態のままであるという事実が、問題を複雑にしている。例えば、保護者に対して「特別なニーズに対応する施設は二つしかありません」と不正確に言及されている学校や、特別なニーズに対応する施設が実際には存在しないのに、あると記載されている学校がある。一番の混乱のもとは、普通学校に設置された専門施設についてである。これらの施設は普通学校と同じ敷地を共有しているので、保護者は校内の全ての子どもたちにとって、その施設へのアクセスや専門的な手立てが開かれていると考えるのだが、実際には、ステートメント作成の際に利用が認められた場合にしか、その施設にアクセスすることはできないのである。

(2) 選択の理由

　……結局のところ、息子の特別な教育的ニーズが一番大事なんです。

(中産階級の母親、ステートメント無、1994 年)

全ての保護者にとって、学校を選択する、または除外する主要な理由は、わが子の特別な教育的ニーズに置かれていた。この理由は、特別な教育的ニーズに対する学校の全般的な考え方やコミットメント、特別な教育的ニーズに対する手立ての実際、特別な教育的ニーズのために活用可能でかつ適切と判断される設備、学校環境、子どもの幸せ、通学のための費用負担や子どもの能力面からの活用可能性に加えて自宅から近接しているかどうかという点も含めた学校へのアクセシビリティなど、相互に関係する諸側面に細分化してとらえることができる。

　保護者が特別な教育的ニーズに対する学校の考え方やコミットメントを確認する一つの方法は、次の引用が示すように、オープンスクールでの校長のスピーチである。

　（ブリーランド校の）校長先生のスピーチを聞きに行きましたが、話の中身は到達レベルについてばかりで、そのレベルに達しない生徒は苦しいだろうな……と。私の息子は集中力がほとんどない、難しい生徒です。彼にとって一番いいことは何だろうと探し求めていました。この学校の先生方は、勉強のできる子たちにしか関心がないように思いましたし、そうではない子のことは知ろうともしていないのです。

　　　　　　　　　　　　　　　　　（中産階級の母親、ステートメント有、1994 年）

　（レアサイド校の）校長先生はスピーチの中で、「この学校が掲げているのは、平等な機会、すべての子どもの平等です」とおっしゃっていて、いいなと思いました。（労働者階級の母親、ステートメント無、1994 年）

　また、保護者は、特別な教育的ニーズをもつ生徒に対して学校がどのような指導を行っているのかといった手立ての実際もしっかり観察している。1 人の保護者は次のように述べている。「とりわけ注意を要する子どものための特別学級があって、とてもすばらしいと思いました」。中には、子どもの特別な教育的ニーズに照らして、設備が利用しやすく適切であると判断して学校を選ん

だ保護者もいた。例えば、ある両親は、ニュークレスト校を選択したが、その理由は、テクノロジーやコンピューターの活用に積極的であるということだった。「誰かがうちの子の鼻に本を押し当てるより、テクノロジーを活用するほうが学習の手助けになります。うちの子は本が読めないのですから」。両親は、わが子は学習において刺激を与えることが必要だと感じており、ニュークレスト校には彼の関心を引くための「たくさんの小道具」があると考えたのである。

学校環境も、学校選択についての語りの中で特徴的にあらわれるものの一つである。例えば、わが子を「傷つきやすい」とみなす保護者たちは、いじめで評判が悪い学校を選択肢から除外した。そして、いじめに対して強い姿勢で臨む考えを持ち、そのための組織的な対応を行っている学校に魅力を感じた。

　　1年生は、他の学年の子どもが入ってこられない、彼らだけの部屋、彼らだけのトイレ、彼らだけの場所を与えられるというところが、いいなと思いました。先生が毎晩、バスのところまで1年生を連れて行ってくれて、問題が起きそうならバスに乗ってくれるのです。他の学校ではしてくれないようなところまで、うちの子は守ってもらえるんだと思いました。

　　　　　　　　　　（労働者階級の母親、ステートメント無、1994年）

保護というテーマと、繊細さの問題は、子どもが楽しく過ごせる学校を選びたいという保護者の願いともつながっている。いくつかの例では、子どもの友人が同じ学校に行くということ、あるいはその学校が「楽しい場所」として感じられるということが、学校選択に関わっていた。

　　やっぱりお友達と一緒に行けるっていうところですね。楽しく過ごせたら、早く落ち着けるだろうし、自分から進んで課題にも取り組んでくれるだろうと思って。楽しくなければ、緊張もするし、ストレスも出てくるし、あれこれ不安になって、課題をこなすにも苦労するでしょうから。

　　　　　　　　　　（労働者階級の母親、ステートメント無、1994年）

うちの子は臆病なので楽しい学校でないとだめだったんです。でも今は、

元気いっぱいで、張り切って学校に行っています。学校が、なんだか家族のよう——そう、大家族のようですよ。

(中産階級の母親、ステートメント無、1994 年)

　子ども自身が選んだ学校に通うことと子どもがそこで楽しく過ごすことには関連があると考えていることが主な理由となって、すべての保護者が学校選択についての話し合いに子どもも直接参加させていた。もっともよくみられたのは、子どもが保護者とは違う意見を強くもっていた場合、最終的には「ふさわしいと思えない」学校には行かせないにしても、保護者は自身の選択について考え直していたという事例である。ある 1 人の保護者はこう述べる。「バランスを取ったということですね」。
　保護者は学校選択にあたって、わが子の能力が最大限発揮できることを望んでおり、学業成績に関する理由はどの保護者からも語られなかった。保護者の思いとして顕著にみられたのは、楽しく過ごせる手厚い支援があり、学業達成のための過度のストレスをかけない環境のもとで、わが子がもてる力を最大限発揮できるようにしたいということであった。
　特別な教育的ニーズの観点からの学校のアクセシビリティに関しては、学校の近さと送迎の問題が重要であったが、それでもなお学校選択の理由としては二次的なものであった。

　ノースボローには、他にも私の要望に見合う学校があるのは知っていますが、どこも遠方なんです。この子にバスに乗って通うようにとは言えません。バスに乗ったらそこから動かなくなってしまうと思うからです。この子をレアサイド校に行かせる以外の選択肢はありませんでした。

(労働者階級の母親、ステートメント有、1994 年)

　はっきりしているのは、遠方の学校に通うことに対する財政的その他の支援がないということが、保護者が**本当**の学校選択をしたと感じられない場合の主な理由であるということである。したがって、今回、インタビューに応じた全ての保護者は、第一希望の学校にわが子を進学させることができたが、送迎

や学校へのアクセシビリティに関わる実際的、経済的な問題を吟味した上でその選択をした人たちもいたのである。

結論

　PASCI研究プロジェクトにおける量的・質的データの概念分析の成果の一部として、保護者の学校選択を支える二つの価値観を確認することができた。一つは、学校を学業達成の道具と考える価値観であり、もう一つは、個人／社会にとって本質的な価値観である。学校を学業達成の道具と考える価値観は、バーンスタインが提唱した、特定の技能の習得に関する学校の手段的秩序という概念（Bernstein, 1977）とも関連している。そこで強調されるのは結果（卒業の際に意味をもつものとしての学校）である。しかし、手段としての学校は、目指したものとは異なる帰結をもたらすか、異なる強調点を得ることになるだろう。学校を学業達成の道具と考える価値観においては、より高い学歴取得に向けて力が注がれ、学力試験を通じた計測可能な能力のパフォーマンスを高めることが関心事となる。

　個人／社会にとって本質的な価値観は、子どもにとって重要なことを広く混ぜ合わせることを志向する。それは包括的なものであり、バーンスタインのいう表出性秩序（それは、生徒の行動やマナー、性格に関するものである——Bernstein, 1977, pp.38-39 = 48-49）よりも幅広いものである。そこでは一般的にプロセス、すなわち、子どもの感情や、（わくわくするような）日々の学校での体験、そこでの彼・彼女らの関係性の質、そして学校で行われる支援、配慮、一般的なケアのありようが関心事となる。

　特別な教育的ニーズをもつ生徒の保護者から得られたデータによれば、こうした保護者の支配的な価値観は、個人／社会にとって本質的な価値観として分類できるものであった。この価値観は、一般の保護者にとっても重要なものであるが、とりわけ特別な教育的ニーズをもつ子どもの保護者はこの視点を強調していた。保護者はこの価値観でもって、わが子を、その能力、心配事、希望、好きなことと嫌いなこと、友人関係、感情的な性向、繊細さ、強みと弱みをすべて含めて、固有の人格としてとらえ、特別な教育的ニーズをもつ生徒の学校

選択を行うのである。データが示すのは、保護の本能（いじめからわが子を守りたい等）であり、刺激にあふれる、困難だが魅力のある、成長の助けになるような環境へわが子を送り出したいとの願いである。わが子がその素質を最大限に開花できるよう、安全とケアの水準に関心を払う点に、尊敬すべき保護者の価値観が深く根ざして表現されている。保護者は、不安定で、びくびくするような、安心できない疎外的な環境の下では、わが子はニーズに応えてもらうこともできず学習の機会を奪われるだけでなく、人生において回復不能なほどのダメージを負うだろうということを知っている。学校を学業達成の道具と考える価値観のもとでは、これほど根本的に学校のあり方について考えることはない。本来、学校生活の最終結果や成果というものは、学校での日々の経験に内在するものなのである。

　個人／社会にとって本質的な価値観に基づいて学校を探すにあたって、特別な教育的ニーズの認定を受けた生徒にとって利用可能な手立て、あるいは保護者の権利の双方についての情報にアクセスする方法は非常に限られており、その情報も詳細不明で不確かなものである（学校からの情報については後述する）。ステートメントを持つ生徒とその保護者は、学校指定が行われる地方教育局のレビューのタイミングとプロセスによって、しばしば意思決定において混乱や問題を抱えこまされることになる。加えて、地方教育局の公式見解は、普通学校における特別な教育的ニーズへの対応の質は、どの学校においても同等の水準であるというものであるが、非公式には、対応の質は学校によって非常にばらつきがあるということを認めている。これらの知見は、特別な教育的ニーズの認定、アセスメント、手立てに関する情報へのアクセシビリティを保障することの政策的重要性を示している。1994年9月からの『特別な教育的ニーズの判別とアセスメントに関する実施綱領』に基づく取り組みが、特別な教育的ニーズをもつ生徒とその保護者の置かれた状況の改善につながるのかどうかは未知数である。

　情報へのアクセスに関して言えば、中産階級の保護者は公教育市場において有利な立場にあり、労働者階級の保護者よりも賢い消費者として行動することができる。それでも、どの学校が生徒のニーズや保護者の思いに応えてくれるのかという点に関して言えば、特別な教育的ニーズをもつ生徒の保護者は、属

する社会階層の違いに関係なく、等しく不利な立場に置かれている。

とりわけ、特別な教育的ニーズをもつ生徒の保護者は、個人／社会にとって本質的な価値観を、自身のニーズや考えの基本に据えていたが、一方で学校側は、学校を学業達成の道具と考える価値観にしたがって、教育活動や学校運営に関する決定を行う傾向にあった。親の学校選択や学校間競争に対して、学校が実際にどのような方法で対処しているのかという点については、別稿ですでに論じてきた（Woods et al., 1997）。そこで我々が強調した一つの重要な側面として、学力向上への志向性がますます先鋭化してきているということが挙げられる。すなわち、公的な学力試験（主としてGCSE）において成功を収めることを第一義的な教育の成果として志向しているということである。何をもって「成功した」学校とするのかに関する学校管理者の語りは、その価値基準が学力達成への関心によって枠づけられる傾向にあることを示している。そのことは、試験でよい成績が得られるように、計測可能な学力の達成に直接影響を与えるような政策や実践（教育方法、ないしは能力別グループ分け、学級編成、混合能力指導へのアプローチ）に時間と労力を費やすという態度に反映している。

学校の社会的環境や、子どもに提供されるケアとサポート、それらに伴う、子どもの霊的・道徳的・社会的・文化的発達という（これらはすべて、特別な教育的ニーズをもつ子どもの保護者にとっては決定的に重要なこととみなされていた）学校生活のさまざまな側面は、何をもって成功した学校とするのかに関する学校管理者の語りにおいては従属的なものとして扱われていた。このことは、子どもの霊的・道徳的・社会的・文化的発達を志向するにあたっての示唆を与えるものである。これら諸側面の発達を志向することは、学業成績に焦点化するというのみならず、学校生活のもつ他の様々な側面よりも**学力向上に特権性を与える**ような競争的圧力に対して、対抗的立場をとることを求める（Woods et al., 1997）。現在の潮流は、特別な教育的ニーズをもつ生徒やその保護者にとっては重大かつ致命的な不利益をもたらすものである。

3校の学校管理者は、競争という十字架に磔にされているかのような状況に対処しなければならなかった。一方では、時間や資源を多く費やすことなしに学力を高めることのできる生徒、より学力の高い生徒を自分たちの学校に引き寄せたいと願い、他方では、特別な教育的ニーズをもつ生徒も含んだ全ての生

徒に対して、必要とする支援を提供したいとも考えていた。ニュークレスト校やレアサイド校のように、「支援が手厚い」という理由で学校選択を行った大多数の労働者階級の保護者に対して疎外感を与えることができない学校においては、学校運営上のジレンマは特に深刻なものであった。

きわめて競争的な風潮や緊縮財政の中で、それでもなお、各学校は学校運営上の選択を迫られることになった。ニュークレスト校やレアサイド校は、統一試験の学校別成績を高めること、より能力のある生徒、高学力の生徒を引き寄せることに必死であり、特別な教育的ニーズをもつ生徒への指導方法や設備の充実よりも、それらの目標を達成するために時間と労力をますます集中させるようになった。学校運営の姿勢及びクラス編成のあり方に対する根本的な考え方の変化、さらには学校の世間的なイメージについての考え方や、学校紹介パンフレットやオープンスクールにおける特別な教育的ニーズの軽視といった事柄は、こうした展開を端的に示すものである。

特別な教育的ニーズに関するわれわれのデータの分析はまだ継続中である。しかし、ノーザンハイツにおける質的データが示しているのは、今日進められている公教育の市場化は、特別な教育的ニーズをもつ生徒やその保護者への学校の応答性を高めるものではないということである。言い換えれば、ノーザンハイツで進められている教育の市場化は、市場の圧力によってサービス供給主体がより「消費者のニーズに対応する」ようになるだろうという、市場の擁護者の期待を満たすものではないのである。われわれの知見が示しているのは、教育の「消費者」としての、特別な教育的ニーズをもつ生徒とその保護者は、彼らのニーズ、考え、重きを置くものとは正反対の道具主義者の価値観によって駆り立てられた競争的環境において、周縁化され、貶められており、またそのことに彼ら自身が気づき始めているということである。

【文献】

BAGLEY, C., WOODS, P.A. & GLATTERl, G. (1996) Barriers to school responsiveness in the education quasi-market, *School Organisation*, 16, pp. 45-48.

BALL, S. (1981) *Beachside Comprehensive: a case study of secondary schooling* (Cambridge, Cambridge University Press).

BALL, S., BOWE, R. & GEWIRTZ, S. (1995) Circuits of Schooling: a sociological exploration of parental choice in social class contexts, *Sociological Review*, 43, pp. 52-78.

BERNSTEIN, B. (1977) *Class, Codes and Control*, Volume 3 (London, Routledge). 〔=B・バーンスティン著、萩原元昭編訳(1985)『教育伝達の社会学——開かれた学校とは』明治図書。〕

CHUBB, J. & MOE, T.M. (1990) *Politics, Markets and American Schools* (Washington, The Brookings Institute).

Department of Education & Science (DES) (1992a) *Special Educational Needs: access to the system* (London, HMSO).

Department of Education & Science (DES) (1992b) *Parent's Charter. Children with special needs. A guide for parents* (London, HMSO).

Department for Education (DFE) (1994) *Special Educational Needs: A guide for parents* (London, HMSO).

EVANS, J. & LUNT, I. (1994) *Markets, Competition and Vulnerability: some effects of recent legislation on children with special educational needs* (London, Institute of Education).

EVANS, J. & VINCENT, C. (1996) Parental choice and special education in: R, Glatter, P. A. Woods & C. Bagley (Eds) *Choice and Diversity in Schooling, Perspectives and Prospects* (London, Routledge).

GEWIRTZ, S., BOWE, R. & BALL, S. (1994) Choice, competition and equity; lessons from research in the UK, paper prepared for the symposium, 'Lessons in School Reform from Great Britain? The Politics of Education Policy Appropriation and Transfer', Annual Meeting of the American Education Research Association, New Orleans, 6 April 1994.

GEWIRTZ, S., BALL, S. & BOWE, R. (1995) *Markets, Choice and Equity in Education* (Buckingham, Open University Press).

HARGREAVES, D. (1967) *Social Relations in a Secondary School* (London, Routledge).

HOUSDEN, P. (1993) *Bucking the Market: LEAs and Special Needs* (Stafford, NASEN).

IRESON, J. (1998) Setting standards. Can grouping by ability help improve children's performance, *Times Educational Supplement, January* 9th, p. 24.

KNILL, B. & HUMPHEREYS, K. (1996) Parental preference and its impact upon a market force approach to special education, *British Journal of Special Education*, 23, pp. 30-34.

LACEY, C. (1970) *Hightown Grammar: the school as a social system* (Manchester, Manchester University Press).

LE Metais, J. (1995) *Legislating for Change. School Reforms in England and Wales 1979-1994* (Slough, NFER).

LEE, T. (1992) Local management of schools and special education, in: T. BOOTH, W. SWANN,M. MASTERSON & P. POTTS (Eds) *Policies for Diversity in Education* (London, Routledge).

MORRIS, R. (1995) *School Choice in England and Wales: an exploration of the legal and administrative background* (Slough, NFER).

MORRIS, R., Reid, E. & Fowler, J. (1993) *Education Act 93: a critical guide* (London, AMA).

MORTIMORE, P., SAMMONS, P., STOLL, M., LEWIS, D. & ECOB, R. (1988) *School Matters: the junior years* (Wells, Open Books).

RIDDELL, S., BROWN, S. & DUFFIELD, J. (1994) Parental power and special educational needs: the case of specific learning difficulties, *British Educational Research Journal*, 20, pp. 327-345.

RIDDELL, S., ALLEN, J. & BROWN, S. (1995) Inclusion and choice: mutually exclusive principles in special educational needs? Paper to be presented to the Symposium on Inclusive Education: Some European Perspectives, European Conference on Educational Research, University of Bath, 14-17 September 1995.

TOOLEY, J. (1993) *A Market-Led Alternative for the Curriculum: breaking the code* (London, Tufnell Press).

VINCENT, C., EVANS, J., LUNT, I. & YOUNG, P. (1994) The market forces? The effect of local management of schools on special educational needs provision, *British Educational Research Journal*, 20, pp. 261-277.

Warnock Report (1978) *Committee of Enquiry into the Education of Handicapped Children and Young People. Special Educational Needs* (Cmnd, 7212) (London, HMSO).

WOODS, P.A. & BAGLEY, C. (1996) Market elements in a public service: an analytical model for studying educational policy, *Journal of Education Policy*, 11, pp. 641-653.

WOODS, P.A., BAGLEY, C. & GLATTER, R. (1996) Dynamics of competition

—the effects of local competitive arenas on schools, in: C. POLE & R. CHALWA-DUGGAN (Eds) *Reshaping Education in the 1990s: perspectives on secondary schooling* (London, Falmer).

WOODS, P.A., BAGLEY, C. & GLATTER, R. (1997) *The Public-Market in England: School Responsiveness in a Competitive Climate.* School of Education, Open University, Occasional Research Paper Series, No 1 June 1997.

WOODS, P.A., BAGLEY, C. & GLATTER, R. (1998) *School Choice and Competition: markets in the public interest?* (London, Routledge).

5 何がそんなに特別なのか？
――分離型学校の実践における教師のモデルとその現実化――

ジョーン・アダムス／ジョン・スウェイン／ジム・クラーク著／原田琢也訳

What's So Special?:
Teachers' Models and Their Realisation in Practice in Segregated Schools
Joan Adams; John Swain; Jim Clark
Disability & Society 15 (2), 2000

[論文紹介]

　イギリスでは1978年の『ウォーノック報告』とそれに続く1981年教育法以降、障害種別ではなく、「一人ひとりの教育的ニーズ」に着目して支援を行う「特別なニーズ教育」(Special Needs Education) が展開されている。この報告では、医学的視点からの障害カテゴリーは一人ひとりの子どもにとって必要な教育的ニーズと必ずしも一致しているわけではないこと、また障害の有無は明確に区分されるものではなく連続的なものとして捉えられるべきことを理由に、例えば「重度教育遅滞〔ESN(S)〕」や「軽度教育遅滞〔ESN(M)〕」といった医学的なカテゴリーを撤廃し、学習の困難さとそこからもたらされる教育の必要性に着目して支援を行うことが提唱されたのである。

　しかし、本研究が指摘するところによれば、イギリスでは「特別なニーズ教育」導入以降も、「重度教育遅滞〔ESN(S)〕」は「重度学習困難 (SLD)」へと、「軽度教育遅滞〔ESN(M)〕」は「中度学習困難」(MLD)」へと言い換えられただけで、カテゴリーは決して消滅しているわけではない。そればかりではなく、それぞれのカテゴリーごとに分離された教室で、「特別な」教育実践が相変わらず行われているというのである。何が「特別」のカテゴリーを維持させているのか、本研究のねらいはそれを明らかにさせることにある。

　本研究では、重度学習困難と中度学習困難の双方の教室を観察し、それぞれの教師への聞き取りを通して、「教師自身」「生徒」「両者の関係」に対する教師の認識枠組み（「モデル」と表現される）と、それぞれの文脈で行われている具体的な教育実践の中で、それぞれの「特別さ」が日々再生産され、違いを際立たせていることが描出されている。例えば、重度学習困難の教室では個人的医学モデルに基づき小学校モデルの実践が行われているのに比し、中度学習困難の教室では個人的教育モデルに基づき中学校モデ

ルの実践が行われていることが明らかにされている。

ところで、日本の特別支援教育はインクルージョンの方向へ舵を切っているとされながら、支援の対象を絞り込む際には、制度上は具体的な障害種別、あるいは診断名に基づいて判断することになっている。「一人ひとりのニーズに応じて」という文言は公的な文書の随所に見られるが、それはあくまでも「障害のある児童生徒」の「一人ひとりのニーズ」という意味である。制度の考え方としては、まず最初に障害の有無が判断され、障害があるとされてから個々の「ニーズ」が問われるという順番になっている。通常学級のLD、ADHD、高機能自閉症などの発達障害児生徒にまで支援の対象を広げたことをもって、よりインクルーシブになったととらえられているのだが、その結果、障害児生徒の数が年々増加し、特別支援学校はパンク寸前の状態になっている。

また、ここにはもう一つ重大な問題が隠されている。通常学級で課題を顕現化させているのは障害児生徒だけではない。例えば、貧困や虐待状況にある子ども、あるいはニューカマーや被差別部落の子どもなどマイノリティの子どもたちも、その社会・環境的要因の故に学校における学習や行動上の課題を顕現化させるリスクが高い。現在、日本の特別支援教育の枠組みは、そのような社会・環境的要因からもたらされる子どもの課題を、個人的な病理・生物学的問題へと還元させてしまう、一種のイデオロギー装置として機能している側面があるのだ。

この日本の特別支援教育の矛盾や問題点を解決していく上で、イギリスの「特別なニーズ教育」が重要なモデルとしての役割を担っていることは間違いないのだが、本研究は制度論を超えたさらに深いところに問題の本質があることに気づかせてくれる。

(原田琢也)

[原著者紹介]
Joan Adams（ジョーン・アダムス）
ノーサンブリア大学所属。

John Swain（ジョン・スウェイン）
ノーサンブリア大学健康・コミュニティ・教育学部教授。専門は障害学・インクルージョン。*Disability and Society* 編集長。代表的な著書・論文に、Working with Disabled People in Policy and Practice A Social Model (Interagency Working in Health and Social Care). (Sally Frenchほかとの共著、2011年)。

Jim Clark（ジム・クラーク）
ノーサンブリア大学所属。

5 何がそんなに特別なのか？
——分離学校の実践における教師の認識モデルとその現実化——

【要旨】
　「特別(スペシャル)」という概念は、教育政策と実践の発展において重要な役割を果たしてきた。そしてその語の意味は、遠大なる議論や論争の主題であり続けてきた。本稿は中度と重度の学習困難をもつとされている若者の教育に携わっている分離型学校で働く実践者の視点から、その理論と実践における「特別」の意味を探求するものである。生徒、教師自身、そして教師・生徒関係についての教師の認識の中では、「特別」は個人モデルに依拠していること、また様々なカテゴリーの若者に提供される学習環境における「特別」も同様であることを、本研究は明瞭に描き出す。私たちは、実践者による支配的で多岐にわたる実践が、特殊教育の「他者性」を形成し維持しており、そしてオルタナティブな言説を先取りしていることを主張することになる。

1　特別な光景

　教育としての「特別」という言説が、障害に関する文献ほど豊富に出てくる領域は、他にないだろう。例えば最近出された DfEE［教育・雇用省］政策提言書『すべての子どもに優れた教育を——特別教育ニーズとの出会い』(DfEE, 1997) では、さまざまな枠組みにその語が散りばめられている。例えば、「特別な教育的ニーズ」（しばしば SEN と略される）「特別な教育的手立て」「専門家(スペシャリスト)」「特別支援学校」「特別な教育的ニーズコーディネーター」（しばしば SENCO と略される——略記は教育における特別に関わる言説の独特な特徴である）「専門家(スペシャリスト)による授業」「特別支援」などである。公式文書自体が、「〜に加えて」「〜と異なって」「〜と比べて学習に著しい困難を抱えて」「ディスアビリティ」というように、その語について多くの解釈を与えている。20年前に、『ウォーノッ

ク報告』(1978)は、とりわけ「特別な教育的ニーズ」へ焦点を絞るという形で、「特別」という概念の支配を確かなものにした。その報告書とそれに続く1981年教育法の影響はその後も続き、「特別な教育的ニーズ」は、特別支援学校と同様、普通学校においても日常的な言説の一部と化した。報告書及び法律の精神と支持されていた目的は、「重度教育遅滞（ESN (S)）」と「中度教育遅滞（ESN (M)）」といったカテゴリーを含む、若者に関するカテゴリーの組み替えに置かれていた。その主眼は特殊教育を再概念化することにあった。当時特殊教育といえば、分離式の特殊学校で提供される教育のこととほぼ同等に考えられていたが、それを特別な教育的ニーズをもつ子どもたち（その多くがメインストリームの学校で過去においても、そして現在においても教育を受けているが）に提供される特別な手立てへと、再概念化しようということであった。

　ある意味では、その報告書と法律は成功したといえる。「特別な教育的ニーズ」についての事業全体は、例えば1997年緑書からもはっきりとわかるように、隆盛を極めている。しかしながらカテゴリーの消滅は成功しなかった。「重度教育遅滞（ESN (S)）」と「中度教育遅滞（ESN (M)）」から、「重度学習困難（SLD）」と「中度学習困難（MLD）」への転換は、それぞれのカテゴリーの消滅とは無関係のように見える。根本的に、特別であることは、分離された学校の施設設備を通して依然として施設化されたまま残されているのである。

　さらにその動きは、最近の政府主導の改革のもと、ますます拍車がかかってきている。統合（あるいは、最近よく使われるインクルージョン）にとって必要な変化に関連のある言説においてさえ、その大部分が「特別」という言葉で形づくられているありさまである。それゆえ緑書は、インクルーシブな教育制度には普通学校などありえないという認識を欠いたまま、普通学校におけるインクルージョンについて言及することができているのである（特別が普通との関係で意味をもつように、普通は特別との関係においてのみ意味をもつのである）。緑書で提案された基準に依拠して、教員研修庁（TTA,1998）の諮問文書は、「特別な教育的ニーズ」の専門家のために、九つのカテゴリーごとの知識・技術基準をリストアップしている。第10カテゴリーとして中度学習困難が認識されたが、「一般的な学習困難をもつ生徒については、普通学校に在籍する者が増えてきている」として基準は設けられなかった。カテゴリー化の枠組は、

『ウォーノック報告』が消し去ろうとし、「特別な教育的ニーズ」の概念に置き換えようと試みた生徒の類別判定システムと酷似しており、特別支援学校と類別判定の結びつきは依然維持されたままである。

教育との関係における「特別」の意味をめぐる批判的な理論の発展のなかで、鍵となる文献はトムリンソン（Tomlinson, 1982）である。彼女は、そのなかで、特別に関する支配的な人道主義的説明に疑問を投げかけ、医療、心理学、教育にたずさわる人々、そして政治的に有力な支配グループに属する人々を含めて、分離教育の始まりと成長が特定の人たちの利益に関連していることを跡づけた。彼女はまた、特別支援教育の発展は、全体としての学校システムの発展との関係を通してのみ理解されうると主張している。

　……1944年法は、「年齢、適性、そして能力」の三つのパートからなるシステムを中学校入学への要件として認めていた。「能力」による選抜は「障害」による選抜を是認することを意味していた。（Tomlinson, 1982, p.50）

「特別」という語のあらゆる肯定的な含意は疑問にさらされることになったし、今でもその状態は続いている。例えば、後の論文では次のように述べている。

　特別は、すでにいつも「無能力」と関連づけられたラベルを取得してしまっているため、有意味な技術や才能を収集する際にさらなる困難に出会うことになりそうだ。（Tomlinson & Colquhoun, 1995, p. 199.）

最近では、「特別」という語の意味分析は、「障害」という語の意味に焦点を当てるようになってきている。特に、障害をもっている人々自身の経験を通して生み出された障害の社会モデルは、既存の本質主義者の理論を批判するための根拠と、ラディカルな変化を招来するための基礎を提供し始めている（Oliver, 1984; Barton, 1997）。リッデル（Riddell, 1966）、アランら（Allan et al., 1998）、そして他にも何人かが、市場主義教育政策に関わる公的言説は、社会的理論モデルよりも個人主義的理論モデルを強化しているということを主張するために、障害の社会モデルを用いてきた。コルベト（Corbett）は同様の議論を発展させ、

アイデンティティと関連づけている。

　「特別」という語を障害のある人々に適用するとき、彼らに名誉や権威を授けるのではなく、むしろ相対的な無力さを強調することになっている。(Corbett, 1996, p.49)

　それならば、「何がそんなに特別なのか」という問いに迫るためには、「特別」という語の意味だけではなく、カテゴリー化、教育政策と実践、そしてさらに論点を拡げて、「障害」の意味との関係にまで、議論や論争の場を広げていく必要がある。コルベトは「特別」の概念を分析する中で、以下のように書いている。

　もしイギリスの体制の声が、『ウォーノック報告』とその後の影響という形で、啓蒙された近代を代表するのであるならば、特別なニーズに関わる支配的言説は、別の道筋と明確な境界設定を代表するものである。これら二つの言説には違いがあり、各々の観点はしばしば葛藤していることを認識することなしには、特別なニーズに関わる言語がなぜ鈍く入り組んだ迷路の中へと発展してきたのかということを、読み解くことはできないだろう。(Corbett, 1996, p.17)

「特別」の意味は相対的であり、特別支援教育の関係者によってそれぞれの立場から構築されるものである。本稿では分離型学校で働く教師の視点から、「鈍く入り組んだ迷路」を探索することにする。実際には理論化が進められてきたにもかかわらず、教師が特別な教育的ニーズを理論化してきたことを示す、あるいは実践者が障害の様々なモデルをどう理解し、教室の実際の実践の中に反映しているかを示す根拠はほとんどないのである。私たちが実践者の作業モデルを調査しようとする理由は三つある。第1は、上述のような理論化の進展を反映して、教師の非公式な教育言説に明確な変化が現れているのかどうかという疑問である。第2に、特別なニーズに関する公的政策は、教師によって実践へと翻訳されるかということである。教師は、ボウとボール（Bowe & Ball）

の指摘するように、「政策を実践へと関連づける主体的解釈と意味産出の過程」(Bowe & Ball, 1992, p. 13) に関与するのである。公式な教育言説における理論化は、教師の非公式な言説のフィルターを通して実践に移されるのだ。第3に、教師の非公式な理論と教育実践の間で働く相互作用は、障害生徒の学習環境を直接的に構築する。本稿において提示されるいくつかの発見は、分離型学校における特別教育的ニーズをもつ児童生徒の学習環境に関する大規模な質的研究から導かれている (Adams, 1998)。教師の「特別」についての観念は、最初からはっきりと焦点が当てられていたというよりは、むしろ調査の間に繰り返し現れるテーマであった。特別支援教育の中にある異なる言説を探り出し、照らし出し、そして議論の土台としてこれらのテーマを活用することを目的として研究を進める。調査は二つの特別支援学校で引き受けられた。そしてそれぞれの学校で1クラスずつにおいて、さらに詳細な事例研究が行われた。一つは、中度と重度の学習困難児を対象にした学校であり、事例研究は中度学習困難（MLD）をもつとされた子どもの学級で行われた。もう一方は、重度・最重度・重複学習困難（SLD）をもつ生徒の学校と学級であった。すべての子どもたちは中等教育の段階にあった。授業観察及び教師・生徒・教育支援助手に対するインタビューにより研究を行い、学習環境の心理社会的側面についての情報を得ることを目的とした。

　次に続く二つの節で、私たちは教師がその仕事における専門性というものについてどのように内省しているのかについて、そして、子ども・教師自身・両者の関係に対する教師の概念の中に、どのようにしてカテゴリーが形成されるのかについて探求する。調査結果は、特別な教育的ニーズに関する社会理論の発展にもかかわらず、教師のモデルは強固に個人主義的であり本質主義的であり続けていること、そして類別化は教師の非公式な理論の中で強化されていることを示すことになる。次に、これらの異なったモデルがいかにして教育実践における実質的な違いに反映されたかについて検証する。データの分析より、著しく異なった二つの学習環境の像が浮かび上がってきた。一つは、経験的で協同的な学習を行う、著しくフォーマルさを欠く重度学習困難児の教室である。（重度学習困難児学校には）明らかに「開放的」で「子ども中心」の教室がある一方で、中度学習困難児学校の文脈には「伝統的」で明らかにフォーマルな

教室がある。それらの違いがどのようにして生み出されてくるかを考えることは重要なことである。学級の心理社会的環境は学校ごとに多様であることが見出された。二つの学級は異なる学校にあるのだが、その要因を越えた差異が二つの教室間には認められた。結論として、そのような違いそれ自身が「特別」についての本質主義的説明と「特別」な分離型学校の現状の両方を強化し、また逆にそれらによって強化されていることを主張することになる。そして、最後に障害の社会モデルに立ち帰ることになる。それは、私たちにラディカルな変化に関して楽観的になることができる根拠を提示してくれるのである。

2　教師の「特別」についての概念

　調査の結果、教師が生徒を中度学習困難児と認識する方法と、重度学習困難児と認識する方法の間に、質的な違いがあることが見いだされた。教師は、差異性と同一性という観念を若者たちに押しつけていたが、そうすることを通して実は全く異なった枠組を引き出していたのであった。教師が生徒の認識能力についてふれるとき、その違いは明白であった。重度学習困難児学級では、生徒の認識レベルにふれられることはほとんどなかった。唯一1人の生徒が、次のように説明されただけであった。

　　極端に遅い。

　しかしながら、中度学習困難児学級では、認識レベルは差異性と同一性に関する明確な規準であった。教師が学習困難の程度よりも子どもの能力を強調している点から、このことは明らかであった。

　　私が「ある意味で、目が離せない」と言ったのは、彼ら2人がグループで一番賢い子どもたちだからよ。

　　彼はG1の数学の教科書をやってるのだけど、他の子どもたちより進むのが早いの。彼は1人で進めるから。読解力の高さが彼を数学の問題に向かわ

せているのよ。

　彼女は、ほんとうに奥の深い人。マーガレットっていうの。彼女はとても深いことを言うのよ。……マーガレトは普通の本を読んでいるわ。

　彼は、ほんとうに賢い男の子、ルークよ。

しかしながら教師が抱くモデルの主要な相違点は、認識レベルをどうとらえるかにあるのではなく、「問題」の定義の仕方にあるのだ。重度学習困難の文脈においては、身体的インペアメントは重度学習困難の特性及び生徒の同一性の核になるものだと、教師たちは繰り返し語っていた。

　彼は細かい動きに問題を抱えていて、悪化しているんだ。
　片麻痺だからね。

中度学習困難の文脈においては、しかしながら、生徒の行動は教師の生徒モデルの特徴によって定義されていた。

　もし彼らが邪魔をしたり他の子を傷つけたりしたら、すぐ近くにいる人が押さえるんだ。
　分かっていると思うけど、力づくで止めないと、彼らはいとも簡単に起き上がり、あちこち歩き回り、そのへんの物をさわりまくり、部屋の中を転々とするんだよ。
　エドワードは行動に問題のある7歳の子だ。

中度学習困難児の教室では、生徒の「問題」はほとんどいつも行動と関連づけられて語られていた。校内には重度学習困難児もいたが別クラスに在籍していた。行動に関するこの規準は、生徒の非公式なカテゴリー化の鍵となっていたように見えた。

さらに低い能力のグループでは、違うことをしている人たちを容易に受け入れていた。

教師の生徒モデルの違いは明白であった。それは生徒との関係での自分自身に関する概念においてもそうだったし、また生徒との関係性に関する概念においてもそうであった。中度学習困難児学級の教師たちは、生徒との関係性を理解し、それを説明しようとする際に、自分自身と教えている子どもたちとの間にある距離または社会的隔たりを鮮明に認識していった。生徒から「敵」、あるいは「人をいいなりにさせようとするうっとうしいやつ」と思われているかもしれないと教師たちは感じていた。同時に過度になれなれしいことからくる不快感を抱いていた。それは例えば、教師の服装や家族について生徒があれこれ言うことや、学校生活で一緒に暴れたりじゃれあったりして欲しいという生徒からの誘いという形で示されるものである。

ル・コントら（LeCompte et al 1993）は、「低階層」の子どもたちはおとなとしての社会的役割と振る舞いを若いときから行っており、身体的な接触を求める不適切な誘いが、教師と生徒の間にある社会的差異を強調することになると、述べている。対照的に、重度学習困難児学級の教師は、生徒たちが行動し、感じているのと同じようにしていた青年期が自分にもあったことを思い出しながら、生徒と共感しあっていると信じているのである。彼らの行動は教師の専門職としての地位を脅かさないのである。その代わりに問題行動と認めたときには、教師が解決策をも提示するのである。生徒は「新しい人を試しているのでしょう」と彼女は言うが、この言葉は、決して彼女に対してそうではないことを暗に示しているのである。教師は、この肯定的で親密な関係を成立させるには、身体的なケアの要素を含む生徒の特定のニーズを満たす必要があると考えている。重度学習困難児学級の教師も、生徒をある典型的な方法で概念化していたことが明らかになった。それは、彼らの「特別なニーズ」は他の生徒のものとは違うということ、そして彼らの生理学的ニーズを満たすために、身体的ケアという教師の働きかけが必要であるということである。それ故に、生徒との関係性についての教師の概念は、生徒についての認識ときっちりと一致していたのであった。

3 特別のモデル

　教師の理解についてのモデルは、一般的には個々人の間にある違いを覆い隠してしまう、本質的に切れ味の悪い道具である。にもかかわらず、調査結果は、カテゴリー化は教師の非公式な理論の中に深く入り込んでいることを示している。中度学習困難と重度学習困難の間にある区別は、「特別」に関する個人モデルの異なったバージョンを通して構築され、維持され、正当化されている。教師の認識枠組には、二つの個人モデルが存在する。個人主義的医学モデルは、重度学習困難児教育に適用されている。この「特別」のモデルは、インペアメントまたは障害（この場合は医学モデルで定義される障害のことではあるが）がない状態との関係で概念化される。しかしながら、個人主義的医学モデルは専門職をあまり脅かさない。このモデルにおける「特別」は人道主義的でありえる。子どもは「とても特別」とさえ見なされうる (Longton, 1988)、だからこそ子どもはより人道主義的な言葉によっても構築され得るものだ。このモデルの中では、自分たちは特別な技術、テクニック、カリキュラムをもっているのだと教師たちが認識することによって、「特別」の正当性が認められているように思われる。特別な専門的知識が、特別な子どもたちに必要とされるのである。

　二つ目のモデルは、中度学習困難児に適用されるもので、個人主義的教育モデルと呼ぶことができる。この「特別」のモデルは、能力、学業達成、とりわけ行動の認知された規準との関係で概念化されるものである。これらの子どもたちは他の教師が教育を授けることができなかった子どもたちだという定義が示すように、このモデルは教師にとってさらに挑戦的なものとなる。このモデルにおける「特別」のまさにその重要な特質は、教師のスキル、テクニック、専門的知識を適用することにより、教育不可能な子どもたちを教育することにある。

　同じような「特別」に関する教師モデルの枠組を、文献の中に見出すことができる。トムリンソン (Tomlinson, 1982) は、例えば、「社会的に構築された」障害と、子どもの本質的な特徴である「標準的な」障害の間には違いがあると述べている。彼女にとって、「学習困難」の概念は社会的に構築されたもので

ある。そしてそれは、構築者である中産階級の価値観、信条、利害からわき起こってくるのである。その結果、このカテゴリーに属する子どもたちの大半が、労働者階級の出身で占められることになるのだ。これは先に概略を示した個人主義的社会モデルと関係していると思われる。他方で、ろうや盲は標準的な障害ということになる。この研究の文脈において、重度学習困難をもつということは、あっさりと「標準的である」と解される（医学モデルで定義されるところの）障害をもつことになる。

　ワイナー（Weiner, 1993）はまた、次のような異なった障害の解釈を述べている。それは本研究におけるおとなの障害解釈と照応するものである。教師から悪い行動をしたと見なされている中度学習困難の子どもたちには「罪」という言葉を、対照的に重度学習困難があるとされる子どもたちには「病気」という言葉を割り当てているというのである。

　進歩することに失敗したとき、あるいは挑戦的な行動に出たとき、「病気」という言葉を持ち出せば、子どもの側にあった何らかの「欠陥」が現れてきたという「言い訳」を、教師にたやすく許すことになってしまうのである。あらゆる失敗の原因は、教師ではなく子どもの中にあることになるのだ。生徒が中度学習困難をもっているときには、学習の失敗の原因を生理学的、あるいは神経学的な病因に帰せることはそう簡単なことではない。「間違った行動」は、教師の学級経営能力への直接的な挑戦として解釈されるかもしれない。

　教師の理解における異なったモデルは、生徒の非公式なカテゴリー化が特別支援教育の様々な手立ての中に繁栄していることを明示している。過去20年間にわたり特別な教育的ニーズの考えのもと、どれだけ多くの変化が導入されたかわからないが、カテゴリー化の消滅がその中に含まれたことは一度もなかったのである。本研究で問題にしてきた教師にとっての「特別」は、生徒、教師自身、そして両者の関係性についてのカテゴリー概念を通して維持されてきたのである。理解のモデルに関する分析は、しかしながら、「特別」の言説の重要性の観点からは限界がある。「特別」は、非公式な理論と実践の明確化を通して教師によって生成されている。中度学習困難と重度学習困難の間にある違いは、教師の理解において明白であっただけではなく、二つの学級における異なった手立てと教育実践において表出されていたのである。

4 特別な実践

　社会的文脈における関係性の重要性は、人的環境に関する初期の研究で認識されていた（Moos, 1974）。そして学校で行われた学習環境研究の重要な一側面を形成してきた（Fraser, 1986）。教室の中では、教師のスタイルは影響力があるものと考えられてきた（Flanders, 1970; Good, 1979）。ラムゼイとランズレイ（Ramsay & Ransley, 1986）は、「伝統的」から「開放的」までのスタイルの単一の基本的な連続体があることを指摘している。教師が自分の教育方法と調和した心理社会的な教室の雰囲気をつくろうとすることをシュルツ（Schultz, 1982）は見出している。開放的で非指示的な教師の教室では、支援が強調されている。そこには革新的実践と柔軟なルールが存在するのである。指示的な教師は統制を強調し、教室は競争主義的になり、課題達成を志向する。この枠組は中度学習困難と重度学習困難の文脈で与えられる教育実践と学習環境を比較する上で有効であることがわかった。「特別」の教師モデルは、若い人々に関する二つのカテゴリーに与えられる異なる教育経験の中に構築されたのである。

　重度学習困難の文脈では、教師の方法と学習環境は、伝統的というよりはむしろ開放的である。学級経営と社会的統制は、学級や学校レベルの制度的な規則というよりは、むしろ教師によって個人的な人間関係を通して調整されているように見えた。ある教師は、彼女が築こうとしている一種の心理社会的環境について、特に明確に答えてくれた。

　私は鉄の掟で子どもを縛ろうとは思わないわ。とても道徳的なの。できるだけ多く選択肢を用意しようとしているわ。私は彼らの年齢にふさわしい温かい雰囲気を漂わせようと努めているの。生徒が私のところに話にきたくなるようにね。

　権威主義的になろうとせず、近づきやすい存在になろうと努めていた。そして、彼女は、適切な行動をとる生徒たちとの間にはっきりとした相互理解があるという確信を基に、生徒との関係が築かれていると考えていた。

彼らは他のスタッフには見せない姿を、私に対しては見せてくれるの。

　だから生徒の統制は、明示的というよりは暗示的であり、公式というよりは非公式であった。そして「支援」というような人道主義的な概念を通して押しつけられ、正当化されるのであった。例えば、ある教師は次のように言っていた。

　もし特に初対面の人、おとなが苦手だという子どもがいたら、私はその子を私のそばにいさせるわ。

　この非公式さは、また、グループ分けや座席配置においても明瞭であった。生徒は学習活動に応じて様々にグループ化されていた。学習活動により、座席を合わせたり、部屋の中を移動したり、時には部屋の外に出ることすらあった。しかし、スタッフの数が許す限り、いつも「支援」のためにそれぞれのグループには大人が１人割り当てられていた。座席配置は、特に「不適切な行動」を統制することよりは、学習環境との関係から正当化されていた。重度学習困難児学校の支援員は次のように述べていた。

　彼らはふつう話したい人の近くでグループをつくります。

　一方で、教師は座席配置について次のように説明しているのだが、

　彼らは教室の仲間からより多くの影響を受けるので、グループを最大限に利用します。

　一般的に言えば、重度学習困難の文脈における管理と統制は開放的であり、ある意味非指示的であり柔軟であった。教師自身・生徒・両者の関係についての非公式な理論において、「特別」に関する教師の概念が人間味あふれるものであるように、管理と統制の過程もまた同様であった。

中度学習困難の教室はより「伝統的」であるように見え、教師の主要な関心事は生徒が適切な行動をとるように指導することであった。高度に公式化されたアプローチが8X組に関わる教師全員と明文化された規則によって支持されてきた。「学級を落ち着かせる」ことを狙ったいくつかの戦略が、理科の教師によって紹介された。

　考えはこうです。まず生徒をドアの前に並ばせる。部屋に入ったら、椅子の後ろに立たせ座らせない。

座席は座席表で割り当てられている。

　ほとんどの生徒に対して、規則への意識を強化させるのです。教室の外、いつもドアの前に整列させ、それができれば教室に入れ椅子の後ろに立たせるのです。

そして彼らはすべての授業で同じことを繰り返した。

　私たちはすべての授業でそうしました。

　他に述べられたルールは、何か助けが必要な時には、大声で叫んだり、物を投げたり、罵ったりするのではなく、挙手すること。そして教師の言うことを聞くこと。ルールに従わなかったときの結果は周知されていた。「悪いこと」をしたときは、普通は怒られるのだが、多くの生徒たちが罰としての監禁について語ってくれた。これは学級担任か、またはその委託を受けて副教頭によって実施されるのであった。
　きっちりとした座席配置は、生徒が分断され、教師がそこで起こることに対してより大きな統制力をもつことを意味していた。中度学習困難の文脈における強制的な座席配置の意図が、学級の統制の関係から正当化されることを示す証拠は、データの中に多く見いだすことができた。個々の教師はインタビューで口々にそう言っていたし、また生徒もそうだと理解していた。さらに言えば、

生徒間の相互作用は規律を低下させるものと見なされていたのだ。例えば教師は、スタッフの気がかりなこととして、次のようなことを取り上げていた。

　遠慮のないコメントや授業中の教室を横断する会話。

中度学習困難児の１人が座席の配置の根底にある意味を説明してくれた。

　僕たちのように２人の悪い子がいたとしたら、１人の悪い子に、１人の良い子を付けるように座らされるんだ。

一方で、インフォーマルな座席は、相互作用や協力を誘発する。
　教育方法の管理的・指示的側面における違いからもたらされる教室間の違いは、それぞれの学校の生徒観と個々の教師の力量に基づいていた。中度学習困難児の学校では、生徒の行動が「不適切」と認知されているがゆえに、指導や一貫性を保つための戦略が用いられていた。重度学習困難の文脈では、対照的に、個人的な関係を通した統制が支配的であり、学校のレベルで合意された制度に基づくものはまれであった。そのまれなケースというのは、特定の個々のニーズに合致しているということから、行動主義的な戦略が用いられたときのことであった。
　中等教育段階の同年齢の生徒から構成されるこの二つの学級間にあるコントラストは、次のようなところにも現れていた。中度学習困難児は、通常の中等教育学校モデルと同様に、専門の教科担任の授業を受けるために学校中を移動した。ところが、重度学習困難児の学級では小学校モデルに従っているのであった。つまり生徒は、ほとんどすべての教科に責任をもつ１人の教師のもとで、一つの教室でほとんどの時間を過ごすのであった。ビーティ（Beattie, 1997）は、歴史的かつ相対主義的な視点から、イギリスの小学校の教室は伝統的に、かつ様々な理由で「開放的」で「進歩主義的」な性質をもっていると考えている。小学校モデルを採用するということにより、重度学習障害児学校の教室は、必然的に、さらに制度的で伝統的な性格を減じ、より生徒中心主義的になることだろう。

二つの学校の間には、ナショナル・カリキュラムに向けての学習においても、著しい違いが存在した。例えば中度学習困難児は、キーステージ3の終わりには標準到達度テスト（the Standard Attainment Tests=SATs）を受けていたが、重度学習困難児の学校では、ただ教師のアセスメントが行われただけだった。これはそれぞれの学級の組織のされ方の違いを導いていた。重度学習困難児は、一週間のほとんどの時間を、ほとんどの教科の指導に責任をもつ１人の教師とともに過ごした。このように重度学習困難児の学級は、小学校とそれに付随する社会構造をモデルとしたのだ。

　一方、中度学習困難児の学校では、中等教育学校の一般的なパターンを反映するために、そして教科ごとのナショナルアセスメントに向けて生徒に準備をさせるために、教科担任制が導入されてきた。生徒は教師から教師へと渡り歩き、そしていくつかの授業は特別教室で受けたのであった。双方のケースにおいて、学校段階の組織的戦略は、教室環境の社会的側面や学習活動へも影響を及ぼしていた。

　中度学習困難児はキーステージ3の最後に数学、英語、理科の標準到達度テストを受けるのだから、直接的にナショナル・カリキュラムの到達度と目標、そしてその学習プログラムに取り組まねばならないと学校側は考えていた。これを達成するためには、専門の教科担任による授業が必要だと考えられていたのだ。

　重度学習困難児の学校では、生徒は筆記テストを受けることができないと見なされているが故に、ただ教師によるアセスメントが行われるだけであった。学校の文脈においては、この距離をおいた態度は、ナショナル・カリキュラムに関する学力達成を示さねばならないという圧力から、教師や重度学習困難児を引き離す解放の力であるのかもしれない。ナショナル・カリキュラムは、出発点においては、国家規準ではなく子どもに合わせて翻訳することも可能であった。そうすることによって、ナショナル・カリキュラムの履行が、学校レベルに応じた概念、あるいは再概念化から分離していくことを和らげることができたはずだ。カリキュラム内容の配置が重要だとみなされている中度学習困難児の学校とは対照的に、重度学習困難児の学校では、適切なカリキュラムにアクセスすることに関心がもたれているのであった。

生徒の行動やカリキュラムの要求によって脅かされていると感じている教師は、通常は，カリキュラムの内容（Lemke, 1995）と、教師による学習経験の内容のコントロールを可能にする、よりフォーマルな構造に頼るものである。挑戦的な振る舞いをしていると見なされた生徒に対して、ナショナル・カリキュラムに沿った教育が行われていることを示そうとするために、中度学習困難児の学校は独自のフォーマルな構造を強いたのであった。ナショナル・カリキュラムの内容にあまり支配されず、挑戦的な振る舞いは教室環境の熟練した管理者である自分に向けられているわけではないと理解する重度学習困難児の教師たちは、個人的な生徒のニーズに焦点を当てることができたし、また教室の構造はそのニーズに対応するために柔軟にできていた。

一般的に言えば、「特別」に関する教師のインフォーマルな構築物は、教室と学校の両方のレベルにおいて、これら二つの生徒カテゴリーのための教育的手立ての中に、映し出されていたのであった。重度学習困難の文脈に適用される個人主義的医学モデルは、個別的な働きかけと実践を通して現実化し、そして「特別」という概念は、個々の生徒と関わる教師の「特別」な技術、学校の「特別」なカリキュラム（たとえナショナル・カリキュラムに合わせて形を変えようとも）、そして生徒を評価する権威を通して、意味を付与されるのである。他方において、個人主義的教育モデルは、明らかに教条主義的で統制的な働きかけや実践、そして通常教育で想定されているのと同様の規準を強制することを通して実現化されるのである。この分析を通して、「開放的」と「伝統主義的」な教育方法は、教育哲学の違いというよりは、むしろ教師の「特別」に関する認識の違いと関係していることがわかる。

5 「特別」に関する反省

本研究が示したように、特別なニーズに関する支配的な言説は、異なる類型と際だった境界を明確に表している（Corbett, 1996）。実際に、何がそんなに特別なのかということは、これらの言説のまさに主要テーマであり、コーカーとフレンチ（Corker & French, 1999）が主張しているように、もう一つの方法ではなく、ある一つの方法で行為するための、そしてもう一つの行為の選択肢を

周縁化するための潜在的な力を呼び込む、優越的な力の表れなのである。

「特別」の言説の内側に生み出される知識は、第1に、他者を支配する権力だけでなく、他者を定義する権力とも結びついているのである（Foucault, 1979）。個人主義的医学モデルと個人主義的社会モデルの両方ともにおいて、これは個人のレベルに結びつく。両方の学級の教師にとって、「特別」の理解は、子どもの性質に基づいたものである。それらは子どもの内に、個人への働きかけを通して構築されるのである。何がそれほど特別であるかは、子どもとともに始まるのである。両方の学級において、個人主義的なモデルが思考と実践を支配している。重度学習困難をもつ若者の同一性は、医療的な語句を使って教師によって定義されているのである。これらの若者は、ある意味、彼らの学習困難について人格的に「非難されるべき」だとは見なされていない。なぜなら彼らは普通ではなく、普通であることを目指すことができないと考えられているからである。彼らは、異常な個人だと見なされているのである。中度学習困難は、対照的に、進歩への失敗の説明を、病理上の原因に帰されるには至っていない。子どもたちの同一性は、自己コントロールの欠如と分裂として、社会的な語句を使って教師によって定義される。異なった類型はどちらも教師の知識を正当化し、そして「特別」についての教師の専門知識の力は「特別」に結び付け正当化される。すなわち、異常なまたは教育不可能な若者を教育しているというようにである。とりわけ教師・生徒関係と学級経営のスタイルとの関係において、教師の専門的知識とは、「特別」に関する概念が行為を通して表出したものであるということを、私たちの分析は提示してきた。何がそんなに特別なのかは、教師の視点からすれば、特別な子どもたちへの特別な実践の中にある特別な専門性なのである。

『ウォーノック報告』と1981年法を受け継いで、1980年代と1990年代は、多くの地方教育局（LEA）で特別な働きかけの再組織化、とりわけ分離型の特別支援学校の再組織化を見た。例えば北東イングランドにおいては、このような再組織化は過去において、そして現在においても3度起こっている。他の地方教育局におけるのと同様に、このことはいくつかの特別支援学校の閉校と他の種類の学校の開校を含んでいる。また、中度学習困難児学校と重度学習困難児学校の閉校と、中度と重度両方の学習困難の子どもたちのための学校と、もっ

と単純に学習困難を抱えている子どもたちのための学校の開校を含んでいる。はっきりと言えば、学習困難を抱えている子どもたちのための学校への動きは、直接的に『ウォーノック報告』の線に沿っているのである。その中では、中度学習困難（MLD）と重度学習困難（SLD）というカテゴリーは、表向きは消滅するが、両者の区分は教師のインフォーマルな枠組の中で維持し続けているのである。

おそらく、『ウォーノック報告』の主要な遺産は、皮肉にも変化の欠如であったのだ。ポッツ（Potts）は次のように書いている。

「特別な教育的ニーズ」は、明確な固有の意味を持たないが、「他者性」を維持することを補強する機能をもったフレーズであるように私には思われる。（Potts, 1998, p. 17）

「特別」をめぐる支配的な言説は軋轢を生じさせる。「特別」の個人主義的モデルの機能は、画一的で相互に排他的な若者のカテゴリー化を消滅させるどころか維持させてきたのである。プリーストリー（Priestley）は、普通学校の研究で、次のように結論づけている。

……「特別なニーズ」の言語、そしてそれを監視するとりとめのない実践は、障害児を「他者」として構築し続けている。（Priestley, 1999, p.102）

この論文において報告されている調査は、分離型学校における「特別」をめぐる対立したディスコースを明らかにしている。分離型システム内では、「特別」という概念が、中度学習困難をもつとされる生徒と重度学習困難をもつとされる生徒の間の分断を、そして「障害」（医学モデルにおいてとらえられるような）と「特別な教育的ニーズ」との間の分断を説明している。カテゴリーは、分離型学校の中でつくられ、正当化され、維持されている、あるいは維持され続けているように見えるのである。そしてその分離型学校はといえば、それが子ども、彼らのニーズ、教師、カリキュラム、施設、そして政策それ自身に適合していようといまいと、「特別」に関する個人主義的モデルによってつ

くられ、正当化され、維持されているのである。「特別」に関する言説の支配は、分離システムの内側でつくられているだけではない。分離を支えるカテゴリー化を促進することで、また分離が問題なのではなく「特別」が問題なのだという、まさに言説の支配によって、それ自身を維持してもいるのである。

変化への可能性を展望して、1986 年（原書の発行年）にバートン（Barton）は書いていた。

　私たちがまさに必要とすることは、新しいビジョンか、それともマーティン・ルーサー・キング言うように「夢」である。この過程の重要なステップは、理論研究と、子どもたちの差別化に焦点をあて、彼らに共通しているものを同定する実践の双方の中にあるだろう。

そして彼は、障害者自らが生みだした障害の社会モデルの出現を指摘した。障害の社会モデルは、健常者によって、そして健常者のためにつくられた社会における障害の社会的起源を明らかにする。この視点からは、よくバリアと呼ばれるような不利あるいは制限は、物理的・社会的環境のすべての側面に浸透していることになる。すなわち、態度、制度、言語や文化、組織や支援サービス提供、そして社会が構築されるところの権力関係と構造である（Swain et al., 1993）。教育に即して言えば、障害の社会モデルは、「特別」に関する個人主義モデルに、中度学習困難と重度学習困難、そして障害と特別な教育的ニーズの間にある区別に、そして最も重大こととして、分離型教育制度の施設、政策、実践に挑戦しているのである。この視点からは、何がそれほどまでに特別なのかという問いの答えは、「特別」それ自身の言説の中にある。そしてそれは、今ある政策や実践の批判を先回りして回避し、実践者の非公式な認識枠組を成長させてきたのである。本稿における分析は、分離型学校では、障害の社会モデルは特別なニーズに関する教師の枠組にほとんど、あるいは全く影響を及ぼしていないこと。そしてそれは政府の教育政策の特徴にはなっていないことを示した。新しいビジョンは、専門職教師の視点からの「特別」が席巻している中で、「夢」であり続けているように見える。

【文献】

ADAMS, J.E. (1998) *A special environment? Learning in the MLD and SLD classroom*, unpublished PhD thesis, University of Northumbria.

ALLAN, J., BROWN, S. & RIDDELL, S. (1998) Permission to speak? Theorising special education inside the classroom, in: C. CLARK, A. DYSON & A. MILLWARD (Eds) *Theorising Special Education* (London, Routledge).

BARTON, L. (1997) The politics of special educational needs, in: L. BARTON & M. OLIVER (Eds) *Disability Studies: past, present and future*, pp. 138–159 (Leeds, Disability Press).

BEATTIE, N. (1997) Contextual preconditions of 'open schooling'. the English case in historical and comparative perspectives, *Cambridge Journal of Education*, 27, pp. 59–76.

BOWE, R. & BALL, S.J., WITH GOLD, A. (1992) *Reforming Education and Changing Schools: case studies in policy sociology* (London, Routledge).

CORBETT, J. (1996) *Bad-Mouthing: the language of Special Needs* (London, Falmer Press).

CORKER, M. & FRENCH, S. (1999) *Reclaiming discourse in disability studies*, in: M. CORKER & S.DFEE (1997) *Excellence for all Children: meeting Special Educational needs* (London, HMSO).

FRENCH (Eds) *Disability Discourse*, pp. 1–11 (Buckingham, Open University Press).

FLANDERS, N. (1970) *Analyzing Teaching Behaviour* (Reading, Addison Wesley).

FOUCAULT,M. (1979) *Discipline and Punishment* (Harmondsworth, Penguin).〔=ミッシェル・フーコー著、田村俶訳（1977）『監獄の誕生：監視と処罰』新潮社。〕

FRASER, B.J. (1986) *Classroom Environment* (London, Croom Helm).

GOOD, T. (1979) Classroom expectations: teacher: pupil interaction, in: J.MCMILLAN (Ed.) *The Social Psychology of School Learning* (New York, Academic Press).

LECOMPTE, M.D., PREISSLE, J. & TESCH, R. (1993) *Ethnography and Qualitative Design in Educational Research*, 2nd edn (SanDiego, Academic Press).

LEMKE, J.L. (1995) *Textual Politics: discourse and social dynamics* (London, Taylor and Francis).

LONGHORN, F. (1988) *A Sensory Curriculum for Very Special People* (London, Souvenir Press).

MOOS, R.H. (1974) *The Social Climate Scales: an overview* (Palo Alto, Consulting Psychologists' Press).

OLIVER, M. (1984) The integration and segregation debate: some sociological considerations, *British Journal of Sociology of Education,* 6, pp. 75-92.

POTTS, P. (1998) Knowledge is not enough: an exploration of what we can expect from enquiries which are social, in: L. BARTON & M. OLIVER (Eds) *Disability Studies: past, present and future* (Leeds, Disability Press).

PRIESTLEY, M. (1999) Discourse and identity: disabled children in mainstream high schools, in: M. CORKER & S. FRENCH (Eds) *Disability Discourse* (Buckingham, Open University Press).

RAMSAY,W. & RANSLEY, W. (1986) A method of analysis for determining dimensions of teaching style, *Teaching and Teacher Education,* 2 (1), pp. 69-79.

RIDDELL, S. (1996) Theorising special educational needs in a changing political climate, in: L.BARTON (Ed.) *Disability and Society: emerging issues and insights* (London, Longman).

SCHULTZ, R.A. (1982) Teaching style and sociopsychological climates, *Alberta Journal of Education Research,* 28 (1), pp. 9-18.

SWAIN, J. FINKELSTEIN, V., FRENCH, S. & OLIVER, M. (Eds) (1993) *Disabling Barriers-Enabling Environments* (London, Sage in association with The Open University).

SWANN, W. (1992) *Segregation Statistics* (London, Centre for Studies on Integration in Education).

TEACHER TRAINING AGENCY (1998) *National Standards for Special Educational Needs (SEN) Specialist Teachers* (London, Teacher Training Agency).

TOMLINSON, S. (1982) *A Sociology of Special Education* (London, Routledge and Kegan Paul).

TOMLINSON, S. & COLQUHOUN, R.F (1995) The political economy of Special Educational Needs in Britain, *Disability and Society,* 10, pp. 191-202.

WARNOCK, H.M. (Chairman) (1978) *Special Educational Needs. Report of the Enquiry into the Education of Handicapped Children and Young People* (The Warnock Report) (London, HMSO).

WEINER, B. (1993) On sin versus sickness: a theory of responsibility and social motivation, *American Psychologist*, 48, pp. 957–965.

6　分離教育の場からの声
―― インクルーシヴ教育制度に向けて ――

ティナ・クック／ジョン・スウェイン／サリー・フレンチ著／高橋眞琴訳

Voices from Segregated Schooling:
towards an inclusive education system
Tina Cook; John Swain; Sally French
Disability & Society 16 (2) , 2001

[論文紹介]

　本稿は、2001年に *Disability & Society* に掲載された研究論文である。第2著者のジョン・スウェインと第3著者のサリー・フレンチは、disablingをキーワードにした著書・論文をイギリス放送大学出版会より多く出版している。The Disabling Societyとは、「障害化する社会」すなわち、障害を生み出す社会とも解釈することができる。障害者の生活を取り巻く障害の概念、偏見、パースペクティヴ、社会、経済の状況などを障害者自身の視点で、障害に関する経験を再解釈しようと試みている。イギリス放送大学は、The Open University（公開された大学）であり、障害者の優先入学制度や、オルタナティブ教材による学習支援も行われている（広瀬、2008）。従って、ジョン・スウェインとサリー・フレンチは、社会における幅広い学習者層に向けて、障害者の経験に基づく研究論文を多く執筆している。第一著者のティナ・クックは、教育における学習障害等に関する実践的な研究を多く行っており、本稿は、3名の著者の専門分野を融合し、学校教育において、障害者自身の視点で、障害に関する経験を再解釈しようと試みている論文であるといえる。

　本稿の舞台は、1999年のイギリスの特別支援教育制度の再構成に伴うローマンタウンのアダムストン校である。閉校を前にしたアダムストン校の思い出のアルバムづくりのプロジェクトを通して、在籍していた児童生徒の経験や思い出、転学に向けた気持ちを具体的な児童・生徒の自身ことばで描写し、特別支援学校に在籍している障害のある児童・生徒の本人の声を大切にすることの意義を論じている。

　日本における特別支援教育に関連する研究方法は、対象となる児童・生徒の実態把握に基づき、ある一定の教育方法を実施した結果の行動変容や効果測定が多い傾向がある。

生身の児童生徒の「今、ここの」リアリティを伝える研究も必要ではないだろうか。

本稿の研究方法は、インクルーシヴ教育に向けた政策が障害のある児童・生徒に与える影響を本人たちのインタヴューを通して分析した論文である。現在、日本においても各所において、インクルーシヴ教育システムの構築が検討されているが、就学や障害者の権利に関する条約の「合理的配慮」を検討する上で、貴重な先行研究であるといえる。

なお、翻訳にあたっては、Person-Centerd-Planning 研究会の新井裕也代表の多大な協力を得た。心よりお礼申し上げたい。

引用文献：広瀬洋子（2008）「高等教育における障害者支援：海外の動向と NIME の取り組み」『メディア教育研究』第5巻第2号、p.3

（高橋眞琴）

[原著者紹介]

Tina Cook（ティナ・クック）
ノーザンブリア大学ソーシャルワーク・地域研究戦略グループ員。専門は、学習障害の教育的問題、インクルーシヴな実践的研究等。論文に Where Participatory Approaches Meet Pragmatism in Funded（Health）Research: The Challenge of Finding Meaningful Spaces. Forum Qualitative Sozialforschung / Forum.（2012年）ほか。

John Swain（ジョン・スウェイン）
5章に掲載。

Sally French（サリー・フレンチ）
ハートフォードシャ―大学保健・人間科学部上級講師。イギリス放送大学准講師。専門は、保健及び社会的ケアにおける障害者の経験について研究している。論文に Can You See the Rainbow? : the roots of denial（John Swain ほかとの共著、1993年）ほか。

6　分離教育の場からの声
　　——インクルーシブ教育制度に向けて——

【要旨】

　イングランドおよびウェールズにおける他自治体と同様、ローマンタウン地方教育局においても、「インクルージョン」の方針に基づいた教育政策が推進されている。地方教育局による制度再編は、全年齢型身体障害特別支援学校であるアダムストン校の閉校を含むものであった。本稿においては、分離教育を経験した障害者の視点で「インクルージョン」の意味を論じる。まず、特別支援学校のサバイバーたちの記録に残されている意見を分析する。次に、閉校を前にしたアダムストン校の在籍児童生徒の意見と経験を探る。広範な経験がはっきりと表していることはいったい何であるのかを示すことで、特別支援学校をめぐる「賛否両論」の不毛な分析を超越した議論の足場を得たい。「インクルージョン」の確立の中核には分離教育の経験から生まれた声があり、またそれは、教育制度が真にインクルーシヴなものへと転換していくためのあらゆる過程において最も重要な要素なのである。

はじめに

　ローマンタウン地方教育局では、「インクルージョン」の旗の下、特別支援教育制度の再構成に乗り出した。この教育方針の変革と、それに関連したサービス供給体制および実践上の変更は、少なくとも一般論としては、イギリスの大半の地方教育局においても着手されているところである。ローマンタウンにおける制度再編は、一側面として、アダムストン校という全年齢型身体障害特別支援学校の閉校という措置を含むものであった。閉校によって学校を離れることになった児童生徒は、リソースセンターの設置されている普通学校や新規開校の学習困難特別支援学校などに割り当てられた（1999年9月）。再編後の制度には、身体障害特別支援学校は位置づけられていなかったのである。我々

は、アダムストン校での教育に対する児童生徒の意見と、閉校をめぐって彼らが経験している変化について、子どもたちの「思い出のアルバムづくりプロジェクト」を通じて、探求した。

本報告には三つの関連した目的がある。

（1）文献レビューによって、分離教育の経験に基づく、自身の受けてきた教育への障害者の価値判断を分析すること。
（2）インクルージョン政策のもとで閉校に直面したアダムストン校の児童生徒の意見と経験を探ること。
（3）障害成人と児童生徒の意見が、インクルージョンへの（政策）転換にいかに貢献したかを検証すること。教育改革における障害者（成人及び児童生徒）の参画に基づいてインクルージョンへの転換は行われなければならないということが、これらの目的の追求を通して、私たちが全般的に主張したいことである。

一方では、障害者自身が受けてきた教育をめぐる価値判断、意見、経験は、成人においても、児童生徒においても、それぞれ違いがありかつ多様である。彼らはそれぞれ、社会的、歴史的、地理的にもまったく異なるコミュニティにおける、全寮制の学校、あるいは通学制の学校での経験について語るからである。他方では、彼らの物語を結びつける共通のテーマの存在が明らかになった。彼らは第1に、ジェームスとプロウト（James & Prout, 1990, p6）のいう「構造的決定のもとでの受動的な主体」のような状態にあって、彼ら自身の生活の形成に主体的に参加してはいなかった。彼らの多様な経験をつなぐ共通のテーマとは、自らの生活に根本的な影響をもたらす意思決定過程から排除されているという感覚と現実であり、自らの経験および経験を左右する変化の過程についての話し合いに参加することが障害者にとって必要不可欠であるということである。

教育改革における障害者（成人及び児童生徒）の参画に基づいて、インクルージョンへの転換は行われなければならないということが、これらの目的の追求を通して、私たちが全般的に主張したいことである。

1 内側からの物語:分離教育の歴史

　一般的に、障害に関する研究の多くは、障害児の研究も含め、障害者自身の意見と経験を顧みなかった。健常者が障害について調査し、彼らの枠組を与えてきた。分離教育の歴史は、その大部分が健常者と専門家の公式な歴史であり、例えば学校の数や種別の変遷や、政策の方針転換の公的な理由づけといったものの記録から構成されているのである。その上、障害研究は専ら医学的、心理学的な問題に着目し、無力化する環境への関心は薄かった。これらの批判から、障害研究の本質的な問題点に関する多くの文章が書かれるようになった(Barnes & Mercer, 1997)。障害児の研究に関して、ロビンソンとストーカー(Robinson & Stalker)はこう述べている。

　　保護者が障害児と暮らす方法についてはよく構築された知識体系があるが、子ども自身が生活についてどのように考えているかはほとんど無視されている。彼らの声はまだ聞かれていないのである(1998, p.7)。

　シェイクスピアとワトソン(Shakespeare and Watson, 1998)は、子どもは障害の経験も含めた深い人生経験を得ることができるにもかかわらず、アカデミックな研究者や専門職によってそのことについて聞かれたり、真剣に取り上げられることは未だかつてなかった、と指摘した。最近の例外的な研究としては、無力化をもたらす環境下での社会的行為主体としての子どもたちの視点や経験に焦点を当てた「障害児の生活」プロジェクトがある(Priestley, 1999)。
　障害者の分離教育経験についての報告は少なく、あったとしても成人の障害者の子ども時代の経験の述懐によるものが中心である。障害児・者が自身の受けてきた教育について何を語っているのか検討してみると、彼らの経験と意見は実に多様であることが明らかになる。しかしながら、彼らの受けた教育において何が重要なこととして理解されているかという点に関しては、共通テーマが浮上してきた。本稿ではまず、教育水準、個人的・社会的な解放、経験そのものとしての教育などのテーマについて探っていくこととする。

2　教育水準

　教育水準は、障害者にとって一貫して重要な問題である。分離された学校は、教育内容・方法及びその効率性の観点から、内部の人間によって評価されている。障害者が分離された学校で経験してきた教育水準は概して低いものであった（Barnes, 1991）。われわれがインタビューした視覚障害男性のポールは、次のように語っている。

　［分離された］学校は孤立しきっていて、自らの水準を非常に低いところに設定していた。私たちの世代の盲人や弱視者は、卒業生は自助努力によってとてもうまくやっている、と何度も言われてきた。しかし一方で、それらの学校は私にある程度の自立性を与え、おかげで私は統合された教育環境ではおそらくできなかったであろう堂々とした仕方で物事を行うことができた。(French et al., 1997, p.30)。

　多くの特別支援学校は掃除や園芸等の実用的な課題を教えることにかなりの力を注いでいる。学習困難のあるヘンリーは以下のように回顧している。

　私たちは、読み書きやスペリングを習ったり、掃除の仕方、つまり窓の拭き方から、気がついたところは何でもきれいにする方法まで、ゲーム形式で練習したものだ。(Potts & Fido, 1991, p.68)

　低い教育水準に加えて、身体障害者は種々のセラピーに費やされた時間に対して頻繁に不満を抱いていた。デヴィースの本で紹介されているフィル・フレンドは、次のように語っている。

　……9歳から16歳までを振り返ると、学校の最重点課題は、私を動物に対してそうするかの如く「調教」することであった。それは教育などと呼べるようなものではなかった。(Davies, 1992, p.37)

同様に、ろう者も、彼らの受けてきた教育は強迫観念的な口話法、発話能力への信奉主義だったと不満をもっている（Craddock, 1991）。これらの見解はアルダーソンとグッディによる次の記述でも裏付けられている。

　学校にいる過剰なセラピストたちが学校の主たる活動を教育から遠ざけていることで、学習はセラピー中心のものとされ、生徒の学力的なリスクはより深刻なものとなった。（Alderson, P. & Goodey , 1998, p.154）

　しかしながら、特別支援学校における教育水準の乏しさは、一般的なものではあるけれども、普遍的なものとまではいえない。学力水準を達成していると判断された視覚障害児、聴覚障害児、身体障害児のための選ばれた学校は、長年にわたって存続し、大学進学や専門職養成のための教育に取り組んできた。そのような学校に通った障害者は、しばしば自身が受けてきた教育への満足感を述べている。

3　個人的・社会的な解放

　教育経験はまた、障害者のライフスタイルや QOL にどのような影響を与えたかという点において、より広い意味をもつ。障害者は、自分が受けた教育を「エンパワメント－ディスエンパワメント」及び「抑圧－解放」の観点から評価するかもしれない。障害者のなかには、自分が優れた教育を受け、障害のないきょうだいや仲間よりも、分離教育の利点によって順調な人生を送っていることに気づく者がいる。われわれがインタビューしたマレーシア人の視覚障害がある女性マーサは、5歳のときに貧しく育児放棄的な家庭から引き離され、全寮制の特別支援学校へ送られた。彼女は以下のように語った。

　私はきょうだいの誰よりも上質な教育と医療を受けたわ。私たちは定期的なワクチン接種や健康診断、歯科検診を受けることができたの。（Swain & French, 2000）

結果としてマーサは大学へ進学し、彼女のきょうだいが誰も得ていない教員資格を得た。
　ウィルモットとサールから「野外学校」での経験をインタビューされた人々のなかには、貧困と虐待からの解放を例に挙げる者もいた。以下ジル・エンブリーの語りの中で、そのことが描かれている。

　　私は胸部が弱かったためにそこにいました。どんな風邪も気管支炎につながり、また、継父と母による精神的、身体的虐待によって、心理的な不安を非常に強く感じていました。クロップウッド校に行く前は、トラウマティックな家庭での経験から、全く自尊心がもてませんでした。でもブースロイド先生は、私を両腕で包み込んで自分にも何か価値があるのだと感じさせてくれました。……私は、中心街の裏通りを飛び出し、自分の進路を決める挑戦をする決意をしました。(Willmot & Saul 1998, p.174)

　成人障害者の語りにおいては、彼らが隔離された学校において自信を得たというテーマが繰り返し現れる。ウィルモットとサールによるインタビューを受けたジョン・オーシャネシーは次のように語っている。

　　ウッフカルム校に入ってすぐの頃、喘息で、毛布にくるまっていた14歳のシャイな少年だった時のことを思い出します。あの頃は、家で一日の半分の時間を過ごしていました……私は2年後、73kgのたくましい身体と自信をもち、仕事の世界に向き合う準備のできた若者としてウッフカルム校を卒業しました。(Willmot & Saul, 1998)

　自分と同様のインペアメントを抱える障害者と共に過ごすことによるポジティブな社会的影響は、非常に虐待的な施設においても生起し得る。

　　9歳のときに特別支援学校に入学したことは、様々な意味で、大きな安息でした。列になって歩き、ベルが鳴り、家から遠く離れ、体罰があったとしても、他の弱視の子たちと一緒にいられて、弱視が問題にならない環境にい

ることは大きな喜びでした。多くの子たちが私と同じ世界を共有していることを発見し、辛い施設での生活ではありましたが、私はリラックスし、多くの友人ができ、自信をつけ、社会性を培いました。人生で初めて、自分は普通の存在で、そう感じられることはとても良い気持ちでした。(French, 1993、p.71)

ヒューマンも似たような経験を記している。

　自分以外の障害者と話ができたとき、安心感があったことを思いだしました。障害者として私が経験してきたことが全く現実のものだということを確認できたからです。(Heumann 1992, pp.192-193)

特別支援学校での経験が自分たちに自信を与えたと感じる障害者がいる一方、それとは逆の例もある(Leicester, 1999)。視覚障害女性のイヴは次のように語った。

　そこにはあまりにも厳しい規律がありました。教員はとても厳しかったです。彼らは常に生徒たちに言って聞かせ、生徒たちに無能感を感じさせていました。何かを学ぶためというよりも、罰としてそこにいると感じさせていました。子どもたちのことは、何も理解していませんでした。彼らの視覚についても全く気にしませんでした。教員は、生徒たちに、自分たちの望むことをすることを期待し、何かが見えなかったり、靴をきちんときれいにしなかったり、自分たちが望むことができないとひどく不機嫌になりました。私がもち得た全ての自信を彼らは奪い取ってしまったのです。(French, 1996, p.33)

4　経験としての教育

　障害者の分離教育経験を記録した文献に共通した主要テーマは、それらの経験そのものの質である。健常者の場合と同様に、経験の質を判断する一つの方

法は、例えば、楽しく幸福なものだったのか退屈で不幸なものだったのかという観点から判断することである。「野外学校」に通っていたジョン・オーシャネシーは、「卒業してからは、私の思いは最も幸福だった子ども時代の2年間に引き戻される」(Willmot & Saul, 1998) と語った。しかしながら、インペアメントの違いに関係なく、身体的・性的・心理的・情緒的虐待の数々が、特に全寮制の学校にかつて通っていた成人障害者によって明らかにされている。1950年代から60年代にかけて、視覚障害女子のための学校に在籍したハリエットは、身体的虐待について以下のように回顧している。

> 私たちは夕方5時には床に就き、朝7時まで起きませんでしたが、トイレに行くためにベッドから降りることも許されませんでした。私は3歳で里親のもとに出され、5歳から学校に来たため、とても精神的に不安定で、ある夜、おねしょをしてしまいました。その時の当直は、何が起こったか気付いた際に、私を抱きかかえベッドから引き下ろし、お風呂へ入れました。しかしその時、寮母が入ってきました。彼女は私をずぶぬれのままお風呂から引きずり出したのです。そのことが私の人生に影を落としました……私は泣き叫び、それがまた私を恐怖に陥れました。(French, 1996, p.31)

情緒的・心理的な虐待は全寮制の特別支援学校でも日常化し、しばしば子どもたちのインペアメントが不当にその標的となった。身体障害者のイヴリン・キングは以下のように述べている。

> 私はスプーンを使っていたんですが、何かをこぼしたりすると、お茶とかね、彼らは布を取ってきて私に拭かせるんです。……ときどき彼らは言ったわ。「もう一度やったら、お母さんやお父さんに二度と会えないからな。こんなことはもうごめんだよ」。……当時、私はそれがいやだったんです。動転させられましたからね、ほんとに。(Humphries & Gordon, 1992, p.90=161)

しかし、隔離された学校を経験した人々のすべてが、自分の経験の質を否定的にとらえていると決めつけるべきではない。ウィルモットとサールのインタ

ビューを受けた人々の一部は「野外学校」での体験を語っている。その語りは、厳格で過酷なそうした学校の体制の中でさえ、そこで過ごした時間は、食べ物など生きていく上で基本的に必要なものが揃っているという点も含めて、とてもポジティブなもの見なされていることを示唆している。ジル・エンブリーとピーター・ホルムスの以下の言葉にもそのことが表現されている。

　食べ物は、おかゆにいつも何かソーセージやベーコンなどのフライ料理がついてきて、とても良かったよ。私は、特にカリカリに焼いたパンが好きだった……。（Willmot & Saul 1998, p.174）

　私が7歳か8歳のときに第一に印象に残ったのは、その広大さだった。それまでに私が見たことがあったのは、工場と、テラスのある家と、空襲被災地だけだった。私のような子どもにとって、野外学校の光景は非常に壮麗なものだった。田園や木々があふれていて、とても美しく、空気は本当に清らかだった……最も良い思い出の一つは長い散歩だ……私達は森を歩いて牧場へ行き、本の中でしか見たことのなかった動物や、花や、木々を見た。食べ物もおいしかった。屋内トイレやお風呂、それに家には無かったもの—新聞紙じゃない本物のトイレットペーパーもあった。（前掲書 p.257）

　全寮制の学校に在籍していた障害者の語りにおいて強く、繰り返し現れるテーマは、とくに幼少期において家族と引き離されたことから生じた心の傷である。われわれがインタビューした（French & Swain, 1997）若い男性クリスは、月曜日の朝、1週間泊まることになる学校に戻るバスを待っているときは、いつもとても不幸で、泣いていたと語る。彼は、普通学校の「特別支援学級」に移されたときに幸福を感じた。同様に、ステラは、激しく泣き叫び抵抗したために、電車に乗り遅れただけではなく、母親が彼女のために新しい服を買わなければならなかったときのことを語っている（French & Swain, 2000）。
　分離教育をめぐるこれらの報告は、心をさいなむ別離の物語に満ちている（Monery & Jones, 1991）。われわれが1994年にインタビューした（French & Swain, 1997を参照）若い視覚障害男性アダムは、全寮制特別支援学校での経験

に否定的な感情を抱いていた。

　僕はここでは寮生で、それはクリスも同じだった。僕たちは部屋を共有し、僕はそれが嫌だった……「早く寝なさい」と言われたり、したくもない何かをしているようなものだよ。

しかしながら、彼はいくつかの長所も挙げることができた。

　両親と喧嘩する心配をしなくていいんだ。もし喧嘩になっても、僕はただ受話器を置いて電話を切れば良い。そうすれば10分後に電話がかかって来て、母さんが「ごめん」と言うんだ。

多くの成人障害者は、分離教育の経験が彼らの家族関係を阻害し、ひいては破壊さえしたと感じていた。身体障害者のリチャード・ウッドは次のように語っている。

　私はそれが、家族生活を完全に破壊してしまったと思う。私は自分の家族を知らない。……学校の休日にも、家に帰ることを楽しみにすることは決してなかった。……そこに居場所があると思えなかったんだ。……友達に会いたくて、2、3日の内には学校に戻るのが待ち切れなくなった。(Rae, 1996, pp.25-26)

完全な家族コミュニティからの分離は、学校の休暇期間における経験と、学校卒業後の経験の双方に共通してみられる。身体障害女性のローレイン・グラッドウェルは、休暇中の孤立について、次のように語っている。

　私は何も連絡を取りませんでした。時々、1人の女の子が遊びに来てくれました。それは、彼女のお母さんが私の状況を知っていたからだろうし、彼女にとっては少し義務感のようなものがあったのかなと思います。私たちは一緒に遊んだけど、なぜその子が来るのか、私には、本当のところ分かりま

せんでした。(前掲書 p.7)

　家庭で暮らし、通常学校の特別支援学級に通う子ども達でさえ、家に帰った後は同級生から孤立していると感じることがある。われわれがインタビューした (French & Swain, 1997) 若い視覚障害男性ピーターは、「友達はみんな向こう側にいるから大変だった……僕は彼らの学校に行かないし、彼らを知らないから、ここで彼らと交わるのは大変だと思った」と語っている。
　本稿では次に、通学制の身体障害特別支援学校に通う子どもたちの声を取り上げる。それらも分離教育からの声であるが、うちいくつかの声は、ここまでみてきたものとは非常に異なる経験について語っている。彼らの経験は、本稿におけるわれわれの分析と特に密接に関係している。それは、彼らの学校が「インクルージョン」の旗の下に閉校されるためである。

5　生徒たちのプロジェクト

　この分析は、アダムストン校の閉校前の半期に実施された児童生徒とのプロジェクトを基にしている。プロジェクトの内容は、残しておきたい学校の思い出を綴ったアルバム作りを児童生徒が設計し、制作することであった。アダムストン校での経験、閉校という現実と自身の将来についての考えと感情について、児童生徒たちを交えて議論することを目指した。
　作業は2班に分かれて行われた。3人の小学部の児童からなるグループ、4人の中学部の生徒からなるグループである。彼らは自発的に参加し、保護者もそのことを理解している。
　プロジェクトは閉校前の7月に実施された。7人のうち6人は、9月から行くことになる学校を知っていたが、1人は知らなかった。学校の割り当てが遅れていたことが、計画の進捗にも影響した。地方教育局と学校の教職員の特定のメンバーはある懸念を抱いていた。まだ学校の割り当てが決まっていない児童生徒にインタビューをすることは不安を強くし、不当なストレスを与えることにもなるだろうというのである。そういうわけで大部分の児童生徒が転出先を知る半期の終わりまで待つこととなった。インタビューのときには中学部学

齢の生徒は新しい学校に転出が決まり、みんなそれぞれの学校への訪問も済ませていた。しかし、小学部の児童は、3人とも、自分たちがこれから通うことになる学校を訪問したことがない状況だった。この調査プロジェクトは三つのセッションを通して実施された。

セッション1は、プロジェクトの計画づくりに生徒を参加させることである。彼らは何を写真に撮るか、なぜそれが重要なのかを決定した。導入時には2段階の説明を行った。

・調査者の1人が、彼女が働いている写真を見せ、何故彼女がその写真を撮ったかを説明した。
・それぞれのグループにインスタントカメラを配り、試しに写真を撮らせた。

アルバムに掲載する可能性のある写真について、各生徒が（研究員の援助を受けながら）描き、キャプションをつけることによって、プロジェクトの計画づくりが行われた。このセッションの様子はテープに録音され、逐語録として文書化された。

セッション2は、写真撮影の時間である。生徒はそれぞれに使い捨てカメラを渡され、アルバムに収める写真を撮った。写真は2枚組で撮影された。1枚は学校の思い出アルバムに入れる可能性のあるものとして、もう1枚はその生徒の個人的なものとしてである。

セッション3は、学校の思い出アルバム用と個人用の写真を選定する作業である。学校アルバムに選ばれた写真には全て、各グループでの話し合いによって決められたキャプションがつけられた。学校アルバムは二つの部門に分かれた。一つは小学部の児童、もう一つは中学部の生徒の写真が集積されている。この時間におけるやりとりも録音され、逐語録として文書化された。

自分たちの学校について、またその学校が閉校になることについての生徒の意見を引きだすために、私たちはこの方法を選んだ。それは以下の理由からである。

・写真撮影は、子どもたちが楽しみを感じるだろうし、興味を引きだすもの

であろう。
・幼い児童や学習困難をもつ児童生徒もいて、直接的なインタビュー技法により抽象的な会話や概念を展開させることは彼らにとって困難である（Lewis & Lindley, 2000）。具体的な課題を課すことが、彼らの注意と話し合いを焦点づける助けになるかもしれない。
・グループで作業し経験を語り合うことによって、気持ちよくのびのびとした状態で生徒達がいられるのではないかと思った。
・そのことによって、明確な出発／準拠点をもって、特定のトピックに後日立ち帰ることができること。

　生徒はみな積極的にプロジェクトに参加し、熱中した。後述する子どもたちの言葉に見られるように、アルバムは（学校アルバムも個人用アルバムも両方とも）生徒たちに高く評価された。このプロジェクトは、生徒間及び生徒・調査者間の話し合いを促した。今回の方式はデータの収集という点では、多くの強みがあったが、多くの困難もあった。
　少数のサンプルとして抽出された子どもたちはみな、言語でのコミュニケーションが可能であった。言語でのコミュニケーションに支援機器が必要な者、あるいは標準的なコミュニケーションが困難な子どもは含まれていなかった。これらの子どもたちの意見が聞けなかったことは非常に残念であった。将来的には、彼らを交えた研究をしたいと考えている。このプロジェクトの対象として言語でのコミュニケーションが可能な生徒を選んだのには、主に二つ理由があった。一つは前述のような学校割り当てが遅延したために、生徒へのアクセスが難しく、時間も限られていたからである。そのため、非言語的コミュニケーションを用いる生徒を対象にした代替コミュニケーション手段を用いたデータ収集法を開発する時間がなかったのである。二つ目の理由は、子どもたちの参加は自発的なものであったが、その子どもというのは、担任教員によって事前にこのプロジェクトに参加するのがふさわしいとして声をかけられた子どもたちであるという事情があった。対象となる子どもたちの選出は、教員の子ども理解に依拠したのである。
　インフォームドコンセントの問題を含む、プロジェクトにおける倫理的な問

題もあった。子どもたちは意欲的に取り組んでいるようだが、その情熱がプロジェクトそのものに向けられているのか、それとも正課の授業を抜けられる機会に魅力を感じてのことなのか判然としなかった。

これらの少人数の子どもたちの考え方については深く探求することが可能であったが、教員が提示する説明に関しては関与できなかった。セッション1の初めに説明のための時間をとらなければならなかったことに私たちは気付いた。サンプリング上、恣意的過ぎたのである。教職員に研究に参加する子どもたちの推薦を頼んだことで、自発的な生徒以外の何らかの生徒が選出されているのかどうかは、確信がもてなかった。結局、アダムストン校の閉校に関して、異なった考え方をする子どもたちがいると判明したが、彼らは教師の一推しではなかった。

成人と子どもとの相互作用におけるヒエラルキーと私たちが付与した研究目的を生徒の当座の興味に比較して鑑みるに、彼らの考えと寄与の方向付けを行ってしまっているという気づきは自然と高まらざるを得なかった。[それで]誘導的な質問をするのではなく、写真についての生徒間の話し合いを膨らませようとしたのである。

データの中で何が核心なのかを摑むことは複雑であったが、アルダーソンとグッドレイ (1996) が提唱したような「怠慢な解釈」は避けようと努力した。「怠慢な解釈」とは、子どもの反応のうち重要性の低いものにばかり集中するということである。「重要な」反応を選別することは容易ではなかったし、当初、データを取った際に、関係ないものとして無視された子どもたちの反応が、後になって、極めて核心的であると見直されたこともあった。時には、調査者に賛同し、時には調査者に反抗する子どもたちの主張に妥当性の基礎を置いた。

将来の転出先と制度再編に関しての子どもたちの意見や気持ちを特定することは決して容易ではなかった。プロジェクトの当面の課題は、子どもたちの当座の文脈にある。すなわち閉校であり、学校の思い出と子どもたちそれぞれが価値を見出した対象である。彼らの将来について、調査者側から、もっと端的な質問が行われなければならなかったのである。

6 アダムストンからの意見

生徒のディスカッションは広範囲の話題に及んだがそれは必然のことだったのかもしれない。しかし、以下に示すように、三つの大きなテーマが想起された。

・経験そのものとしての教育
・所属としてのインクルージョン
・排除の感覚

（1）経験そのものとしての教育

子どもたちの経験は第一にポジティブであり、教育水準や教育目標よりむしろ経験そのものの質にほぼ全面的に関係づけられている。例えば、アルバムに収められた教師の姿は「かっこいい」とか「笑顔が素敵」とか言われており、指導技術が優れているから選ばれたわけではないのである。アダムストン校は、「他と違う」から「最高だ」と評されたのである。

　　生徒：この学校はいいよ。僕は、閉校してほしくないな。
　　生徒：この学校は何かが違うんだ。
　　調査者：ほう、何が違うんだい？
　　生徒：たくさんあるよ。馬がいるし、スポーツホールもある。先生たちもね。
　　　　　面白いんだ。

閉校で彼らが何を失うかと問われれば、「友達」が一番の答えであり、多くの生徒は友人の写真を優先して撮っていた。子どもたちは年齢や性別をまたいでお互いに強い友情の絆を示していた。

中学部の生徒の間では、友情の印である足で押す行為、からかい、「キスやハグ」、「連れだって授業を抜け出し、スポーツホールの陰に隠れる」、「学校の夕食への不評」（曰く、馬の糞を食べたほうがまし）、「嫌な奴」である人々、そして学習を示唆するあらゆるもの、例えば「数学、フランス語、IT」への共

通した嫌悪感が見られた。

　小学部の児童は、もっと直接的なやり方で友情を示した。「僕は友達とつるむのが好きだよ。Cはいいやつだ。彼とぶらぶらするのは本当にいい、だって彼はホントの友達だからね。」

　子どもたちは友情に対して自信を持っていた。ある子どもが、「私のお気に入りは友達と遊ぶことです」というと、また別の子どもが「あいつの言ってるのは、僕のことだよ」と答えたこともあった。

　相互理解と何かあったときに親身になって助けてくれる他者の必要性が、中学部の生徒の間でも、小学部の児童の間でも語られていたことが、［友情の絆が大切にされていることの］証である。例えば、中学部の生徒は、みな熱心に車いす利用者であるSの写真をアルバムに収めていた。キャプションをつけるときにある生徒がこんな話をしていた。

　　生徒：毎週Sのクラスは出かけるんだよね……（羨ましそうに）
　　生徒：そうだな、けどそれは、彼らにとっちゃ問題じゃないよ。だって週末に外出できないんだから、その分先生と一緒に外出しないといけないんだ。親とは出歩けないんだ。車椅子が重すぎて。

　校内全体でのスタッフとの関係については、7名の児童生徒全員が高い評価を与えていた。それは、彼らが学校についてもっとも賞賛する側面であった。生徒は教師について「面白い」「ぶっ飛んでる」「イカれてる」「すごい」だけでなく「優しい」「親切」とも評した。教師たちだけではない、友人たちもそうだというのである。

　　調査者：どうしてアルバムにJ（スタッフ）の写真を入れたいんだい？
　　生徒：彼女はいい人で、助けてくれるから。いつもMを手伝ってくれるんだ。
　　生徒：彼女は僕ももちろんみんなを助けてくれたんだよ。

　子どもたちはみな、彼らの共有した歴史について、言いたいことがたくさんあった。幼稚部の写真を撮った生徒たちがいた。彼らが言うには、友達に初め

て出会った場所だというのだ。それが彼らの歴史である。多くの子どもたちは、職員センターがかつての学校だったという事実に魅かれて、その写真をアルバムに収めたがっていた。彼らの行ったパフォーマンスや外出についての話し合いから、また別の共有された歴史が確認された。小学部の児童は彼らが結成したバンドについての話題を持ちだした。学校のために演奏したとき、どんな感情を抱いたか、各々が当時を思い起こしていた。

　　生徒：グループで集まって、練習して、皆にショーを観てもらったね。
　　生徒：ＰＴ［理学療法士］にもね。
　　生徒：あれは凄かった。俺達みんな興奮したもの。
　　生徒：何かしたときに、心の底から良かったって感じることってあるかい？

　この議論を通じて、学校で何かを一緒にしたり、何かの役割を担ったりした数々の出来事について、「あれはよかったね」「覚えてる？」などといった会話が引き出された。

（２）所属としてのインクルージョン

　アダムストン校に関する評価のいくつかは、閉校に伴う生徒の喪失感情に深く根ざしていた。コミュニティの喪失についての感情表現には、身を切るようなものもあった。ある生徒はわれわれにこう語った。「閉校なんだよ。学校を卒業しても、普通なら戻ってきてまた見ることもできる。でも僕達の場合は、もう戻って来れないし、見ることも叶わないんだよ」。別の子どもは、アルバムについての語りの中でこう言った。「わかってると思うけど、新しい学校に行ったら、私の先生はこんな人だったって、このアルバムを見せるんだ。どうすれば先生と会えるのかはわからないし、これを見て先生に会いたいんだ」。ここでの中心的なテーマは、アダムストン校というコミュニティに所属しているという実感からくる、生徒たちのインクルージョンの感情であった。

　アダムストン校は小さな宿舎を備えていた（「安息所：レスト」と呼ばれていた）。中学部の生徒は、そこで宿泊の機会を与えられていた。宿舎は絶えず高い評価を与えられており、それがなくなることを生徒達は悲しんでいた。

生徒：宿舎は僕にとって本当に大きな存在になるだろうね。何にもまして
　　　素晴らしい。この学校の最高のものの一つさ。
　　調査者：宿舎のどんなところが好きだったの？
　　生徒：退屈な時に家にいる必要がないんだ。友達はみんなここにいるんだ。
　　　……自分の部屋にね。

学校には馬小屋もあった。多くの子どもたちにとって、馬たちがこの学校を去るということを想像するのは難しかった。

　　生徒：そう、僕はまたここの馬たちに会いたいし、会いに来るだろうけど、
　　　もう学校で会えないことは分かってるんだ。でも時々は会いに来れる
　　　よね？　僕の行く新しい学校にも何頭かいるかもしれないし……。こ
　　　れが僕のしたいことの一つだから……ほら、スパーキー（馬の名）の写
　　　真をたくさん撮ったんだ。

子どもたちは、喪失というものを理解するのに苦しんだ。ある小学部の児童は、調査者の１人を、幼いころから知っていた。しかし４年間会ったことはなかった。その子どもは、喪失と繋がりを理解するために、その経験を踏切板として利用しようとしているようだった。調査者が不器用ながらもアダムストン校の話題に戻そうとしているにもかかわらず、その児童は繰り返し質問をし、その調査者のことを知っていると何度も述べた。この行動は、以前の経験を探究する行為であると見ることができる。以前の経験とは、すなわち喪失と変化の経験である。

　　児童：ここを出て行くのは悲しいわ。
　　調査者：けれど新しい学校も楽しいと思う？
　　児童：うーん、戻ってきてみんなに会うでしょうね。
　　調査者：でもここにはみんなはいないでしょ？
　　児童：いいえ、いるのよ。（探るようではあるが、きっぱりとした調子で）

調査者：誰がいるの？
児童：Ｔ先生を知ってる？　彼女はその時もまだいるの……（残る子どもたちの名簿を）もう手に入れたわ。私のこと前から知ってたの？
調査者：ええ、あなたが小さい頃からね。でももう長いこと会ってないわ。センターの水治療法プールにあなたを連れてお母さんがよく見えたわ。
児童：そこで働いてたの？
調査者：ええ。あなたＡＷ保育室に来てたのよ。
児童：そこで会ったの？
調査者：ええ、そこであなたをよく見たわ。
児童：それで、家にもよく来てた。
調査者：いいえ、あなたの住んでいる所は知らないわ。
児童：ここよ（町の一区画）。
調査者：通ったかもしれないけど、あなたの家には行ってないのよ。
児童：知ってる？（住所を示しながら）赤いドアよ。見かけたことある？フェンスを越えて、私の次のドアお隣のフェンス、家はその間にあるの。［……］
児童：センターにいた頃、私たちがあなたをなんて呼んでたか知ってる？
調査者：Ｔよ。あなたたちはいつもそう呼んでた。
児童：「先生……」ってつけてなかったの？
調査者：つけてないわ。センターではお互い名前で呼び合うようにしていたから。

　この児童は、優先順位をはっきり定め、その内容は、会話を導くように決定されていた。彼女の繰り出す自己主張には、歴史を解きほぐすこと、人間関係を更新すること、そして変化することの重要性が滲み出ていた。
　小学部の児童たちは繰り返し、撮った写真を過去と未来の橋渡しとして使うことについて話していた。

調査者：どうしてこれらの写真（特定の写真）を残したいんだい？
児童Ａ：思い出が詰まってるんです。……あと中等部の友達の写真もい

くつか撮りたいな。……ほんとに長い間友達だったから。
　　児童Ｂ：ＰＴだよ。僕はこの学校での彼らの写真を撮りたいし、新しい学
　　　校でもそうしたいな。

　年長の生徒たちは、小学部の児童よりも学校を去ることについての思いを口にするのが難しいようだったが、彼らがそういう話をするとき、話の中には怒りと悲しみとがあった。どうして閉校になるのかという話題が出ると、ある生徒は役人たちが責められるべきだと言い始めた。

　　調査者：役人たちが学校を閉校に追いやったと思うんだね？
　　生徒：そうだよ。
　　調査者：なぜ彼らはそんなことがしたいんだろう？
　　生徒Ａ：大口を叩いてるからさ。
　　生徒Ｂ：横暴だ。誰にとってもフェアじゃないよ。僕らにとっても。
　　調査者：どんなふうに？
　　生徒：ここには支援が必要な人がたくさんいるから。ＰＴもいるし。……
　　　彼らにとってもこれは不公平だよ。

（３）排除の感覚

　別のインタビューにおいて、子どもたちの保護者は、子どもたちの心配な行動について報告していた。ある保護者によれば、この間、子どもがいらいらすると発作が再発するようになったという。教員たちもまた、これまでになく、子どもたちの間に何かしらの無関心と不満が広がり、教室の中での落ち着きのない行動として表れていると報告した。ここでの中心的なテーマは、自分たちの学校であるはずのアダムストン校から排除されるという感覚からくる、子どもたちの不安にあった。

　インタビューにおいては、子どもたちの不安が示されていた。多くの子どもたちは、自分の今後の行き先について心配していた。新しい学校でもうまくやっていけると思うかと尋ねられた時の回答は、「はい」「いいえ」から、「たぶん」、「分からない」まで様々であった。中学部の生徒たちからは、１０代特有の虚勢

が感じられ、新しい学校についての話し合いに誘うことがいつもできたかというと、そうでもなかった。

　生徒はみな、小学部も中等部も、友人と会えなくなるのがとても寂しいと訴えた。彼らは隣近所に住んでいるもの同士ではなく、アダムストン校が出会える主な場所だったからである。ある小学部の児童は、友人と会えなくなることを認めつつも、割り切って考え、転出する準備をし、友人と過ごした。彼はこう言った。

　　児童：本当に、大きな出来事なんだ。少し怖いし、初めは変な感じがするだろうけど、きっとうまく入っていけると思うよ。

　中学部の生徒たちは次のように言った。

　　調査者：火曜日にまた（普通校に）行ったんだね？
　　生徒A：宿題をたんまり出されたよ。
　　生徒B：最悪だった。
　　調査者：どうして？　なぜそんなことを言うんだい？
　　生徒B：アダムストン校とまるきり違うからだよ。特別支援学校とは全然違う。しかも退屈。先生はみんな退屈な奴らだった。
　　調査者：どうして特別支援学校に行きたいんだい？
　　生徒B：だって病気してから、自力排尿ができないんだ。
　　調査者：それで普通校じゃ対応できないと思ってるんだね？
　　生徒B：そうだよ。（話を打ち切るような強い語調で）

　移動手段のような、まだ解決していない現実的な問題を懸念する子どももいた。多くの生徒が、アダムストン校のバスと運転手の写真を撮った。生徒はそれらを「素敵な遠出」と「授業からの解放」［というキャプション］に結びつけていた。バスの写真については、小学部の児童に語ってもらった。その子どもは、彼が撮ったバスの写真を全部見ながら、新しい学校は家の近くではないので、どうやって通えばいいか分からないと語った。

ある小学部の子どもは、きょうだいが通っている地域の学校に転出できなかった。その学校は身体障害児のためのリソースセンターを備えていたにもかかわらず、である。その子どもは、街を越えて移動しなければならないことと、クラスの規模の両方を心配していた。彼は弟が大規模クラスにいたのを見ていたが、彼自身がどうすればうまくやっていけるのかはわからなかった。しかし彼は割り切っていた。「僕たちにとって一番いいように決めてくれたんだし、僕はチャンスを摑みたい。……うまくやるよ」。彼は、なぜこのような選択に至ったのかについては伝えられていなかったし、彼自身は決定そのものに関与していなかった。ある中学部の生徒はこのような決定に関与できない現状について、次のように述べた。

　　生徒：まあここの生徒の大部分は普通校に行かなくちゃならない。僕はデールビュー校（特別支援学校）だけどね。僕が行けるのはそこだけだ。
　　調査者：どうしてデールビュー校に行くんだい？　君がデールビュー校に行くと決めたの？
　　生徒：いいや、手紙を受け取っただけさ。市役所からのね。
　　調査者：じゃあ、行政が決めたんだね？
　　生徒：まぁ、そうだね。それと母さんかな。僕の母さんが初めにその学校を見学したとき、行政は僕を一緒に来させることはしなかったんだ。

　中学部の生徒の何人かは、閉校という事態について、自分自身にとっても、他者にとっても公平なものであると感じていなかった。強い憤りを感じてさえいたのだ。新しい学校にある程度慣れ、訪問も始めていた者もいたが、そのような生徒たちも複雑な感情と忠誠心の只中にいることを表現していた。

　　調査者：総合的に考えて、新しい学校はどう？　通うのは楽しいかな？
　　生徒A：うん、でもこっちの学校のほうがいいな……。
　　生徒B：こっちの学校のほうがずっといいよ……。ハーパース・リー校じゃいつも怒鳴られてる。
　　調査者：行ったら怒られたのかい？

生徒A：いいえ。
生徒B：遅刻すると大声出されるんだ。

7　分離教育の内側からの声を取り込むこと

　本稿に登場する障害者の声を、分離教育への賛否、ないしは分離教育擁護論・反対論という観点から解釈するのも一つの方法だろう。これは、集団的な学校教育の起点を除けば、1944年教育法以来の主要な論点である。ただ、過去30年間で分離教育の場に置かれた障害児の数は目立った減少を示していないことを考慮すると、このような議論は良くても効果のないものであり、悪くすれば現状維持にしかならないのである。

　しかしながら、障害者の視点や経験を理解する別の方法がある。それこそがインクルーシヴ教育への道を開くものであろう。分離教育の極めて多様な経験についての、歴史的文脈とアダムストン校のからの内部にいる人たちの声を聴くことで、われわれは何よりもまず、当事者自身の声の多様性に衝撃を受けた。彼らはいじめについて語るのみならず、所属感についても語った。そこに顕著にみられる共通の物語があるとすれば、障害者と健常者の間の不均衡な力関係のもとでの服従的な状況である。歴史的観点からは、様々な形で虐待の対象とされた障害児の物語が見出される。アダムストン校の事例からは、コミュニティを喪失する障害児の物語が見出される。元々は隔離政策の一環として、健常者によって産出されたものが、今度はインクルージョンの名の下に、健常者によって消し去られようとしているのである。

　アダムストン校は、そこに暮らす若者たちを社会的、感情的、心理的に守ってきた小さなコミュニティであった。若者たちが自らの所属するコミュニティに居続けたいと思うのは少しも驚くべきことではなかった。制度再編、つまり閉校と新たなシステムへの配置という事態が、これらの若者のためという名目で行われた。彼らは（彼らの両親以上に）無力であった。政策決定の過程、ないしはせめて閉校後の転出先についての決定過程だけでも子どもたちが関われるようにする、またそうあるべきだという意見は、子どもたち自身からも、また関係者の誰からも表明されることはなかった。生徒たちは意思決定過程から

完全に排除されてきたし、転出先の学校を決定する会議にも参加することはなかった。一度だけ、ある少女が、会議が行われている部屋に駆け込むなり「私のことで何を話してるの？」と尋ねたことがあった。会議はすぐに中断され、彼女は、優しくつまみだされた。その会議で決定されたのは、この14歳の少女は普通校に通うべきだということだった。障害児自身の、インクルーシヴ教育に対する意見は取り上げられることはなかった。障害児が自分たちの教育の何に価値を置いているか、自分たちの意見がどう変化の過程に効果を及ぼすか、またはインクルーシヴな学校で楽しみにしていることや受け入れられているという感覚をもつニーズは顧みられなかったのだ。同様に、成人障害者の意見、経験、その文化も取り上げられることはなかったのである。

　虐待された経験について語る成人障害者の声であれ、長年の経過により確立してきたコミュニティに所属した経験を語る若い障害者の声であれ、分離教育からの声は、インクルージョンについて、そしてインクルーシヴ教育制度への転換の過程について、多くの示唆を与えるものである。ポイントを以下の4点にまとめよう。

1. 同様のインペアメントを抱える障害者同士が共に過ごす経験は、ポジティヴな人格形成と社会的相互作用をもたらす。障害を否定しては、インクルージョンは実現しない。
2. インクルージョンの構成要素には、所属感という強い心理的次元がある。教育政策として統合された状態にあると言えば、表面的には世界的な教育水準に通じるものがあるが、ソーシャル・インクルージョンによってもたらされる自己信頼は、普通学校へのこうした［所属感をもつことができるような］アクセスができるかどうかという文脈に関わっているのである。
3. 学校制度をめぐって、とりわけ慣れ親しんだ場や人間関係から離れなければならないという出来事は、個々の生徒の人生において劇的かつトラウマティックな経験となる。
4. 若い障害者の声は、彼らにとってインクルージョンとは何であるかということを教えてくれる。

最も重要なことは、インクルーシヴな教育制度に向けての転換は、障害児・者の声を取り入れるところから始められなければならないということである。分離教育の内側からの声は、分離教育制度からインクルーシヴな教育制度への転換の筋道を示すはずである。「インクルージョン」という言葉が、別の場における永続的な服従を障害者に強いるためのスローガンでないのならば。

【文献】

Alderson, P. & GOODEY, C. (1996) Research with disabled children: how useful is child-centred ethics? *Children & Society*, 10, pp. 106-116.

ALDERSON, P. & GOODEY, C. (1998) *Enabling Education: experiences in ordinary and special school*. (London, Tufnell Press).

BARNES, C. (1991) *Disabled People in Britain and Discrimination: a case for anti-discrimination legislation*. (London, C. Hurst and Co).

BARNES, C. & Mercer, G. (Eds.) (1997) *Doing Disability Research*. (Leeds, the Disability Press).

CRADDOCK, E. (1991) Life at Secondary School, in: G. TAYLOR & J. BISHOP (Eds.) *Being Deaf: the experience of deafness*. (London, Pinter Publishers).

DAVIES, C. (1993) *Lifetimes: a mutual biography of disabled people*. (Farnham, Surrey, Understanding Disabilities Educational Trust).

FRENCH, S. (1993) 'Can You See the Rainbow?': the roots of denial, in: J. SWAIN, V. FINKELSTEIN, S. FRENCH & M. Oliver (Eds.) *Disabling Barriers—Enabling Environments*, pp. 69-77 (London, Sage). 〔=ジョン・スウェイン他編著、前栄治監訳・竹田中香織訳 (2010)「周囲の人が障害者自身の障害意識を否定するルーツ——を見ることができますか」」『イギリス障害学の理論と経験：障害者の自立に向けた社会モデルの実践』明石書店。〕

FRENCH, S. (1996) Out of sight, out of mind: the experience of and effects of a 'special' residential school, in: J. MORRIS (Ed.) *Encounters with Strangers: feminism and disability*, pp.17-47 (London, the Women's Press).

FRENCH, S. & SWAIN, J. (1997) *From a Different Viewpoint: the lives and experiences of visually impaired people*. (London, Royal National Institute for the Blind).

FRENCH, S. with SWAIN, J. (2000) Institutional abuse; memories of a special school for visually impaired girls – a personal account, in: J. BORNAT, R.

PERKS, P. THOMPSON & J. WALMSLEY (Eds.) *Oral History, Health and Welfare*. (London, Routledge).

FRENCH, S., GILLMAN, M. & SWAIN, J. (1997) *Working with Visually Disabled People: bridging theory and practice* (Birmingham, Venture Press).

HUMPHRIES, S. & GORDON, P. (1992) *Out of Sight: the experience of disability 1900-1950*. (Plymouth,Northcote House). 〔=スティーブン・ハンフリー／パメラ・ゴードン著、市橋秀夫訳 (2001)『「障害者」を生きる──イギリス二十世紀の生活記録』青弓社.)

JAMES, A. & PROUT, A. (1990) Contemporary issues in the sociological study of childhood, in: A. JAMES & A. PROUT (Eds.) *Constructing and Reconstructing Childhood*. (London, Falmer Press).

LADD, P. (1991) Making plans for Nigel: the erosion of identity by mainstreaming, in: G. TAYLOR & J. BISHOP (Eds.) *Being Deaf: the experience of deafness*. (London, Pinter).

LEICESTER, M. (1999) *Disability Voice: towards an enabling education*. (London, Jessica Kingsley).

LEWIS, A. & LINDSAY, G. (Eds.) (2000) *Researching Children's Perspectives*. (Buckingham, Open University Press).

MONERY, C. & JONES, L. (1991) School—the early years, in: G. TAYLOR & J. BISHOP (Eds.) *Being Deaf: the experience of deafness*. (London, Pinter Publishers).

POTTS, M. & Fido, R. (1991) *A Fit Person to be Removed: personal accounts of life in a mental deficiency institution*. (Plymouth, Northcote House).

PRIESTLEY, M. (1999) Discourse and identity: disabled children in mainstream high schools, in: M. CORKER & S. FRENCH (Eds.) *Disability Discourse*, pp. 92-102 (Buckingham, Open University Press).

RAE, A. (1996) Survivors from the Special School System, Bolton Data for Inclusion, Data No. 2 (Bolton, Bolton Institute).

ROBINSON, C. & STALKER, K. (1998) Introduction, in: C. ROBINSON & K. STALKER (Eds) *Growing Up with Disability*, pp. 7-12 (London, Jessica Kingsley Publications).

SHAKESPEARE, T. & WATSON, N. (1998) Theoretical perspectives on research with disabled children, in: C. ROBINSON & K. STALKER (Eds.), *Growing Up with Disability*, pp. 13-28 (London, Jessica Kingsley).

SWAIN, J. & FRENCH, S. (2000) Towards an affirmative model of disability, *Disability and Society*, 15, pp. 569–582.

WILLMOT, F. & Saul, P. (1998) *A Breath of Fresh Air: Birmingham's open-air schools 1911-1970.* (Chichester, Phillimore).

7 障害のあるアフリカ系アメリカ人女性
―― ジェンダー、人種、障害の交差 ――

エイミー・ペーターセン著／徳永恵美香訳

An African–American woman with disabilities:
the intersection of gender, race and disability

Amy Petersen

Disability & Society 21 (7) , 200

[論文説明]

　エイミー・ペーターセンは、1人の障害のあるアフリカ系アメリカ人女子大学生の教育経験を取り上げて質的研究を行い、障害学、フェミニズム論、及び批判理論の観点から、ジェンダー、人種、障害の交差に関する理論化を試みた。その際、彼女は、次の三つの問題に焦点を当てている。すなわち、(1) 障害のあるアフリカ系アメリカ人女性の学校での経験はいかなるものか、(2) 彼女の経験はどのように理論化することが可能か、(3) 複合的で交差するアイデンティティをもつとされる個人のエンパワメントに貢献できるような、抑圧を理解する新しい方法を彼女の経験は提供するのか、である。

　本稿が与える日本への示唆として、訳者は、次の2点があると考えている。1点目は、複合的抑圧要因をもつ障害のある子どもの教育体験への理解と、彼ら／彼女らへの教育支援のあり方についてである。ペーターセンは、ジェンダー、人種、及び障害という三つの抑圧の要因に着目し、これらが相互に交差する状況の中にいる個人の経験の分析を通して、抑圧の多次元的性質の理論化を試みた。抑圧の要因の交差に関わる研究は多数行われているが、主なものは二つの要因のみに限定したものである。今回のように、三つ以上の要因の交差とその理論化に関する研究はほとんど行われていないのが実情であり、抑圧の交差の複雑さを解明する上で意義がある研究であると言える。日本の場合には、外国籍の障害のある子どもの教育など、障害とともに、多様な背景をもつ子どもの教育支援とその現場へ示唆を与えるものではないだろうか。

　2点目は、「学習障害」があるとラベリングされた子どもの教育体験と、彼ら／彼女ら自身への影響である。本稿では、学校職員によって「学習障害」があるとラベリン

グされた1人の女性の教育経験を検討している。しかし、この女性自身は、「学習障害」があるという認識を一度ももったことがなかった。彼女自身の「学習障害」は、彼女の身にいやおうなく起こった教育環境の変化と、学校教育システムによって「学習障害」とラベリングされることによって、形づくられたと言える。すなわち、この女性の経験は、人間と社会の相互作用の産物として相違を説明する、障害の社会モデルに合致する経験と思考を提示している。日本の特別支援教育の場合、その目的で社会モデルを目指すとしつつも、実際の運用では、障害種別の原則は変わらず、かえって医学モデルに回帰している部分も多い。子どもが生活上、学習上抱えている困難は、教員や友人、家族などとの間の各人の関係や、彼ら／彼女らを取り巻く環境などによって多様であり、それぞれのニーズに応じた教育支援が求められる。本稿は、この意味においても示唆を与えるものではないだろうか。

(徳永恵美香)

[原著者紹介]

Amy Petersen（エイミー・ペーターセン）

北アイオア大学助教。代表的な著書・論文に、Shana's story: The struggles, quandaries, and pitfalls surrounding self-determination. や Ain't nobody gonna get me down: An examination of the educational experiences of four African American women labeled with disabilities. などがある。

7 障害のあるアフリカ系アメリカ人女性
――ジェンダー、人種、障害の交差――

【要旨】
　本稿では、1人の障害のあるアフリカ系アメリカ人のおとなの女性の教育経験に関して質的研究を行う。障害学、フェミニズム論、及び批判理論の観点から、ジェンダー、人種、障害の交差に関する理論化を行う。特に次の三つの問題に焦点を当てる。障害のあるアフリカ系アメリカ人女性の学校での経験はいかなるものか。また、彼女の経験はどのように理論化することが可能か。さらに、複合的で交差するアイデンティティをもつとされる個人のエンパワメントに貢献できるような、抑圧を理解する新しい方法を彼女の経験は提供するのか。
　これまで、様々な要因の交差がどのように構造を操作し、不平等を再生産するのかに関しては、非常に多くの研究が行われてきた。〔例えば、人種と社会的階級（Anderson, 1990; Liebow, 2002）、障害と人種（Stuart, 1992, 1994; Hill, 1994）、障害とジェンダー（Blackwell-Stratton et al., 1988; Begum, 1992; Wendell, 1996; Thomson, 1997; Thomas, 1999; Sheldon, 2004）、ジェンダーと人種（Collins, 2000a,b; Hooks, 2000）など〕。しかし、障害のあるアフリカ系アメリカ人女性の経験に関する研究はほとんど存在しない。ヴェルノン（Vernon）が確認したように、「障害のある黒人女性の経験はほとんど知られていない。私たちの視点から行われた研究や著作物は特に少ない」（Vernon, 2006, p.52）のである。さらに、障害のある黒人女性の経験に関する研究があまり行われてこなかったことを考慮すると、ジェンダーと障害が人種といかに交差するのかという点を公式に理論化する方法については、これまでほとんど研究が行われてこなかったと言わざるを得ない（Thomas, 1999）。この点について、コリンズ（Collins）もまた、交差する抑圧の中にいる個人の経験を研究する必要性が大いにあると指摘し、このことによって、私たちの思考と行動がいかにして別の形の従属を支えているのかを、批判的に検討できると強く主張した（Collins, 2000a）。このような観点からは、抑圧の多次元的性質を理解することは社会変革につながる可能

性をもつと言える。

　この質的研究では、学校職員によって「学習障害」があるとラベリングされた1人のアフリカ系アメリカ人のおとなの女性の教育経験を検討する。この研究の目的は、この若い女性の学校での経験の中に見られる詳細かつ微妙な差異を探ることである。本研究を導く基本的な問いは、「学習障害」があるとラベリングされたアフリカ系アメリカ人女性の教育経験とは何かということである。

　私は、詳細なインタビューと関連する教育学の文献等を集中的に分析することによって、「学習障害」があるとラベリングされたアフリカ系アメリカ人女性の独自の経験を記述する。加えて、ジェンダー、人種、及び障害の間の交差点を概念化するために既存の文献を用いる。具体的には、「学習障害」があるとラベリングされたアフリカ系アメリカ人女性の教育経験を概念化するために、差異の社会的構築に関する理論である障害の社会的モデルに依拠し、フェミニスト論及び認識論を援用する（Begum, 1992; Wendell, 1996; Thomson, 1997; Collins, 2000a; Hooks, 2000）。本研究では、アフリカ系アメリカ人女性を他者として捉える単純な二分法的分析（Shakespeare, 1994）を超えて、アフリカ系アメリカ人を複合的他者として描く明確な立脚点に立つことを目指し（Vernon, 1996, 1999）、クリッシー（Krissy）の経験が複合的で複雑なものであることを証明する。

　この研究は、1人の調査協力者に関して行われるものであるから、大規模な理論化を企図しているのではなく、［単純に理解してきた］交差する抑圧が複雑なものであることを示す一つの物語を提示することを目的としている。この一つの物語が、交差する抑圧状態にいる人たちのさらなる物語の共有と彼ら／彼女らの生活の継続した調査につながることを願っている。調査者としての私の最終目標は、意味の構築と再構成という現在進行中のプロセスの中にある多くの解釈のうちの一つを提示することであるから（Smith, 1993）、調査に対する解釈的アプローチに基づいて分析を行う。

　アイスナー（Eisner）は、質的研究を解釈主義化する二つの特徴を明らかにしている（Eisner, 1998）。第1に、調査者は、自分たちが何に考慮を払ってきたかという点について説明しようと試みる。その際、社会科学の構成概念を利

用したり、新しい理論を創造するかもしれない。すなわち、調査者は、現在起きていることやすでに起きたことの理由を説明しようと試みるのである。第2に解釈主義的研究は意味の問題に関連している。特に、調査協力者がどのように、意味を構成し、帰属させ、または経験しているかという点を中心としている。

したがって、第1に調査協力者であるクリッシー自身の回想を通して、第2に私の共有の仕方と記述を通して、クリッシーの物語は伝えられていることを認識しつつ、どの物語を私が共有したのか、そしてそれらの物語にどのような意味づけを与えたのかという点について注意深く記述を行った。さらに、方法論的な記録（Gallagher, 1995）によって、調査協力者に関する省察、記述、補足的会話を含む進行中のデータ分析に集中した。また、以前クリッシーが話してくれた特定の出来事、感情、考え方に関する私の分析をさらに深めるために、補足的会話において私の省察をクリッシーと共有した。本研究では、その結果として、1人の女性の物語を入念かつ注意深く語り直すことができた。

また、「重層的説明」（Ronai, 1995, 1997）を通して、クリッシーの物語を伝えたいと私は考えている。重層的説明とは、「意識に関わる理論と説明の方法を同時に併せもつポストモダン・エスノグラフィック的な説明技術である」とロナイ（Ronai）は述べている（p. 396）。このアプローチを用いて、クリッシーの物語のもつ複雑さを明らかにするために、彼女の断片的な語りを提示する。すなわち、「学習障害」をもつとラベリングされたアフリカ系アメリカ人女性としての彼女の個人的な視点を明らかにすることによって、生きた経験を伝える声とイメージの複数性を読者に示す。この重層的アプローチを用いることによって、彼女の物語が相互に関連しており、かつ依存しあっている点を明らかにすることができる。

***

私には、本当に知っていると言える黒人は1人もいない。少なくとも、本当に知っているわけではないとは言える。確かに、私は、大学のキャンパス中で、彼ら／彼女らとすれ違い、彼ら／彼女らの子どもを教え、彼ら／彼女らと一緒にPTAの会議に参加してきたが、彼ら／彼女らと知り合うために時間を取ることはなかった。そのような機会がなかったと言うこともできるかもしれないが、本当は怖かったからである。私がこのことに気付いたのは、「なぜあなた

たちは、部屋の中を移動し、肌の色が違う人の横に座ろうとしないの」という質問を、女性学の授業で黒人女性教授が投げかけたときだった。私は部屋を見渡した。彼女が言っている点で、私たちは全く有罪であった。私たちは、肌の色の違いに基づいてグループごとに分かれて座っていた。私たちは、あまりに怖かったので、部屋の中を移動することができなかったのである。

　私がこの研究を行おうとしたきっかけは、まさに授業でのこの瞬間だった。黒人女性教授によって投げかけられたこの質問は、私の心を揺さぶり続け、その結果、私は私自身とは異なる誰かを知ろうと決断したのだ。私は、個人的な知り合いを通して、自分自身とは外見的に非常に異なる、ある人物を紹介してもらった。私は、確かに、［この黒人教授が投げかけた質問にならって］部屋の中を移動したのだ。知り合いから紹介されたのは、明るく、若い大学生であるクリッシーだった。彼女は、自分の学校経験を私に話すことを快く受け入れてくれた。そして、「学習障害」をもつとラベリングされたアフリカ系アメリカ人女性としての経験に関する物語を私に伝えることを目的とする、一連の半構造化非公式インタビューに同意してくれた。

　理解するという作業に携わるために調査者が従わなければならない特別な手続きや方法はない（Smith, 1993）という理由から、インタビューは互いが影響し合い、会話のようなものになった。私はクリッシーから話を引き出したいと考え、開かれた質問から各インタビューを始めた。お互いが親しくなるにつれて、私たちの会話は滑らかで長くなり、時には2時間かそれ以上も続くことがあった。私はクリッシーの話に聞き入ったが、時にはコメントしたり、質問の内容をより深いものにしたり、彼女が言いたいことを明確にするように努めた。

　最初に会ったとき、学校があなたにとってどういうものだったのかをぜひ知りたいと彼女に伝えた。彼女は、おずおずと私を見て、「なぜみんなは私にインタビューをしたがるの。私は何も特別ではないのに」と尋ねた。

　あなたには話すべき興味深い物語があって、他の人たちはそれらの物語から多くのことを学べるからだと思うと私は答えた。そして、そもそもあなたが私と話してくれるかどうか心配していたと打ち明けた。結局「いかにも障害のない、白人の中流階層の女性と話をしてみない」と彼女に問いかけた。彼女は微笑みながら、「それもそうかもね」と言った。

***

　[私たちが最初に会ったのは]クリッシーはちょうど21歳になったところだった。初めて彼女のアパートに行ったとき、彼女がもう飲酒できる年齢だということに気付いていたように思う。なぜなら、彼女の部屋の角に置いてあったボニー牧場製のワイン瓶が半ダース以上空になっていたからだ。実際のところ、その後、クリッシーを訪ねる度に、それらの瓶が部屋の角に高く積み重ねられたままになっていた。ひょっとしたら、それらの瓶は、彼女が「正式に」独立しているという指標だったのかもしれない。台所に散乱した空の酒瓶の山を除けば、彼女が他の4人の女子大生と共同生活を送るアパートは、驚いたことに、きちんと片付いていた。私は自己紹介をし、その後、私たちは、L字型に向かい会うように置かれた二つの長椅子の両端に座った。

　彼女が話してくれた最初の話の中の一つは、転校に関するものだった。私は話の内容をすぐに明確にする必要があったので、「何ですか？」と彼女に尋ねた。「転校よ」。クリッシーは言った。「私は、イースト高校に行くはずだったのだけど、私の母が、その代わりに、（大学の）実験高校に私を入れたの。私の母は、私がそこでよりよい教育を受けることができると考えたの。自分よりもよい生活を私が送れるようにしたかったのだと思う」。

　クリッシーの母親がクリッシーを（大学の）実験学校に入学させたのは、彼女が高校2年生のときだった。その学校は、小さな大学街にあり、独特な学校だった。その学校は、大都市の学区の中で、原則的に独立した学校システムをもって運営されていた。この学校は、地元の大学のキャンパスにあり、教員養成、研究、カリキュラム開発に大学から支援を得ていた。この（大学の）実験学校は、クリッシーがそれまで通っていたと近所の学校とは非常に異なっていた。近所の学校は、アフリカ系アメリカ人と労働者階級が大勢を占めており、「落ちこぼれ」が多く、成績の良くない学校として、あまり評判が良くなかった。一方、その（大学の）実験学校は、裕福で、白人が大勢を占め、学業も好成績であったので、両者の学校文化は全く正反対であった。

　クリッシーは、会話の中でしばしば、自分がかつて過ごした近所の学校について愛情を込めて話した。自分がかつて過ごした場所を心地よく思い、故郷のように感じていた。彼女はそこでどう行動すべきか知っていた。移り住んだ

地区や家について、「それらは、あまりよくないアパートだったけれど、十分なものだったわ……」と話した。そして、その後、「私たちは中流以下だった。移り住んだ地区に住むほとんどの人たち以下の生活ということよ。私たちの生活のレベルは全くそれ以下だった」と話した。私は、中流以下という言葉が「白人」、「男性」、「健常」という言葉を言い換えたものではないかと考えた。私は、クリッシーが転校の話によって、何を伝えようとしたのか理解し始めた。クリッシーは、当時、自分自身を外部者のように感じていたと率直に述べた。つまり、彼女は、当時の学校での生活に全く十分に満足していないばかりか、基準未満であると見られていると感じていたのだ。

***

　転校というものに関するクリッシーの説明は、重要であった。例えば、医学的には、移植患者は、弱く、拒否反応を経験する危険にさらされている人である。私は、クリッシーがその後に語った物語から、移植の場合と同様に、彼女が自分の状況を自分のものする過程について理解するようになった。砂漠に植えられた1本の樫の木のように、彼女は、自分自身を、（大学の）実験学校やその近隣の文化とは異質の存在であると感じていたのだ。彼女の物語は、移植の場合のように、彼女自身が（大学の）実験学校やその近隣に属していないと感じることがしばしばあったことを示していた。

***

「私には本当に友達がいなかったわ。ただの知り合いというだけでしかなかった。クラスメイトのほとんどは、あなたが属している白人の中産階級の人たちだったの。私は、黒人だからという理由で、5人の黒人の女の子と友達にならなければならなかった。でも、もし彼女たちが黒人の女の子でなければ、友達にはなっていなかったでしょうね」。「誰と本当の友達だったの？」私は尋ねた。「誰とも友達じゃなかったと思うわ」と、彼女はすぐに答えた。しかし、その後自分の考えを変えた。「いいえ、私は、ブレンナ（Breanna）という名前の女の子と友達だったと思う。私たちは一度友達になったの。私たちは、廊下で笑ったり跳ねたりしながら、いつも一緒に遊んでいたわ。でも、白人のように振る舞い過ぎるって言われたの」。「黒人の友達からそう言われたってこと」。「ええ、そうよ。私は白人のように振る舞っていたかもしれないけど、彼女は私の友達

で、そんなことは問題ではなかった。その後、私たちは友達でも何でもなくなったわ」。

***

　クリッシーは、フォーダム（Fordham）が「疑似家族（fictive kinship）」と呼んだものの一員であった（Fordham, 1993）。疑似家族関係は、社会の中で個人間に見られるものであり、血縁や婚姻を通しての関係ではなくて、本質的に互恵的な社会的または経済的関係を共有する関係である。疑似家族という言葉は、肌の色のみではなく特定の集団的信条や考え方に基づく集団的アイデンティティをも意味する。多くの黒人の人たちにとって、疑似家族関係は、精神的に、「彼ら／彼女ら」に対する「私たち」を意味する。このことは、オグブ（Ogbu）が指摘するように、一般的によく見られることである（Ogbu, 1990）。アフリカ系アメリカ人は、白人が支配し統制する制度に対してしばしば不信感を抱いている。フォーダム（Fordham,1993）は、「白人との間での紛争や競争に関わる状況において、アフリカ系アメリカ人は**集団的忠誠を強調する傾向がある**」と述べながら（p. 151, 太字は原文強調部分）、このような感情は非常によく見られることであると述べた。クリッシーの場合、白人に対する全面的な不信感を公言しており、「健常な」白人のように見えることで疑似家族関係内の自分の位置づけが危険にさらされることを望まなかった。そうならないように、彼女は白人の友人と完全に絶交することを選んだのである。

***

　「みんながその部屋のことをなんて呼ぶか知ってる。ポップコーン部屋よ」。クリッシーは笑いながら私に言った。「何部屋？」「ポップコーン部屋よ。彼らはいつもポップコーンを作っていたのよ」。「誰が？」「あの部屋の子どもたちよ。彼らいつもポップコーンを食べていたわ。どこでもいいから、通級教室の中に入ってみたらわかるわ。きっと、彼らはポップコーンを作っているに違いないから。いつもポップコーンの匂いがするの。廊下のもう一方の端の方へ行けば、あのポップコーンの匂いを嗅げるわよ」。そう言いながら、彼女は笑った。
　私は信じられない思いで首を振った。ひょっとしたらショックを受けていたのかもしれない。彼女は自分自身に内在する矛盾を認識していたのだろうか。通級教室に行った子どもたちをからかったが、彼女自身もまた通級教室に行っ

ていたのだ。

「でも、あなたも、(特別) 支援教室に行っていたのでしょう」。彼女が通級教室との関わりを肯定的に感じていないのではないかと推測しながら、注意深く私は尋ねた。この日まで、彼女は、自分自身に「学習障害」であるとは考えたことがなかった。こういったことは珍しいことではないと、私は知っていた。例えば、レイドとブトン (Reid and Button) は、クリッシーに似た生徒について記述した (Reid and Button, 1995)。そして「学習障害のある生徒たちとのインタビューやディスカッションにおいて、アンナを含む生徒たちは、誰1人、**自分たち自身**を学習障害という言葉で表現したことはなかった。ラベリングそれ自体は、学校生活のほとんどすべての場合と同様、学校によって押し付けられたものである……」と述べている (p. 610, 太字は原文強調部分)。

実際のところ、障害に最も関係が深い彼女の話は、自分には障害がないということだった。「私の場合はただの心の問題よ」と彼女は言った。「私はうまく読めない、ただそれだけのことよ」と言ったのである。どのようにして話をさらに続けてもらおうか迷ったが、彼女はさらに話し続けた。「ええ、私は本当に障害のある人たちのひとりではないわ。私が彼らのひとりである必要はないわ。私とは関係ないの。通級教室にいることはかっこいいことじゃないもの。私がそこに行ってることさえ友達は知らなかったわ」。授業のベルが鳴った後にこっそり教室に行ったり、完全に授業をさぼることによって、自分自身が通級教室に所属していたことをいかにして隠してきたかを説明した。

しかし自分の現在の教育経験について話をするにつれて、「その頃も通級教室がどう見られるか考えたりしなくていい今のような状況だったらよかったのに」と彼女は言った。さらに、告白口調で次のように付け加えた。

> 友達は、その当時のことを話すとき、「あなたは**通級教室**だったの?」って言うわ。あなたは私がそこにいたことを知っているけど、友達はそのことを知らない。私はそのことを友達に伝えようとしなかった。もし私がそうしていたら、私たちはそのことについて決して話したりしなかったわ。だって、彼らは私のことをそんな風に思っていなかったもの。(太字の強調部分は著者追加)

＊＊＊

　障害の社会モデルの考え方と合致する思考と経験を、クリッシーは無意識のうちに私に伝えていた。社会モデルでは、認識実在論的意味において現実的または生物学的なものとしてではなく、人間と社会の相互作用の産物として相違を説明する（Begum, 1992; Barnes, 1998; Ore, 2000; Barnes et al., 2002）。ギャラファー（Gallagher）はこの概念を障害と関連付け、「『障害』は存在する。なぜなら人間である私たちは、自分自身と互いを特定の文脈の中で見ているからだ」と述べた（Gallagher, 2001, p. 643）。この文脈は、「現実」として立ち現れ、私たちの常識的な日常の相互作用に影響を与える共有された意味と価値で満ちているのである（Gallagher, 2001）。

　ギャラファーにとって、「現実的」なのは相違ではなく、相違を定義し分類し関連づける方法である（Gallagher, 2001）。別の言い方をすれば、私たちは、女性、「学習障害」、またはアフリカ系アメリカ人のような特定のカテゴリーに対する意味を知り、それらに対して意味付けを行うのである。友人、家族、仲間及び社会制度との相互作用を通して、このような意味を知ることができる。その後、相違に付与する意味は、私たちが生活する文化とその中での私たちのポジションに大いに左右される。本質的に、教師と教育者は、問題をいつどのような方法で改善するかを多かれ少なかれ選ぶことができるのである。

　以上の点から、クリッシーは「学習障害」があるとラベリングされてきた一方で、彼女の「学習障害」は固有のもので生物学的な欠陥ではなく、むしろ社会的相互作用と文脈の結果であったということが彼女の語りによって明らかになる。例えば、クリッシーは、読むという行為に困難を感じていることについて話したが、一方で読むことへの不平も示していた。「読むことは本当にとても退屈だわ。私たちはいつも同じような古くさいことをしていたの。この文字はどう発音するかとか、どんなアクセントかとか。同じ古い本を使っていつもやってた。それが嫌だったわ」と言っていたのである。しかし、私が読むことについて今どう感じるかと尋ねると、彼女は次のように答えた。「今は違うわ。読みたいものを読めるから、うまくいっているの。読みたいものを読めると、私は大丈夫なの」。

　クリッシーは特別な状況、つまり退屈な技術やドリルタイプの指導の場合に、

他者から「学習障害」があると見なされるとはっきりと述べた。しかし、大学生としての彼女が現在置かれている状況や、彼女が家族や友人と一緒に過ごすというような他の状況では、彼女が「学習障害」と見なされることはない。したがって、障害の社会モデルの観点から見ると、クリッシーは、彼女が置かれている環境によって、「学習障害」というラベルを押し付けられていると言える。

　クリッシーは白人の中流階級が大勢を占める学校の文化に不慣れだったために、ベネット・デ・マレとル・コンプトゥ（Bennett de Marrais and Le Compte）が示した「学校の隠れたカリキュラム」（Bennett de Marrais and Le Compte, 1999）にうまく対処することができなかった。「学校の隠れたカリキュラム」とは、ルール（rules）、規則（regulations）、日常の決まった行動（routines）という非公式の3Rを説明するために、フィリップ・ジャクソン（Philip Jackson）が初めて用いた言葉である（Jackson, 1968）。ジャクソンは、学校における成功は、生徒がこれらの3Rといかに上手に習得することができるかに左右されると主張した（前掲書）。同様に、多様なバックグラウンドをもつ多くの生徒は、これらの隠れた期待を知り対処し従う際に、困難にぶつかっていると、デルピット（Delpit, 1995）は主張した。クリッシーが語った転校に関する状況も、こうした感じ方を示すものである。このような困難によって、生徒は、障害をもつ者とラベリングされたり、特別教育支援を受けるようになるのだ（Oakes, 1985）。

　「学習障害」があるとラベリングされ、特別支援教育を受けるようになった結果、クリッシーは学習への技術合理主義的アプローチを強調する指導を受けた。教授・学習に対するこのアプローチは、還元主義的で退屈なものであり、学習を意味のあるものにできないとヘサウスは主張した（Heshusius, 1984）。同様に、学習に対する技術主義的で脱文脈的なアプローチは、マイノリティの生徒のバックグラウンドや文化を見過ごし、価値を剥奪し、結果としてこれらの生徒の学習に悪影響を与えるとイアノは指摘した（Iano, 1990）。したがって、クリッシーが「学習障害」があると最初にラベリングされたのは、支配的な白人中流階級の学校文化に彼女が不慣れだった結果だったかもしれない。そして、そのことによって彼女が受けた不十分な指導法やそのとき用いられた教材が、彼女を「学習障害」であるとラベリングし続けたのだ。

クリッシーが教育経験を私に伝え続けようとしたので、クリッシーは当然自分自身を「学習障害」があると考えていなかったにもかかわらず、彼女を取り巻く人たちによって「学習障害」があるとラベリングされたことが明白になった。「学習障害」があると見なされることは、彼女の学校教育の機会、経験、社会関係に大いに影響した。例えば、別の日に、男の子のことやデートについて会話していたときのことだ。高校時代どんな男の子とデートしてたのと尋ねたとき、通級学級のスティグマが再び浮かび上がってきた。彼女は次のように言った。

　ひどいものだったわ。黒人の男の子はいなかったの。だから、黒人の男の子が来たら、私たちみんなでその彼を取り合ったわ。私たちみんなで、彼ってなんて素敵なのって。でも、その後、彼が通級教室に通っていることがわかって、そうしたら、彼が素敵だなんて誰も思わなくなったの。私たちは黒人の男の子を見つけ出すことに必死だった。私たちはついに黒人の男の子を見つけたのに、彼が通級教室に通っていることがわかってしまったの。彼は結局ダメな人ってことね。

　私たちは、通級教室に所属していることの意味について話した。彼女は、さらに次のように話続けた。

　私は通級教室にいるのが好きではなかったの。先生たちは私を教室からつまみ出して、友達と離ればなれにした。標準検定試験を知って先生たちはいつも、通級教室でその試験を受けさせたがったけど、私はいつも疑問に感じていたわ。どうして通級教室で標準検定試験を受けなければならないの。他の人と一緒に受けてはいけないの。教師は、私が他の人より時間が必要かもしれないからって考えていたみたいだった。でも、そう見えたとしても、私は別にそれほど時間は必要ではないの。私はすごく怒って、母を呼んで、通級教室に行きたくないと言ったのを覚えているわ。私は、そのことに本当に怒っていたわ。18歳になったとき、私は自分でサインして、そこから出たの。

いくつかの相互に関連したテーマが、通級教室でのクリッシーの経験から明らかになった。最初に、クリッシーは孤独を感じていた。彼女は、通級教室が彼女を友人や学問的経験から遠ざける障壁であると理解していた。彼女が感じていたのは、そうした感情だけではない。レイドとブットンやブロムグレン（Blomgren）は、クリッシーの事例と同様の点を指摘している（Reid and Button, 1995; Blomgren, 1998）。すなわち、障害のある生徒は、彼ら／彼女らの同級生や通常学級から離れて、課題を与えられたり、試験を受けるように言われる場合、孤独を感じるのだ。

　2点目に、このような孤独という感情は、不安を引き起こす。クリッシーが不安を感じていたのは明らかだった。例えば、彼女は、通級教室に所属していることを隠そうとし、そこに通っていることを他の人に知らせないように注意深くなっていた。また、通級教室の生徒とあまり親しくならないようにも用心していた。彼女の不安が普通学級の仲間から分けられる恐れに根ざしていると私は理解した。通級教室とそこに在籍する生徒は劣っているというメッセージを彼女は内面化していた。同類だと思われないようにするために、通級教室とそこに所属する他の生徒から距離を置かなければならないと彼女は感じていた。

　3点目として、怒りと抵抗が、彼女の不安に付随していた。クリッシーが彼女の物語を私に伝えるごとに、私はこの怒りの感情を感じることができた。彼女の声は、傷つき、苦しめられた出来事について説明するたびに、震え、激しさを増していった。また、その際、彼女の腕は動き、顎を緊張させていた。彼女の物語は、抵抗の物語であった。彼女が自らの学校での経験を私に語るとき、私は、彼女は今も抵抗し続けているのだと感じた。彼女は、自分自身に「学習障害」があると考えていなかった。彼女は、特別支援教育から抜け出すための書類にサインをした。それは、彼女が初めて得た絶好の機会だった。この点に関連して、抵抗とは「自分自身の尊厳を維持し、自らを命名する権利を有するひとりの人間として自分を肯定するための試み」であるとブロムグレンは説明している（Blomgren, 1998）。クリッシーにとって、抵抗とは、生き残るための手段であるだけでなく、こうした意味をもっていたのである。

＊＊＊

　「私の数学の先生は、いつも男子に質問に答えるように言っていたわ……。

彼らは、いつも答えを知っていたから」。彼女は続けて、次のように説明した。

　私は教室で手を挙げたことはなかったわ。なぜ邪魔する必要があるのかしら。彼ら／彼女ら（教師たち）が誰に対して呼びかけ続けているのかを知っていたわ。だから、そのことは別に重要ではなかった。もし私が手を挙げていたとしても、彼ら／彼女らは決して私を指名しないから、私は疲れてしまっていたでしょうね。私はこのことを忘れてしまいたいわ。

「教師たちがなぜいつも男子に呼びかけていたと思う？」と私は尋ねた。「おそらく、教師たちは、尋ねれば、男子生徒が答えるとわかっていたのだと思う」と彼女は答えた。「では、いい成績を獲得することを重要だと考えていたのは、誰だったと思う？」とさらに尋ねた。

　たぶん男子だと思うわ。なぜなら、彼らは女の子より単に頭がいいし、身体的にも女の子より強いから。私の兄を例に挙げて説明するわね。私の両親は、兄ができることは私にもできるといつも言い続けていたの。でも、兄のようにはできないことを私はわかっていたわ。言いたいことは、私の兄はエンジニアなのだけど、私は兄のようにはできないということなの。機械工学に関わることは、すべて数学に関わることでしょ。彼は学識をもっているけれど、私はただ街で生きていく知恵をもっているだけよ。遺伝子の違いね。私にはそんなことはできないわ。そういう遺伝子をもって生まれてないから。

＊＊＊

　ジェンダーが、社会構造の一つであると見なされることはめったにない。その結果、私たちは、権力と地位が配分される手段として、ジェンダーを理解することは稀である。ジェンダーの構築は、性別カテゴリーの割り当てに始まる。そして、その割り当てによって、男性か女性かが指定される。また、それと同時に、個人の権利や責任だけでなく社会的地位をも決定づける行動規範の外形を描く。しばらくの間、女性は、教育における性的偏見の中心であり続けたが、その一方で、制度化された差別という捉えにくい事例においては大いに無視され続けた。もしかすると、ジェンダーに関わる最も難しい問題とは、キーティ

ング（Keating）が指摘したように、より大きな社会の中でのジェンダーに対する期待が及ぼす影響を考察することなのかもしれない（Keating, 1990）。例えば、クリッシーは、特別な社会的期待が自分の選択を規定し、また選択肢を制限することについて、ほとんど気づいていなかったのではないだろうか。さらに、生物学、ジェンダー、及び知性に関する広く共有されている仮定が、自分は数学ができないというクリッシーの信念を強化しているということにもほとんど気づいていなかったのではないだろうか。これらの点を知るきっかけとなったのが、クリッシーが自らの将来の計画について次のように話してくれたことだった。

　私は、もともと、会計士か何かになりたかったの。でも、私は会計士になるには数学がとても重要だと気付いたの。それから、私は広報に関する仕事をしたいと思うようになったわ。広報の仕事には、数学がそれほど必要ないでしょ。広報の仕事には、ただ足し算や引き算がある程度だし、それなら私もできるわ。

キーティングは、障壁には２種類あり、一つ目は学校での諸活動への生徒の参加を制限することで、二つ目は学校での諸活動から生徒が利益を得ることを制限することであると指摘している（前掲書）。これら２種類の障壁は、いずれもクリッシーの経験と関連している。最初に、生徒は、ジェンダーに基づいて異なる取り扱いを受ける。個人的信条と経験をもった教師と管理者は、生徒との相互作用に悪影響を与えるような誤った先入観を教室にしばしば持ち込む。第２に、ジェンダーに基づく異なる取り扱いの結果、機会と達成に関して、男性と女性の間に深刻な相違が生じる（前掲書）。すなわち、教室の中での男女の取り扱いの相違は、結果として両者の間に学業上の達成における相違をもたらすのである。そして、これらの相違は、男子は女子より頭が良いという土台となっている信念を強めることになる。この結果女性より男性が上位に順位付けされる階層制度が生まれる（Lorber, 2000）。クリッシーの経験は、この点に関わる一つの事例であると言える。すなわち、クリッシーの場合、生物学的に正当化された明白な相違を彼女は内面化していたが、そのことが、彼女の最善

の利益を侵害する微細な差別を補強し、維持することにつながっていたのである。

***

「［通級教室から出ることができたことによって、］以前よりよい生活を手に入れることができたの？ 大学の実験学校の中で、よりよい教育を受けることができたの？」と私は尋ねた。クリッシーは、一瞬ためらいながら、次のように言った。

「えっと、大体同じだと思うわ。わからないの。実際のところ、私は東に行きたかったの。私の授業評価はもっと高いはずだった。私の成績は 2.8 で、平均で C プラスぐらいだと思う。でも、私はそのときはまだ全体の 50 パーセントより下にいたの。つまり、州立大学に行けないレベルということよ。トップの 15 人は 4.0 が必要であるように、州立大学に行くことはとても競争が激しかったの。もし私がホーム・スクーリングをしていたら、私は簡単にトップ 50 には入っていたはずだったし、自動的に大学に合格していたと思うわ」

彼女がこの会話の初めに躊躇していた理由に私は気付いた。最初、彼女が言ったことについて、何と答えていいかわからなかった。彼女と向かい合って、動かないまま、ただそこに座っていただけだった。しばらくの間、どうコメントするか考える必要があった。そのことを頭の中でめぐらせ、あれこれ考えながら、彼女の経験の積み重ねがいかにして大学の合格という結論に落ち着いたのかを理解し始めた。彼女は、ただじっと私を見つめて、私が理解したかどうかをはっきりと確認しようとしていた。

それでは、彼女はよりよい教育を得たのだろうか。よりよい機会を得たのだろうか。彼女は、自分が通っていた近隣の学校よりも、よりよい学校生活を送っていたのだろうか。この点に関して、彼女が通っていた近隣の学校に通い続けていたならば、彼女は、これまでの経験とは異なる経験をしていたのは確かだろう。また、以前通っていた学校に通い続けていれば、彼女は学習障害があるとラベリングされることはなかったということも確かだろう。さらに、その学

校の教室の中で、トップ50パーセント以内に容易に入っていただろうし、より多くの社会的機会に恵まれていただろう。それでは、(より多くの機会と資源をもつ) 一流の高校からよりよい教育を受けてほしいという両親の夢は、逆効果だったのか。彼女にとって、一流の高校での教育の機会は、よりよい教育だったのか。

***

少し前に、私は、『シスター・アウトサイダー』(Lorde, 1984) という本を手に取った。この本の中で、クリッシーについて考えるきっかけとなる一節に出会った。ローデのこの文章に触れた後、これこそがクリッシーが感じたことなのではないかと私は感じた。ローデは次のように書いている。

> 自分の中のある側面を取り出し、これがすべてだとして提示しようとたえず頑張っている自分に気づいた。しかし、その一方で、自分のその他の部分を覆い隠したり、否定したりしようとしている自分自身にも気づいたのだ。このことは、破壊的で、崩壊を招きかねない生き方である。私が自分の力を最大限発揮できるのは、自分のすべての部分をオープンにして統合する場合だけだ。すなわち、私の生き方という特定のよりどころから引き出される力は、外部的な押し付けによる定義という制限を受けないで、私の中にある多様な自己を通して、自由に行き来できるようになるということに由来しているのだ (Lorde, 1984, p. 121)。

私たちの多くは、自己を分裂させている。すなわち、私たちは、それぞれの状況に応じて異なる役割やアイデンティティを選択している個人である。クリッシーの場合、彼女の選択肢は限られたものだった。多くの多様なアイデンティティが彼女に押し付けられたが、どれ一つとして自分で選ぶことができないものだということが特徴的だった。私は、クリッシーのことを理解できるようになるにつれて、彼女がこれらの相反するアイデンティティと上手に付き合う以外に選択肢がなかったということがわかった。彼女はカメレオンのように、一つのアイデンティティを強化する一方で、他のアイデンティティを軽視し、否定した。それは彼女が生き延びる上で選ばざるを得ない方法だったのだ。

そうすることで、彼女は、現実的な人間存在として自分自身を完全に表現することができなくなっていたのだ。

一つ以上のアイデンティティを押し付けられ、スティグマ化された個人を表現するために、「複合的抑圧」という用語をヴェルノンは用いた（Vernon, 1999）。「いくつかのスティグマ化されたアイデンティティを付与されることにより、アイデンティティが増殖（悪化）するという事態を、複合的抑圧という概念は表現している。そして、複数のアイデンティティは、状況に応じて、同時にまたは単独で経験される」と彼女は述べた（Vernon, 1999, p. 395）。クリッシーの場合、複合的抑圧という用語が最もよく当てはまる。複合的抑圧という用語は、不平等な諸制度が互いにどのように交差しているのかという点を理解する上で非常に役に立った。これらの交差するアイデンティティは、非常に巧妙に、クリッシーを見えない他者にした。彼女は、声を出すことができなかったのだ。そのような状況で、彼女はどのような声を期待できただろうか。彼女は、声を出せない状況の中で、被抑圧者の役割と抑圧者の役割の両方を引き受けることを通して、押し付けられた複合的アイデンティティと上手に付き合い続けなければならなかったのだ。例えば、彼女は、通級教室との関わりによって友人たちから見下されることにおびえていたが、同時に通級教室を見下してもいたのである。そうすることで、彼女は、知らない間に、抑圧のサイクルを存続させ、彼女の可能性は大いに狭められたのだ。

＊＊＊

分断されたアイデンティティと上手に付き合うためには、注意深い対応が求められる。すなわち、分断されたアイデンティティとうまく付き合うことは、被抑圧者自身が抑圧者の側にいるという、一種の裏切りを要求する。この点に関して、「抑圧に根ざす基本的なジレンマとは、純粋な抑圧者も純粋な犠牲者もほとんどいないということである」とヴェルノンは述べた（Vernon, 1999, p. 389）。つまり、私たち一人ひとりが生活の中で、抑圧者と被抑圧者の双方の役割を同時に経験している可能性があることをヴェルノンは指摘しているのだ。クリッシーの場合、この両方の役割を演じることは、日常茶飯事であった。特に通級教室との関係では、異なる集団間の対立関係にあるということだけではなく、共有された同盟関係の中にいるとも彼女は感じていた。コリンズは、こ

の状況を「両概念態度（bothstand conceptual stance）」という用語を使って表現し、次のように説明してる（Collins, 2000a, p. 225）。

　すべての集団は、歴史的に創出された制度の中に、多様な不利益と特権を有している。例えば、この制度の中では、白人女性は、自分たちのジェンダーによって不利益を受けるが、自分たちの人種によって特権を受けている。状況によって、個人は、抑圧者にも被抑圧者の一員にも、また同時に抑圧者と被抑圧者の両方にもなりうるのだ。

クリッシーの場合、状況次第で、人種によって恩恵を享受する一方で障害によって不利益を受け、またその逆であったこともあった。ここで、クリッシーの黒人の友人との関係を例に挙げて見てみよう。例えば、クリッシーは、白人の女の子と友達になることを諦めると、人種による恩恵を受けることになった。図らずも通級教室に所属する1人のかっこいい黒人の男の子を仲間はずれにすることで、抑圧者の役割を選び、「学習障害」という自分のラベルを隠したので、別の状況下ではジェンダーにより恩恵を受けたのだ。例えて言うと、クリッシーは、再びカメレオンのようになったのである。彼女は、複合的なアイデンティティを有しており、アイデンティティの一つひとつを状況に応じて使い分けていた。その結果、彼女のアイデンティティは、相矛盾しつつも、相互に作用し合っていたのだ（Giroux, 1992）。
　私たちは、インタビュー最終日の終わりに、クリッシーの経験全般について話した。彼女は自分の経験を私に肯定してほしかったのだということがわかった。彼女の沈黙は、口に出して問わなかったけれど、彼女が問いたかった質問があることを示していた。「私はおかしい？　それともひどい仕打ちを受けた被害者？　私が選んだ道は間違っていたの？　私がしてきたすべてのことは裏目に出たの？」と彼女の目は尋ねていた。私は、彼女が何を尋ねようとしているのか確かめたかった。彼女がおかしいなどと全く思っていないと彼女に伝えたかったが、私はしなかった。少なくともすぐには伝えなかった。
　私は最後の質問をした。これはすでに何度もした質問だったが、その度に彼女は肩をすくめ答えるのを避けていた。4年制の大学に行くという決断につい

て大嫌いな教師に相談したときに、その教師とどのような会話をしたのかということが私の質問であった。彼女は、このときの会話を次のように表現した。

　先生：コミュニティ・カレッジはどう思っている？
　クリッシー：どうして私がコミュニティ・カレッジに行かなければならないの？　どうしてそんなこと言うの。
　先生：ただ確認したいだけさ。君の場合、実際のところ、[コミュニティ・カレッジではない]他の所でも受け入れてもらえると思うよ。
　クリッシー：私は、他の大学のことなんて全く考えていないわ。
　先生：君は将来、平均レベルの成績を取れると思うよ。

　クリッシー：先生は、私が平均レベルの成績が取れるって言ったのよ。

　この会話について初めて話をしたとき、重要なことではないように彼女は笑っていた。しかし、インタビューの最後に彼女が話してくれた数学教師とのこの会話から、彼女が怒っていたと私は感じた。そこで、もしチャンスがあったら、数学教師のコーチ・ジョーンズに何か言いたいことはあるか尋ねた。彼女は、私たちの会話の最後になって初めて、自分が言いたいことを伝えた。「あなたの質問は面白いわ。というのも、昨日の夜、私は、コーチ・ジョーンズが出てくる夢を見たのだけど、その夢の中で、彼は、『君は何をしているの？学校にいるの？』って私に尋ねたの。私が何もしていないと思って、注意しようとしていたようだった。私は、逆に次のように答えたの。『私はすごく頑張っていて、この学期に卒業して4年制の学校に行く予定よ。私を平均だと言ってくれたおかげで、私はあなたが間違っていたことを証明できたわ！』とね」。彼女の表情は、彼女の気持ちのすべてを物語っていて、「むかつくんだよ、コーチ・ジョーンズ」。と言いたいかのようだった。「あっ、そうだ。ドナルドソン先生にも同じことを言いたいわ。私はもうCの成績の生徒なんかじゃないわ。あんたらにはもううんざりよ、ってね」と最後に彼女は付け加えた。あなたはおかしくなんかないよ、と私は彼女に言った。

***

パトリシア・ヒル・コリンズ（Patricia Hill Collins）は、「立場理論（standpoint theory）」を社会理論の一つとして説明し、階層的権力関係における集団の位置づけが集団の中の個人が直面する共通の課題を作り出すと主張した（Collins, 2000a）。別の言い方をすれば、立場理論は、個人が世界を見るレンズである。すなわち、個人の立場は常に偏っていて部分的であり、自分自身を取り巻く世界の構築に影響を与える。したがって、集団の立場は、周縁化された集団の共有されたあるいは類似の経験を含んでいる。これらの共有されたあるいは類似の経験は、結果として集団の知識となるのだ。この集団的知識は、影響力のある政治運動にとって不可欠なものだとコリンズは理解していた。言い換えると、私たちが交差する抑圧の中で共通の特徴を認識できる場合に、私たちは「声」をもつことになるのだ。この視点から、立場理論は、抑圧された構造や経験の一つに他に優越する特権を与えるのではなく、相互に連結するものとして各々を理解しようとするのである。ヒル・コリンズは、ブラウン（Brown）の言葉を引用しながら（Brown, 1989）、立場理論を次のように説明している。

　すべての人は、他の経験の中心を知り、正当化し、評価することができる。それは、固有の基準によって可能となり、比較の必要も、その枠組みを適用する必要もない。……他の誰かを中心に置くために、他の人を「中心から外す」必要はない。絶えず、適切に、「中心を旋回する」だけでよいのである。（Collins, 2000a, p. 270）

　したがって、他者の経験を理解するために、階層的にこれらの経験を一直線に並べることは必要ではない。他者の経験を理解することは、人々が自分たちの知識と立場を部分的で偏ったものだと認識することだけを求めるのだ。この方法の場合、完璧な知識をもっている個人は誰ひとりいない。むしろ、知識と理解は集合的に個人と結びつき、個人に依存していると言える（Collins, 2000a）。

　私がクリッシーの経験を理解するために採用した立場理論の重要性は、デービッド・コーナー（David Conner）の研究から借用した比喩によって、明確に理解することができる。デービッド・コーナーは、鳥かごに関するフリェの比

喩（Frye's, 1993）に言及しながら、次のように述べている。

　もし私たちが鳥かごの1本の針金をじっと見つめるならば、それが私たちが見るすべてである。鳥かごのただ1本の針金は、鳥が逃げ出すのを妨げはしない。しかしながら、少し後ろに下がって鳥かごの針金の構造の全体像を見ることによって、「組織的に結びついた障壁の網目によって鳥は囲われていて、針金の1本1本は鳥が空を飛ぶのを妨げないが、針金相互の関係によって、地下牢の頑丈な壁のように鳥を閉じ込めているのだ」ということに私たちは初めて気づくのである。(Conner, 2005, p. 50)

　ジェンダーや人種、障害などの中から一つの立場のみを検討していることにより、私たちは、社会の一員であるにもかかわらず、抑圧の本質にかかわる鳥瞰図を必然的に失っているのである。さまざまな立場について議論し、それらが相互に交差し、依存し合い、ねじ伏せあう状態に気付くことができれば、私たちは鳥瞰図を理解する出発点に立てるかもしれない。複合的アイデンティティを押し付けられた一人ひとりの個人が、鳥かごの扉が空いているのに気付くのは、まさにこの認識を通してである。

【文献】

Anderson, E.（1990）*Street wise: race, class, and change in an urban community.*（Chicago, IL, University of Chicago Press）.
Barnes, C.（1998）The social model of disability: a sociological phenomenon ignored by sociolo- gist?, in: T. Shakespheare（Ed.）*The disability reader.*（New York, Continuum Books）.
Barnes, C., Oliver, M. & Barton, L.（2002）*Disability studies today.*（Malden, MA, Blackwell）.
Begum, N.（1992）Disabled women and the feminist agenda, Feminist Review, 40, pp.70-84.
Bennett de Marrais, K. & Le Compte, M. D.（1999）*The ways schools work: a sociological analysis of education.*（New York, Longman）.
Blackwell-Stratton, M., Breslin. M. L., Mayerson, A. B. & Bailey, S.（1988）Smashing icons: disabled women and the disability and women's rights

movements, in: M. Fine & A. Asch (Eds) *Women with disabilities.* (Philadelphia, PA, Temple University Press).

Blomgren, R. (1998) Special education and the quest for human dignity, in: H. Svi Shapiro & D. E. Purpel (Eds) *Critical social issues in American education.* (Mahwah, NJ, Lawrence Erlbaum Associates).

Brown, E. B. (1989) African-American women's quilting: a framework for conceptualizing and teaching African-American women's history, *Signs,* 14(4), pp. 921-929.

Collins, P. H. (2000a) *Black feminist thought: knowledge, consciousness, and the politics of empowerment.* (London, Routledge).

Collins, P. H. (2000b) Toward a new vision: race, class, and gender as categories of analysis and connection, in: T. Ore (Ed.) *The social construction of difference: race, class, gender, and sexuality.* (Mountain View, CA, Mayfield).

Connor, D. (2005) *Labeled 'learning disabled': life in and out of school for urban black and/or Latino (a) youth from working class backgrounds.* Ph.D. dissertation, Columbia Teacher's College, New York.

Delpit, L. (1995) *Other people's children: cultural conflict in the classroom.* (New York, New Press).

Eisner, E. (1998) *The enlightened eye: qualitative inquiry and the enhancement of educational practice.* (Upper Saddle River, NJ, Prentice Hall).

Fordham, S. (1993) Racelessness as a factor in black students' school success: pragmatic strategy or pyrrhic victory?, in: H. Svi Shapiro & D. E. Purpel (Eds) *Critical social issues in American education.* (New York, Longman).

Frye, M. (1983) *The politics of reality: essays in feminist theory.* (Trumansburg, NY, The Crossing Press).

Gallagher, D. J. (1995) In search of the rightful role of method: reflections on conducting a qualitative dissertation, in: T. Tiller, A. Sparkes, S. Karhus & F. Dowling Naess (Eds) *The qualitative challenge: reflections on educational research.* (Landas, Casper Forlong).

Gallagher, D. J. (2001) Neutrality as a moral standpoint, conceptual confusion and the full inclusion debate, *Disability & Society,* 16 (5), pp.637-654.

Giroux, H. (1992) *Border crossings: cultural workers and the politics of education.* (London, Routledge).

Hayman, R. L. (1998) *The smart culture: society, intelligences and law.* (New

York, New York University Press).
Heshusius, L. (1984) Why would they and I want to do it? A phenomenological-theoretical view of special education, *Learning Disability Quarterly*, 7, pp. 363-368.
Hill, M. (1994) They are not our brothers: the disability rights movement and the black disability movement, in: N. Begum, M. Hill & A. Stevens (Eds) *Reflections: views of black disabled people on their lives and community care*. (London, Central Council for Education and Training in Social Work).
Hooks, b. (2000) *Feminist theory: from margin to center*. (Cambridge, MA, South End Press).
Iano, R. (1990) Special education teachers: technicians or educators?, *Journal of Learning Disabilities*, 23 (8), pp.462-465.
Jackson, P. (1968) *Life in classrooms*. (New York, Holt, Rinehart and Winston).
Keating, P. (1990) Striving for sex equity in schools, in: J. I. Goodlad & P. Keating (Eds) *Access to knowledge: an agenda for our nations schools*. (New York, College Entrance Examination Board).
Liebow, E. (2002) *Tally's corner: a study of street corner men*. (New York, Rowman & Littlefield).
Lorber, J. (2000) The social construction of gender, in: T. Ore (Ed.) *The social construction of difference: race, class, gender, and sexuality*. (Mountain View, CA, Mayfield).
Lorde, A. (1984) *Sister outsider*. (Berkeley, CA, The Crossing Press).
Oakes, J. (1985) *Keeping track: how schools structure inequality*. (London, Yale University Press).
Ogbu, J. U. (1990) Overcoming racial barriers, in: J. I. Goodlad & P. Keating (Eds) *Critical social issues in American education: toward the 21st century*. (New York, Longman).
Ore, T. E. (2000) Constructing differences, in: T. E. Ore (Ed.) *The social construction of difference and inequality: race, class, gender, and sexuality*. (Mountain View, CA, Mayfield).
Reid, D. K. & Button, L. J. (1995) Anna's story: narratives of personal experience about being labeled learning disabled, *Journal of Learning Disabilities*, 28 (10), pp.602-614.
Ronai, C. R. (1995) Multiple reflections of child sex abuse: an argument for the

layered account, *Journal of Contemporary Ethnography*, 23 (4), 395-426.

Ronai, C. R. (1997) On loving and hating my mentally retarded mother, *Mental Retardation*, 35 (6), pp.417-432.

Shakespeare, T. (1994) Cultural representation of disabled people: dustbins for disavowal?, *Disability and Society*, 9 (3), pp.283-299.

Sheldon, A. (2004) Women and disability, in: J. Swain, S. French, C. Barnes & C. Thomas (Eds) *Disabling barriers? enabling environments.* (London, Sage).

Smith, J. K. (1993) Hermeneutics and qualitative inquiry, in: D. J. Flinders & G. E. Mills (Eds) *Theory in perspective* . (New York, Teachers College Press).

Stuart, O. W. (1992) Race and disability: just a double oppression?, *Disability, Handicap & Society*, 7 (2), pp.177-188.

Stuart, O. W. (1994) Journey from the margin: black disabled people and the anti-racist debate, in: N. Begum, M. Hill, & A. Stevens (Eds) *Reflections: views of black disabled people on their lives and community care.* (London, Central Council for Education and Training in Social Work).

Thomas, C. (1999) *Female forms: experiencing and understanding disability.* (Buckingham, Open University Press).

Thomson, R. G. (1997) Feminist theory, the body, and the disabled figure, in: L. Davis (Ed.) *The disability studies reader.* (New York, Routledge).

Vernon, A. (1996) A stranger in many camps: the experience of disabled black and ethnic minority women, in: J. Morris (Ed.) *Encounter with strangers: feminism and disability* (London, The Women's Press).

Vernon, A. (1999) The dialectics of multiple identities and the disabled people's movement, *Disability and Society*, 14 (3), 385-398.

Wendell, S. (1996) *The rejected body: feminist philosophical reflections on disability.* (New York, Routledge).

8　口出しはいらない、サポートが欲しいんだ
―― 生活の中での支援に関する子どもの視点 ――

キャスリーン・モルティエ／ロアー・ディシンペル／エリザベス・
ドゥ・シャウヴァー／ギァート・ファン・ホーヴェ著
三好正彦訳

I want support, not comments'
: children's perspectives on supports in their life

Kathleen Mortier, Lore Desimpel, Elisabeth De Schauwer

&

Geert Van Hove

Disability & Society 26 (2), 2011

[論文紹介]
　キャスリーン・モルティエらは、ベルギーのフランダース地方の普通学校における障害のある子どもたちへの「支援」について調査を行った。
　タイトルに反映されているように、本稿の大きな特徴は子どもたちへの聞き取り調査に重点を置いているという点だろう。「口出しはいらない、サポートが欲しいんだ」という発言も、調査協力者である子どもが発した言葉である。このような子どもたちの声を通して、「支援」が彼らの生活にどのような影響を及ぼしているのか、またどのような意味をもつのか、などについて問い直そうというのが本稿の趣旨となっている。
　本稿の内容は、障害のある子どもをめぐる日本の現状に次の2点で通じていると訳者は考える。1点目は、特別支援教育実施以降、子どもへの「支援」が教育現場で強く意識されるようになったという点である。普通学校において多様な教育的ニーズをもつ子どもに対して、特別支援教育支援員（学校サポーターなど呼称はさまざまだが）が学級担任など他の教員と連携し、学級運営をサポートする体制が一般化した。その意味で、大人からの「支援」は子どもにとって身近なものになっている状況にあると言える。その中で、本稿が問題視している点が日本でも多々当てはまる。例えば、過

度な支援による子どもの管理である。これは聴き取り調査をした多くの子どもたちが感じていた点だが、日本でも同様なケースが起こっていると考えられる。また、教育的支援を受けている子どもの特異点、障害特質にばかり焦点が当てられることで、社会的バリアに関する問題点がぼやけてしまっているという指摘も当てはまっているのではないだろうか。これらの点から日本でも社会モデルの視点を実践の場で応用しきれていない現状が指摘できる。

　２点目が、「支援をする－される」双方の子どもたちの声に耳を傾けているように思えないという点である。本稿で指摘されていたように、「支援」のマネージメントについて子どもの声が反映されることはあまりないように思える。親・教師がその子どもの特質・特徴を見極めた上で、その子どもに合っていると思われる「支援」を提供するというのが一般的な支援の在り方として認識されている。その意味で、「支援」にまつわる「子どもの経験」が軽視されているという指摘は日本でも当てはまるだろう。タイトルにあるように、「良かれ」と思う周囲のアドバイスは子どもにとって"うざったいもの"として日常的に経験されることもあるのではないか。周囲の人の善意が心理的な意味で必ずしもポジティブな経験とはならないこともある、ということに気づいていない大人も多いように思える。

　「支援」自体は子どもにとっておおむねポジティブな評価となっている。学校生活を安心したものにしてくれるというのがその大きな理由であった。また、その子どもの親・教師など周囲の大人も同様の感情を抱いていた。しかし、同時にそれは、ニーズに合わせた「支援」が行われない限り、学校が子どもにとって安心した居場所となっていない状況にあるということも意味している。もちろん、そのような「支援」は当然重要なものであるだろう。しかし、支援・対応にばかり目を奪われてしまうと、なぜそもそも支援がなければ、"しんどい"状況に陥ってしまう子どもが存在しているのか、というような社会的バリアの問題が見えにくくなってしまう。以上の点から、今後の支援の在り方として、大人たちがマネージメントする「支援ありきの形」ではなく、そこに当事者（子ども）の声を反映させた支援関係の構築こそが必要であると言える。本稿は「支援」に関して多くの示唆を与えるものではないだろうか。

（三好正彦）

[原著者紹介]

　Kathleen Mortier（キャスリーン・モルティエ）
　ゲント大学特別支援教育学部所属。論文に Communities of practice in inclusive education.（Pam Hunt ほかとの共著、2010 年）ほか。

Lore Desimpel（ロアー・ディシンペル）
　ゲント大学特別支援教育学部所属。論文に With parents at the table: creating supports for children with disabilities in general education classrooms.（Kathleen Mortier ほかとの共著、2009 年）ほか。

Elisabeth De Schauwer（エリザベス・ドゥ・シャウヴァー）
　ゲント大学特別支援教育学部所属。論文に Supports for children with disabilities in regular education classrooms: an account of different perspectives in Flanders.（Kathleen Mortier ほかとの共著、2010 年）ほか。

Geert Van Hove（ギァート・ファン・ホーヴェ）
　ゲント大学特別支援教育学部所属。論文に Assessing Individual Support Needs to Enhance Personal Outcomes.（Jos van Loon ほかとの共著、2010 年）ほか。

8　口出しはいらない、サポートが欲しいんだ
―― 子どもの視点による、彼らの生活上のサポート ――

【要旨】
　支援は普通学校に通う特別な教育的ニーズをもつ子どもたちが日常生活を営む上で欠かせない重要なものであるにもかかわらず、子どもたちがどのような支援を経験しているかについてほとんど関心が払われてこなかった。インタビューを行った６人の子どもたちとその同級生たちは、インペアメントによる活動の制限を取り除くという意味で支援の価値を認めていた。一方で、この積極的な支援が心理－情緒的に否定的な悪影響をもたらす可能性があり、無力化にはほとんど注意を向けていないことも、彼らの経験は示した。子どもたちの証言は、支援が曖昧かつ状況に依存した性質をもつものであることを示し、インクルージョンの過程における「チーフパートナー」として、子どもたち自身が支援のあり方を指示するニーズがあることを示している。

キーワード：子どもたちの経験、支援の効果、インクルーシブ教育、障害の社会関係的定義

【論点】
・（周囲のおとな、他の子どもたち、環境整備や支援機器により）学校で支援を受けている特別な教育的ニーズをもつ６人の子どもたち（９～18歳）とその同級生に、「学校での支援がどのような意味をもつか」などについて尋ねた。

・子どもたちは支援をポジティブなものと考えている。なぜなら支援は彼らが学校活動に参加することを可能にし、日常生活を快適にしてくれるものだからである。

・おとなたちの過度な管理、場所や時間の自由がないこと、またはひとりで何かを行うという機会が奪われたり、目立ってしまったり、支援してく

れる人に対して常に「よい子」にしていなければならない、といったようなことが起こるので、支援は子どもたちの気分を害するものにもなり得る。
- 排除の状況や選択の欠如、周囲の人間の無礼な振る舞いなどに、支援は通常うまく対処できていない。
- 子どもたち自身が、支援の必要・不要を他者に指示する最良の案内役である。

はじめに

　障害の社会モデルは、障害を個人の不幸であるとする医学的な言説から社会変革の言説や人権の視点へと焦点を移動させた。

　障害の社会モデルの認識が高まるにつれて、障害学の学際的な領域における論文がいくつかの批判的な問題を投げかけるようにもなった。障害の社会モデルのレトリックが何十年も前から用いられているにもかかわらず、現実にはその基礎を実践へと転換させることに困難を示している。ヨーロッパの中でも特に高い割合で特別支援学校における分離教育を伝統とする地域であるフランダース（フラマン語を話すベルギーの一地方）では（Eurydice, 2005）、教育実践と政策は医学的言説によって運営されている。専門家たちは類似点や経験の共通点よりも、相違点や病理の方に関心が向いている（Danforth, 2004; Gabel and Peters 2004）。

　もう一つの議論のトピックは、社会的バリアに焦点があてられると、インペアメントをもつ人々の経験が見えなくなってしまうというものである。トーマス（Thomas, 1999）は「障害の社会関係論的定義」を提唱している。それは、社会的抑圧とは別に、インペアメントの結果として生じる活動制限や心理－情緒的影響をも障害者は経験しているとするものである。本稿では、インクルーシブな学級における支援を必要とする子どもたちの経験を分析するために、この包括的な定義を利用する。アメリカ知的発達障害学会（the American Association for Individuals with Developmental Disabilities（AAIDD）の定義にしたがって、本稿において支援は、おとなからの支援、同級生からの支援、環境整備や支援機器を使った支援を意味する。

特別な教育的ニーズを有する子どもたちの生活における支援の存在とその潜在的な影響について考察するにあたって、この問題に関する彼らの経験や視点の中にある洞察に学ぶことが不可欠である。「子どもの権利宣言」によれば、障害をもつ子どもを含め全ての子どもたちは、自分たちに関する事柄についての意見をもつ権利があり、おとなたちは子どもたちの意見を聞かなければならない（Sinclair Taylor, 2002）。そうであるにもかかわらず、子どもたちはほとんどの研究で研究参加者に含まれていない（Allan, 1999; Lewis and Lindsay, 2002）。親が子どもたちの代弁者となることもしばしばである。親は自分たちの子どものことをよく知っているからといって、親の経験が子どもの経験と同じとは限らない（Lewis and Lindsay, 2002; Garthand Aroni, 2003）。特別な教育的ニーズをもつとレッテルを貼られた子どもたちの「声」が聴かれないままになっており、それがインクルーシブ教育の目標が実現されない一つの理由であるとギブソン（Gibson, 2006）は指摘している。この「沈黙の文化」（Freire, 1985）は、「他者」が沈黙させられている近代主義的教育システムとリンクしている。

　私たちは、インクルーシブな学校を確立していく過程における、子どもたちの「知識」の価値を認識していたので、学校環境において彼らがどのように支援を経験しているかに耳を傾けた。本稿の目的は、フランダース地方の普通学校において特別な教育的ニーズをもつ子どもたちとその同級生の視点から、インペアメントと障害が生み出す障壁に対する支援の影響に関する知見を得ることにある。

　多くの研究が示すところでは、支援は子どもたちによって必要なものとして受け入れられ、ポジティブな学校経験と結びつけられているだけではなく、考えなければならない多くの問題点を孕んでいる。学級活動に参加できたり、他の子どもたちに遅れずについていけたり、社会活動への参加を促してくれるときには、支援は生徒たちにとって価値のあるものとされる（Lightfoot, Wright, and Sloper, 1999; Hutzler et al., 2002;Messiou, 2002; Hemmingsson, Borell and Gustavsson, 2003）。楽しい活動が行われているときに、クラスから排除されるのは嫌だと言う生徒もいる。生徒はしばしば、支援に付随する「特別」な配慮を嫌い、自分たちを他のクラスメイトと同じように扱ってもらいたいと思う（Giangreco et al., 1997; Hutzler et al., 2002; Norwich and Kelly, 2004;De Schauwer et al., 2009; Curtin and Clarke, 2005)。

　いくつかの研究において問題とされているのは、提供された支援における子どもたちの声の欠如である。いつ、どのような方法で支援を行うかについて、子どもたちの意見がほとんど聞かれることなく、おとなたちが決めてしまっているのである（Skär and Tamm, 2001; Hemmingsson, Borell and Gustavsson, 2003）。子どもたちは自分が受ける支援のあり方についての選択に関与したいと思っている（Lightfoot, Wright and Sloper, 1999）。

　支援員と良好で親密な関係を構築することは難しく、時間を要するものだと生徒たちは言っている。支援関係は、生徒たちの側にだけ心をオープンに信頼感をもつことを強いるものになっているという意味において、しばしばアンバランスなものとして経験されている（Skär and Tamm, 2001）。生徒たちを支援し過ぎてしまったり、作業を奪ってしまう明らかなリスクがある。生徒たちはできるだけ手助けなしに行動したいと思っているのだ（Lovitt, Plavins and Cushing, 1999; Broer, Doyle and Giangreco, 2005; Mortier, Van Hove and De Shauwer, 2010）。

　同級生たちはおとなの支援は、特定の生徒のためにあるということを知っているが、彼らは、授業担当の教師が認めるなら、自分たちも支援員の手助けを求めることもあると言っている（Van Hove, Mortier and De Schauwer, 2005）。同級生たちは、障害のある生徒にとっての支援と環境整備は自分たちの学習においても効果的なものであると認識しているのだ（Fisher, 1999）。

1　方法論

（1）協力者

　研究への協力者は6人の障害のある子どもたちや若者と彼らの19名の同級生である。我々は半構造化インタビューとフォーカスグループ・インタビューを行った。障害のある子どもたちは普通学校に通っており、「インクルージョンのための親の会」という運動とゲント大学の特別支援教育学部のデータベースから選ばれた。その選抜は、有意サンプリング（a）、便宜的サンプリング（b, c, d）、変異最大化サンプリング（e, f, g）といった手法の組み合わせを基にして

いる（Patton, 2002）。次のような子どもが対象となる。

　①インクルーシブ教育を受けている障害のある子ども
　②言語によるコミュニケーションが可能
　③調査するものにとって妥当な地理的範囲にある学校
　④調査協力を依頼されていない家族
　⑤様々な年齢
　⑥様々な性別
　⑦多様な支援ニーズをもつ

　フォーカスグループはそれぞれ、障害のある子どもと4人のクラスメイトから構成されている。多様性を担保するため、クラスメイトの2人は子どもが選び、残り2人は教師が選んだ。協力者に関する簡単な説明は、表1に示している。障害のある子どもの親には電話でコンタクトを取り、研究計画と協力要請の手紙を送った。子どもと話し合った後、コンタクトした全ての親は参加を了承した。選ばれたクラスメイトの親たちにも同様に説明し同意を求めた。

表1　協力者

インタビュー協力者					フォーカスグループ協力
生徒名	性別	年齢	支援ニーズ	学年	クラスメイト数
アーサー	男	9	認知的・移動支援	小3	4
ルイス	男	9	移動・視覚的支援	小4	4
ミーケ	女	11	学習面・社会関係支援	小6	4
リーズ	女	12	認知的・社会関係支援	小6	3
シャロン	女	15	社会的・認知的支援	中等2（美容師科）	4
ニッキー	女	18	社会的・学習面・移動支援	中等6（事務管理化）	0

（2）　データ収集

①インタビュー

障害のある生徒1人に2回の半構造化インタビューを行った。1回のインタビューは約1時間行った。ほとんどの子どもに、授業時間中に別の部屋でインタビューを行った。ニッキーは家で、アーサーの二度目は家族療法室で行われた。

いくつかの質問についてはモチベーションや反応を高めるために写真を用いた（Cappello, 2005）。写真には生徒たちに対する様々な支援の場面が写されていた（Schalock et al., 2010）。「この写真をどう思う？」という質問と共に写真を子どもに見せた。調査員は応答次第で追加の質問を行った。二度目のインタビューで調査員は、まだ語られていない項目、もしくは一度目のインタビューでは曖昧だったことを明確化するのに役立つ項目に焦点を当てた。

②フォーカスグループ

学校生活に調査員が関わることを好まないニッキーを除いて、障害のある子どもそれぞれに対してクラスメイトも参加するフォーカス・グループがつくられ、インタビューが学校で行われた。フォーカスグループは5人の参加者で構成されていた。そこで話し合われることは自分に関することだから、障害のある生徒も参加していた。自分たちに関係するという理由で議論に参加していた。フォーカスグループは、インタビューと同じ質問項目（「理想の支援とは」という質問以外）で構成されており、写真も用いられた。個別インタビューとフォーカスグループインタビューは録音し、逐語録を作成した。

③子どもたちへのインタビュー

データの質と信頼性を向上させるために、また固有の状況を考慮するために、子どもたちへのインタビュー過程を分かり易いものにすることに特に注意を払った。

（1）インタビューの前に、普段の環境にいる子どもと知り合い、子どもと接するに当たっての緊張をほぐし、質問事項のアイデアを収集するために、調査員は授業参観を2、3回行った（Einarsdóttir, 2007）。

（2）インタビューでは写真誘発技術を用いた（Hurworth et al., 2005）。インタビューは子どもの学校生活における支援の様々な様子を撮影した画像をもとに進めた。写真は参観の間に撮り、インタビューを始めるきっかけやテーマについての会話の補助として利用した。子どもたちにできるだけ多く話してもらえるように促したり、研究者の質問が誘導的になることを避けるためにも写真を利用した。

（3）調査員は参加者の年齢と能力にふさわしい言葉を用いた。質問をそれぞれの子どもにとって、具体的でかつ個別的な状況に即するものになるように工夫した（Lewis and Porter, 2004）。

（4）参加者のうち2人のインタビューは、最初のインタビューがあまりスムーズに進まなかったので、より個別化したアプローチを採用した。特別な支援的方法を模索し取り入れたのである。アーサーの二度目のインタビューは彼の言語療法士にも同席してもらった。アーサーが理解できるような質問の仕方について、言語療法士は多くの示唆を与えてくれた。彼のインタビューは毎週の療法の時間に行われた。なぜなら、授業時間から取り出されるのを嫌がったからだ。二度目のインタビューは、一度目よりもより構造的なものになった。調査員はインタビューの初めに、それぞれ異なる色をつけた5ページの質問用紙を渡した。この方法によって、いくつの質問をしたか、またこの後いくつ行うかをはっきりアーサーに示した。いくつかの質問は短縮して、複数の選択肢を提示した。リーズの二度目のインタビューも工夫を加えた。具体的な教室での状況を振り返ることに意識を集中することが彼女には難しかったので、彼女が振り返ることができる教室での出来事に調査員が質問を「翻訳」することを手伝うために、また彼女が出来事についての話を続けられるように支援するために、同級生に会話に加わってもらった。

（3） データ分析

①インタビュー

我々はインタビューデータの推論的分析のために、トーマスによる障害の社会関係理解を分析に用いた（Thomas 1999, 2004）。このモデルのおかげで、生徒の日常生活における支援の効果を、モデルのさまざまな次元と結びつけて分

析することが可能となった。トーマスのモデルでは、人々が経験するインペアメントの影響と、障害の影響を区別している。それぞれはさらに、要因と過程という二つの次元から構成されている。要因とは行動制限（行為における障壁）であり、過程とは心理情緒的幸福に影響を与えるもの（存在における障壁）である。この定義において、障害の影響は社会的抑圧の一形態とされていることに注意が必要である。

インタビューの逐語録は Nvivo 8（QSRInternational, 2008）というソフトに入力した。支援についてのデータは、トーマスの分析枠組みを基に、関係する影響のタイプに従ってコーディングを行った。結果の大半は、障害のある子どもとのインタビュー分析を基にしている。

②フォーカスグループ

フォーカスグループのデータは障害のある生徒の生活経験ばかりでなく、同級生の経験や意見をも多く反映したものとなるので、このトーマスの枠組みを基にした分析では妥当ではないように思われた。

表2．障害の社会関係論

	活動の制限 （行為上の影響）	心理情緒的幸福へのインパクト （存在における影響）
障害の影響	領域 A	領域 B
インペアメントの影響	領域 C	領域 D

原典：トーマス（Thomas 1999, 15）

フォーカスグループのデータは、一行一行原稿の精査をし、帰納的に分析を行った。様々な種類の支援についての調査協力者の認識を反映しているテーマを特定し、パターンを同定するために事例を通してそれらを比較した（Patton, 2002）。分析の過程で、第一著者と第二著者との間で継続的なコミュニケーションを行った。特別な教育的ニーズをもつ子どもとその親に調査結果の報告を行った。

2　結果

子どもたちに自分に関する様々なことについて述べてもらった。自分自身がどう見えるか、兄弟間における居場所、個人的特徴、好きなこと嫌いなこと、得意不得意についてである。彼らの好み、興味、活動は、年齢と性別ごとにはっきりした特徴があり、最新の流行を取り入れていた。彼らは皆学校に行くことについて積極的であり、好きな時間帯である休み時間に行う活動には、個人的な好みがあることが明らかになった。将来について、庭師、消防士、映画監督、バレエダンサー、教師、保育士、デザイン制作会社の社長という夢をもっているということがわかった。

（1）インペアメントの影響（領域C・D）

インタビューを受けた子どもたちの多くが、インペアメントによる制限を解消してくれるものとして、支援（仲間やおとな、環境整備・補助）を積極的なものととらえていた（領域C）。ポジティブな効果の内容として次のようなものが挙げられる。

●授業やさまざまな学級活動に、より快適に参加することができること。
　周りのペースに遅れずについていく、もしくはゆっくりと作業をしたり、指導に従ったり、よりよく理解できたり、道具を利用することができる。
●学習内容について、よりよく理解できるようになること。
　特別指導を受けられたり、自分の能力レベルで試験を受けられたり、テストそのものやテストを受ける状況について配慮を受けられる。
●身体的なものを含むあらゆる活動に参加を可能にすること。
　文章を遅れずに書いたり、泳いだり、体育（PE）、芸術、タイピングの授業に参加したりする。
●学校社会に幅広く参加することができること。
　より安全に歩いたり、休み時間の遊びに参加したり、授業に参加できる。

支援は多くの障壁を除去することに効果的であるにもかかわらず、おとなからの支援によって、活動制限を引き起こすこともある。例えば、他の生徒たち

と交流することや、取り出しによって楽しい学級活動に参加できないというようなことである。

　データを通して注目すべきポイントの一つに、特別な教育的ニーズのある子どもたちは、非常に専門的で状況依存的なものとして支援を説明しているという点がある。子どもたちはしばしば、どのような場面で、どのような種類の支援を、どのような環境下で行うかを指定することができた。また支援についての個人的な好みについて交渉することができた。6人の生徒のうち5人が、支援員について同性を好んでいた。クラス内のおとなからの支援を好む生徒もいれば、クラス外からの人を好む者もいた。（おとなたちは他の仕事にかかりっきりになることがあるので）気軽に利用できるという理由で、同級生からの支援を好む者もいた。またより安全なので、おとなの支援を好む者もいた。

　　仲間は僕のコートを脱がせて、ハンガーにかけたがるが、それは自分でしたいんだ。手伝ってほしいのは、チャックをはずし始めるときとコートを着るときだけなんだ……。（ルイス）

　同級生たちは障害のあるクラスメイトだけでなく、自分たちにとっても支援はポジティブなものと考えている。同級生たちは特別な教育的ニーズにある生徒は支援を受けるべきであり、様々な選択肢を利用できることが良いと思っている。あるインタビューでは、生徒と支援員の会話が自分たちの集中の妨げになりうると証言した同級生もいた。自分たちが支援に参加するのが好きだと言う証言もあった。いくつかのコメントには、支援は自分の時間を犠牲にするものだと述べているものも少しはあった。ある状況においては、支援を受けていることに関して「嫉妬」とみられる反応もあった。

　　体育の授業に参加しなくていいから、ミーケはラッキーだと僕は思っていた。退屈だからね。でも、今では僕以上にいらいらすることをしなくてはいけないこともあるから可哀そうだと思っている。（ミーケの同級生）

　インペアメントによって引き起こされる「行動の阻害障壁」（領域C）を除去

することに支援はポジティブな効果をもたらす。それと同時に、否定的な心理―情緒的な影響を与える（領域D）。障害のある子どもたちのインタビューでは、これらの「行動上の障壁」は日常生活のごく普通の一部分として表現されている。しかし、彼らはそうした問題を日常の支援ニーズに従属するものととらえている。障壁の問題を特定したり、他の人と話し合おうとする者はなかった。子どもたちの格闘している葛藤領域に関して探究を行う。

① Control-freedom（管理・自由）

　私がむかつくのは「かばんが重過ぎるんじゃない」と言われること。でもそんなことないんだよ。口出しはいらない、サポートが欲しいんだ。

障害のある生徒たちは皆、支援を余計な管理として経験している。教室の最前列に座らされた生徒も何人かいたが（生徒たちが理解したり考えたりするには良いだろうという理由からであるが）、教師の視界に常に入ってしまうことを嫌がっていた。また、支援員が近くにいるために、おしゃべりをしたり、筆記用具などをいじくったり、ぼうっとしたりすることができず、いらいらするという経験もしていた。別の管理の形として、同級生やおとなの支援員から勉強や成績などについてとやかく言われることが挙げられる。他の同級生なら秘密にしておけるような自分の情報が教師や親にすぐ知れてしまうのは不公平だと感じている生徒がいた。彼女は移動介助に依存することで、外出と冒険の機会が奪われてしまうという経験もしていた。

② Dependence-independence（依存－自立）

　僕はそれ（数学や読書）をひとりで、自分の力でしたいんだ。自分の力でしたいんだよ。（アーサー）

すべての生徒が支援を受け過ぎていると思っている。支援機器や環境整備に関してではなく、おとなと同級生からの支援は「やり過ぎだ」と言っていた。

インタビューの中で、不必要な支援の問題はたびたび語られていた。自分たちができることに対してではなく、難しいと思うことに対する支援の重要性を子どもたちは強調した。(それがたとえ、作業や活動のほんの一部分であったとしても。)子どもたちが指摘するもう一つのポイントは、年をとり、自立すればするほど、支援ニーズも発展するということであった。支援を受けずに自分がしたいと思ったときに何かに挑戦することは、時には重要だとある生徒は言っていた。最上級生にとっても、できる限りの自立を達成することが最大の個人目標であった。過度の支援は生徒たちの自信を失わせ、自分の力では何もできないと思わせてしまうのだ。

③ Same-different(同質・異質)

　　人には与えられた時間がある。このことは誰にとっても同じなんだ。
　　　　　　　　　　　　　　　　　　　　　　　　　　　　　(ニッキー)

　子どもたちは支援システムの観点から、自分たちと同級生が、何が同じで何が違うのかについてとてもよく分かっていた。自分たちに図られる便宜が似たような形で他の生徒にも図られているかどうかについて、子どもたちは常に気にしていた。この意味において、改造された机、いす、歩行器、三輪車のような支援機器が子どもたちを目立たせてしまうとき、それらを使うことは必ずしもポジティブな経験とはならなかった。コンピューターの使用はスティグマをもたらすものとは経験されていない。さまざまな活動をできるだけ「皆と同じように」過ごすことが重要であると子どもたちは訴えていた。同級生が許されている(許されるであろう)ことと同じ方針で教師に扱われることを、子どもたちは望んでいた。見かけもまた、この意味で重要なものと考えられていた。おとなからの支援は、同級生からの支援よりもスティグマをもたらすものと考えられていた。特に、支援員が障害児だけの手助けをしたり、そばにずっと座り続けていたりする場合である。体育の時間に理学療法を受けていることが、ひとりだけ楽をしているんじゃなくて、みんなと同じように大変な苦労をしているんだということを同級生がわかってくれているかどうか知りたい、という

子どももいた。

④ Other-self（他者―自己）

　僕はときどき（したいことについて）何もいわなくなる。僕のことを怒っているんじゃないかと思うから、何も言わないようにしているんだ。

　これらの発言によって、自分のことであるにもかかわらず周囲の人々の感情をいかに子どもたちが気にし続けているかが分かる。ある少年は支援員が学校に着くと、あいさつに行こうという気持ちとこのまま友達と遊び続けたい（この少年が本当にしたいことは後者だが）という気持ちで揺れ動くと述べていた。子どもたちは仲間や教師、親の負担になりたくないということもほのめかしていた。1人の同級生が自発的に行う支援よりも、同級生の仲間システムを好む子どもたちも何人かいた。なぜなら、複数の同級生たちに「作業」が分担されるからであった。しかし、ある1人の生徒は手助けを仲間に強要するようなシステムを決して受け入れなかった。新しい同級生や支援員が支援するとき、子どもたちはその人たちに安心してもらえるように何度も説明をしなければならなかった。「奇妙な」反応と思われたり、支援員を傷つけてしまうという恐れから、子どもたちは不必要な支援と嫌なコメントに関していつも何も言えない。一方では良好な関係を維持し、次に必要になる支援を確実に受けられるようにしたいと子どもたちは思っているのだ。認識力、コミュニケーション力が弱いとされるある子どもは似たようなフラストレーションを貯めていたが、結果的に同級生や支援員との間に衝突が起こり、暴言を吐くというようなことになってしまっていた。

⑤ Desirable-undesirable（望むこと―望まないこと）

　私は彼（支援員）とすべての時間一緒に作業をしなければならない。それは嫌だ。だから「嫌だ、ジャックさん、あなたとはもう会いたくない」って言ってやった。（リーズ）

支援がとても状況に左右されやすいという点で、望ましい支援とそうでないものに関して非常に曖昧であるということを子どもたちは強調した。インタビューを通して繰り返されていたこととして、ある特定の支援（特別指導・療法、支援機器の使用など）は自分たちの発達にとって良いものであるが、それらは難しく恐怖を覚えることもあるということであった。一生懸命何かに打ち込むことは、それが面白ければ素晴らしいことだ。しかし、寝起きが悪かったり、勉強する気が起きない日に、おとなから支援を受けなければならないことをハードなものに感じる生徒もいるのだ。

（2）障害による影響（領域 A and B）

僕は（支援者は）男友達がいいのに、それを選べないんだ。（ルイス）

私はグラウンドでひとりぼっちで座っていた。それは嫌だった。君たちも気づいてるんでしょ、そんなときは本当に参るって。（ニッキー）

データには、障害による行為的・存在的な障壁に伴う経験が含まれていた。それらは日常的な出来事ではなく、突発的な事件に関するものであった。そして、その対処に支援はあまり効果的ではなかった。

自分の好きな活動に参加するということについて、障害のある生徒は時に制限を受けたり、参加できなかったりする（領域A）。何人かの生徒はグラウンドでのひとり遊びを障壁として経験している。彼らは単に遊びに誘われなかったり、ゲームが激しすぎるから一緒に遊ぶのは無理と決めつけられたりした。2人の生徒は時々、支援者の同級生にその存在を忘れられ、次の活動に参加できなかったという経験をしている。中等学校に通う生徒の1人は能力レベルを理由に参加させてもらえない授業もあった。その間、彼女は別の部屋で支援員や母親から与えられたワークシートをすることになっていた。そのワークシートはチェックされないこともあった。彼女は試験にも参加させてもらえないこともあった。

また、周囲の人からの心ない反応、無神経な振る舞い、そして支援について

の選択の欠如が引き起こす障害の心理－情緒的な影響の例もある（領域B）。ある生徒は妬まれないように、試験が受けられるよう配慮された問題のレベルや別課題を隠さなければならなかったと言う。その生徒はまた、いつも支援をしてくれていたある生徒から、「感謝の言葉がないから支援をやめる」というようなことを言われて喧嘩別れする出来事があったため、クラス中から仲間はずれにされたこともあったと述べていた。この出来事はしばらくの間いじめにつながり、彼女が不登校になるほどひどいものだった。この件は少しずつ解決していったが、彼女はこの状況を打破する有効な支援を得られなかったことを覚えていた。彼女の悩みを一生懸命聞こうとしてくれる人はたくさんいたが、彼女が助けになったと思うようなことをしてくれた人は誰もおらず、場合によっては状況をより悪化させただけだった。

「かわいそう」と言ったり、手を握ったり、持ちあげたり、頭を撫でたりするような、おとなや同級生の支援関係における不適切な振る舞いや発言には、調査に協力してくれた生徒たちは非常に怒っていた。

最後に、子どもたちは支援の好みについてはっきりとした考えをもっているにもかかわらず、支援員の人選や支援方法、内容についての要望を伝えることができたものは誰もいなかった。

3　結　論

小規模であることと限られた時間を鑑みれば、本稿の結論には限界がある。それゆえ、結論はサンプルを超えて一般化することはできない。この記述的研究は、子どもの視点に注目しながら「良い支援」の構築を志向し、本領域における初期の研究の確かさを裏付けるものになっている（Skär and Tamm, 2001; Curtin and Clarke, 2005）。子どもの経験の微妙な面を理解する上でトーマスのモデルは役に立った。その結論と議論によって、なぜ社会モデルのレトリックが、子どもの日常経験を考慮した変化をもたらすまでに、非常に長い年月を要しているのかについての知見を得ることができる。本研究の今後の重要課題は、研究成果について教師、親、支援員と話し合っていくことである。

障害のある子どもたちが我々に見せてくれた姿は、同年代の子どもとほぼ同

じようなものだった。カナーとステイルカー（Connors and Stalker, 2007）の研究と同様、インペアメントと障害は話題に上らなかったし、子どもたちが不得意なことや難しいと思うことについての説明を求められる際に間接的にその点に触れるだけだった。このことから、子どもたち自身がもっている「みんなと同じなんだ」というイメージと、他の人のもつ「他の子とは違う」というイメージが食い違っていることがわかる。このイメージの不一致は、支援ニーズの質と量に関して異なる解釈を生むことになる。このことから、日常生活のこうした点において、子どもたちが「障害アイデンティティ」を有用なものと思っていないことがわかる。障害のある子どもたちの将来の夢とする職業は非現実的なものと見なされる。しかしながら、夢が現実的である必要があるのだろうか、将来についてのこの様なイメージを抱くことは年齢的にふさわしいものではないだろうか。

　本稿における障害のある子どもたちは、学校生活での支援を主にポジティブなものと捉えている。この点は支援における子どもの視点に関する他の研究結果とも一致する（Lightfoot, Wright, and Sloper, 1999; Curtin and Clarke, 2005）。また、同級生の視点も同様にポジティブであった。様々な種類の支援は障害のあるクラスメイトに役立つものであると同級生たちは認識しており、これも他の研究結果と一致する（York and Tundidor, 1995; Allan, 1997; Fisher, 1999; Van Hove, Mortier, and Schauwer, 2005）。

　トーマスの社会関係モデル（Thomas, 1999）は、支援の効果をより精緻に捉えることを可能にし、障害のある子どもの学校生活における支援の意味についての重要な発見をもたらした。ほとんどすべての支援は、インペアメントによって生じる活動の障壁に対処することを目標としていた（領域C）。しかしながら、社会的抑圧を受ける出来事が現にあり、支援はそうした問題（領域A, B）に対処することにあまり焦点を当てていないことがデータからわかる。支援を要するすべての生徒にとって、全般的な支援を利用できるかどうかが学校選択の際の決定要因の一つであることに注目する必要がある（領域A）。

　障害のある子どもたちの経験についての記述の中で、支援の曖昧な性質が随所に垣間見えた。「行為上の影響」と「存在における影響」を区別すれば、支援は「行為」（領域C）のある局面では肯定的な影響を与えるが、同時に「行為」

(領域C）のある局面では悪化させたり制限したりして否定的な影響を与え、また支援を受けている子どもの「存在」（領域D）を肯定的なものにもする。インペアメントの影響を軽減することを目標として行われた支援を受けた直接的な結果という、子どもたちが格闘することになった緊張状態は、管理－自由、同質－異質、依存－自立、自身－他者、望むこと－望まないこと、であった。また、子どもたちは余計な管理や過剰な支援を求めていなかった。そして、目立ってしまうことや、自分自身の感情だけでなく他の人々の気持ちを考慮しなければならないことに気苦労を強いられており、ある状況下では支援を望んでいなかった。これらの発見はミドルトン（Middleton, 1999）による青年に関する研究結果とも一致する。子どもたちは支援が両刃であることをよく知っている。だから、支援の有効性を語るときに否定的なニュアンスを醸し出してしまうのだ。

4　議論と提言

学校ではカリキュラムや学業の進歩が最も重要なものとされている（Gibson, 2006）。この大前提または、何が重要かということについての支配的な見解から、教育は組織されている。インクルーシブ教育における支援は、これと似たような思考によって成り立っている。このロジックに従えば、例えばなぜフランダースの教育現場ではおとなからの支援が非常に望ましいものとされるのか、というようなことが理解されやすくなる。おとなの支援員は直接的指導を行い、学校生活のペースに遅れないように生徒を支援することができるからだ。

子どもたちの声を聴くことによって、日常生活において典型的な支援を行うことが、いろいろなことに挑戦できない状態にいる生徒をさらに無力化するリスクのあるものであるということを知った。同様の文脈で、ミドルトン（Middleton, 1999）は、インペアメントをもつ子どもたちは本来避けられるはずの不利なことをたくさん経験していることを示した。子どもたちは日常生活においておとなからの過剰な監視を経験しているのだ（Watson et al., 2000）。

本稿において、多くの場面で子どもたちは何を必要とし－していないか、何を好み－好んでいないか、そしてその理由についてなど非常に正しく知ってい

ることが分かった。さらに、インペアメントによる障壁や障害による障壁についての経験は、子どもたち一人ひとりによって異なることも分かった。同様にシモンズ、ブラックモアそして ベイリス（Simmons, Blackmore and Bayliss, 2008）の研究においても、障害、インクルージョン、エクスクルージョンについて、それぞれの状況に依存した性質があることが明らかにされている。

（1）客観的／規範的ニーズからフェルトニーズ・表明されたニーズ・比較ニーズへ

トンプソン他（Thompson, et al., 2009）は支援と支援ニーズを区別することおよび望まれている結果に目を向けることを提案している。「支援ニーズ」はたいていの場合において、規範的もしくは客観的なニーズに焦点があてられるが、フェルトニーズ、表明されたニーズ、デマンド、比較ニーズもある。支援ニーズはインペアメントのタイプそのものからではなく、所与の境下における実践能力とデマンドのミスマッチから生じるものであることをトンプソンたちは示した。フランダースの教育や福祉の官僚組織が考える支援ニーズは、現実のニーズとはあまり関係がなく、インペアメントのカテゴリーを土台にしている。支援ニーズの質と量の決定に際して多角的な判断が考慮されるようにするためには、規範性を弱めたアプローチが求められる。

（2）再帰的実践者から反省的実践者

子ども支援を管理運営するか実際に支援をしている再帰的実践者（Davis, 1998）は、「良い支援」を提供することがどのような意味をもつのかについて常に考えるべきだ。また、支援が、否定的な心理－情緒的な影響を与える危険性をもち、個別的で状況依存的な性質をもつ知るべきである。同様に、導入された支援が、生徒の自由と自立の感覚にいかに悪影響を与えているか、彼らがスティグマ化されたと感じていないかどうか、支援の選択が他者との関係構築にどの程度ストレスを与えているか、そして生徒にとって支援が望ましくない特定の状況があるかどうか、についても知るべきである。

（3）支援の受け手から主体へ

上述の提言は、生徒と支援に関わる人たちとの間の継続的な対話が必要であることを示している。子どもたちは、単なる支援の受容者から支援についての主体者になる機会を与えられるべきだ。支援を管理する方法を学ぶことができれば、子ども時代ばかりでなくおとなになってからのQOL（生活の質）や自己決定にとって重要なものとなるだろう。このことは、子どもが自己決定する上でふさわしいあり方とは何か、そして子どもの教育におけるおとなの責任とは何かということを（再）定義するために、バランスを取ることと反論の余地を残すことが必要であることを示している。

　障害のある子どもをもつある母親は、真のパートナーシップが専門家と自分たちの間に築かれた稀なケースにおいて、「チーフパートナー」の役割を担ったのはまさに自分の息子であり、他の人たちはそれぞれの役割をもって寄り添っていただけだと振り返っている（Murray, 2000）。学校と社会における障害のある子どもたちのQOLおよび安寧、所属、成長に貢献することを支援は意図している（Thompson et al., 2009）。チーフパートナーとしての子どもたちの声を聴き、彼らの実体験を道案内とすることによって、起こりうる否定的な結果を回避し、彼らが真に望んでいる結果を追及することが可能になるのである。

【謝辞】
　アーサー、ルイス、ミーケ、リーズ、シャロン、ニッキ、そしてその同級生たちに経験を分かち合ってくれたことに感謝の意を表したい。

【注】
1、支援は、知的障害をもつ人の発達、教育、利益、個人的ウェルビーイングを促進するのに必要な資源であり、個別的戦略なのである。支援は親、友人、教師、心理学者、医者、もしくは適当と思われる人、代理人によって行われるものである。支援を行うことによって、精神遅滞の人たちの機能を改善し、自己決定と社会的包摂を促進し、個人的ウェルビーイングを改善することができる。

2、本稿では、調査協力者（9～18歳）に言及する場合、「子ども」という言葉を用いる。

【文献】
Allan, J. (1997) With a little help from my friends? Integration and the role of

mainstream. *Children & Society* 11, no.3: pp.183-93.
Allan, J. (1999) Actively seeking inclusion. *Pupils with special needs in mainstream schools*.London: Falmer Press.
Broer, M., M. Doyle, and M. Giangreco. (2005) Perspectives of students with intellectual disabilities about their experiences with paraprofessional support. *Exceptional Children* 71, no.4: pp415-30.
Cappello, M. (2005) Photo interviews: Eliciting data through conversations with children. *Field Methods* 17, no.2: pp.170-82.
Connors, C., and K. Stalker. (2007) Children's experiences of disability: Pointers to a social model of childhood disability. *Disability & Society* 22: pp.19-33.
Curtin, M., and G. Clarke. (2005) Listening to young people with physical disabilities' experiences of education. *International Journal of Disability, Development and Education* 52, no.3: pp.195-214.
Danforth, S. (2004) The 'postmodern' heresy in special education: A sociological analysis. *Mental Retardation* 14, no.6: 445-58.
Davis, J. (1998.) Disability studies as ethnographic research and text: Research strategies and roles for promoting social change? *Disability & Society* 15, no. 2: pp.191-206.
De Schauwer, E., G. Van Hove, K. Mortier, and G. Loots. (2009) 'I need help on Mondays, it's not my day. The other days, I'm ok.' Perspectives of disabled children on inclusive education. *Children and Society* 23, no.2: pp.99-111.
Einarsdóttir, J. (2007) Research with children: Methodological and ethical challenges. *European Early Childhood Education Research Journal* 15, no.2: pp.197-211.
Eurydice. (2005) *Key data on education in Europe. European Commission, Eurydice,* Eurostat.Luxembourg: Office for Official Publications of the European Communities.
Fisher, D. (1999) According to their peers: Inclusion as high school students see it. *Mental Retardation* 37, no.6: pp.458-67.
Freire, P. (1985) *The politics of education: Culture power and liberation.* London: Macmillan.
Gabel, S., and S. Peters. (2004) Presage of a paradigm shift? Beyond the social model of disability toward resistance theories of disability. *Disability & Society* 19, no.6: pp.585-600.

Garth, B., and R. Aroni. (2003) 'I value what you have to say'. Seeking the perspective ofchildren with a disability, not just their parents. *Disability & Society* 18, no.5:pp.561-76.

Giangreco, M., S. Edelman, T. Luiselli, and S. MacFarland.(1997) Helping or hovering? Effects of instructional assistant proximity on students with disabilities. *Exceptional Children* 64, no.1:pp.7-18.

Gibson, S. (2006) Beyond a 'culture of silence': Inclusive education and the liberation of 'voice'. *Disability & Society* 21, no.4: pp.315-29.

Hemmingsson, H., L. Borell, and A. Gustavsson. (2003) Participation in school: School assistants creating opportunities and obstacles for pupils with disabilities. *Occupation, Participation and Health* 23, no.3: pp.88-98.

Hurworth, R., E. Clark, J. Martin, and S. Thomsen. (2005) The use of photo-interviewing: Three examples from health evaluation and research. *Evaluation Journal of Australasia* 4, nos. 1/2:pp. 52-62.

Hutzler, Y., O. Fliess, A. Chacham, and Y. Van den Auweele. (2002) Perspectives of children with physical disabilities on inclusion and empowerment: Supporting and limiting factors. *Adapted Physical Activity Quarterly* 19, no.3: pp.300-17.

Lewis, A., and G. Lindsay. (2002) Emerging issues. In *Researching children's perspectives*, ed. A. Lewis and G. Lindsay, pp.189-97. Buckingham: Open University Press.

Lewis, A., and J. Porter. (2004) Interviewing children and young people with learning disabilities:Guidelines for researchers and multi-professional practice. *British Journal of Learning Disabilities* 32, no.4: pp.191-7.

Lightfoot, J., S. Wright, and P. Sloper. (1999) Supporting pupils in mainstream school with an illness or disability: Young people's views. *Child: Care, Health and Development* 25, no.4: pp.267–83.

Lovitt, T., M. Plavins, and S. Cushing (1999) What do pupils with disabilities have to sayabout their experience in high school? *Remedial and Special Education* 20, no.2: pp.67-76.

Messiou, K. (2002) Marginalisation in primary schools: Listening to children's voices. *Support for Learning* 17, no.3: pp.117-21.

Middleton, L. (1999) *Disabled children challenging social exclusion*. Oxford: Blackwell Science.

Mortier, K., G. Van Hove, and E. De Schauwer. (2010) Supports for children with disabilities in regular education classrooms: An account of different perspectives in Flanders. *The International Journal of Inclusive Education* 14, no.6: pp.543-61.

Murray, P. (2000) Disabled children, parents and professionals: Partnership on whose terms? *Disability & Society* 15, no.4: pp683-98.

Norwich, B., and N. Kelly. (2004) Pupils' views on inclusion: Moderate learning difficulties and bullying in mainstream and special schools. *British Educational Research Journal* 30. no.1: pp.43-65.

Patton, M. 2002. *Qualitative research & evaluation methods,* 3rd ed. Thousand Oaks, CA: Sage.

Schalock, R. et al., (2010) *Mental retardation: Definition, classification, and systems of supports.* Washington, DC: American Association on Mental Retardation.

Simmons, B., T. Blackmore, and P. Bayliss. (2008) Postmodern synergistic knowledgecreation: Extending the boundaries of disability studies. *Disability & Society* 23, no.7:pp.733-45.

Sinclair Taylor, A. (2002) The UN convention on the rights of the child: Giving children avoice. In *Researching children's perspectives,* ed. A. Lewis and G. Lindsay, pp.21-33. Buckingham: Open University Press.

Skär, L., and M. Tamm. (2001) My assistant and I: Disabled children's and adolescents' roles and relationships to their assistants. *Disability & Society* 16, no.7: pp.917-31.

Thomas, C. (1999) *Female forms. Experiencing and understand disability.* Philadelphia: Open University Press.

Thomas, C. (2004) How is disability understood? An examination of sociological approaches. *Disability & Society* 19, no.6: pp569-83.

Thompson, J.R. et al., (2009) Conceptualizing supports and the support needs of people with intellectual disability. *Intellectual and developmental disabilities* 47, no.2:pp135-46.

Van Hove, G., K. Mortier, and E. De Schauwer. (2005) Onderzoek inclusief onderwijs. *Orthopedagogishe Reeks,* 23. Universiteit Gent.

Watson, N., T. Shakespeare, S. Cunningham-Burley, C. Barnes, M. Corker, J. Davis, and M. Priestley. (2000) Life as a disabled child: A qualitative study of young people's experiences and perspectives. Final Report to ESRC. University of Edinburgh:Edinburgh.

York, J., and M. Tundidor. (1995) Issues raised in the name of inclusion: Perspectives ofeducators, parents and students. *Journal of the Association for Persons with Severe Handicaps* 20, no.1: pp.31-44. Downloaded

資料1　インタビュー項目

質問項目

(1) 自己紹介をお願いします。（簡単な質問：年齢、兄弟の有無、趣味、長所、短所、好み）
(2) 学校について何か教えてくれませんか？（簡単な質問：学年、楽しいこと、楽しくないこと。）
(3) 学校に参加するのに助けになるものは何ですか？
(4) 様々な支援の写真についての質問です。（同級生、おとな、設備）
　(a) 写真を見て思うことを教えてください。＋いかに支援が生徒の状況に従って構成されているかを明らかにするための付加的な質問
　(b) 写真を見て良いと思うことを教えてください。
　(c) 写真を見て良くないと思うことを教えてください。
(5) 学校でこれらの他に支援はありましたか？
(6) あなたは十分な支援を受けていると自分で思いますか？
(7) 支援を受けることは、あなたの生活においてどのような意味をもつと思いますか？
（質問（4）の要素にも言及する）
(8) 支援によっていつも助けられていますか？
(9) 他の子どもたちやおとなが、あなたが支援を受けているという事実に反発することがありますか？
(10) （様々な支援の中で）どのようなものを望んでいますか？
(11) 理想の支援とはどのようなものだと思いますか？

フォーカスグループ

(1) 学校での（○○さん）に対する支援はどういうものか教えてくれませんか？
(2) 様々な支援に関する写真についての質問です。
　(a) どのような仕事をするのですか？
　(b) それについての良い点を教えてください。
　(c) それについての良くない点を教えてください。
(3) あなたにとって、支援者になるということはどのような意味をもちますか？
(4) あなたが注意していることはなんですか？
(5) （○○くん）に対する支援についての他の人からの反発はありますか？

9　エーリッヒ・フロム思想からみる注意欠陥多動性障害と教育における障害化

ウェイン・ベック著／高橋眞琴訳

Reflecting on attention-deficient hyperactivity disorder and disablement in education with Eric Fromm

Wayne Veck

Disability & Society 27 (2), 2012

［論文紹介］

　ウェイン・ベックは、エーリッヒ・フロム（1900-1980）、ハンナ・アーレント（1906-1975）、マルティン・ブーバー（1878-1965）といった哲学者の思想を援用し、障害者の教育参加やインクルーシヴ教育について研究論文を執筆している。

　本稿では、表題にみられるように、エーリッヒ・フロムの思想、特に、『自由からの逃走』（*Escape from Freedom*, 初版 1941 年）と『正気の社会』（*The Sane Society*, 初版 1955 年）における思想を援用し、社会成員の注意欠陥多動性障害に対する障害観について、論じている。

　エーリッヒ・フロムは、1900 年にドイツのフランクフルトで生まれ、1922 年にハイデルベルク大学で哲学博士の学位を得た後、精神分析の研究を行い、1933 年からシカゴ精神分析研究所での研究を経て、以降、米国に帰化している。当時は、ドイツにおいては、国家社会主義（ナチズム）が拡大していった時代であった。フロムの論文は、日本においても多数翻訳され、最近は、その思想が注目され、新版も多く発行されている。

　フロムは、*Escape from Freedom*（日高六郎訳『自由からの逃走』創元社）において、現代人の「自由とは何か」について、論じている。フロムは、「自由」について、心理学だけではなく、マルクスの社会経済的要因、イデオロギー的要因に、そして、フロム自身の新しい概念である「社会的性格」（social character）を加えた。「人間における自由」について、「本来人間は自由であり、自分自身の規範に従うべきであるが、現代人がつくりだした資本主義によって疎外されている」ということを説いている。

本稿においては、この「社会的性格」のパースペクティヴから ADHD（注意欠陥多動性障害）といわれる状態について探求しようとしている。後半部分においては、英国のシックスフォーム・カレッジに在籍する女子学生が、「過去に障害がある」、つまり「普通」もしくは「一般の標準を満たさない」と判断され、ADHD というラベリングをされたことで、訓練や薬物療法の対象となったことをとりあげている。

　訳者は、この事象を「障害化」という用語を用いることで問題提起している。例えば、「特別な教育的ニーズ」という教育的な概念は、イギリスやアメリカの影響を受け輸入されたものであるが、現代の日本人の「社会的性格」より、学校教育における支援対象を顕在化し、適切な支援を行うことが目下のミッションとなっている。つまり、エーリッヒ・フロムの思想を援用すると、「障害化」は「社会的性格」と密接な関係があり、障害の概念も時代とともに変化するということである。障害者の権利に関する条約においては、「社会における障壁」が問われているが、本稿は、「社会における障壁」を再定義する上で、示唆を与える先行研究であるといえよう。

　なお、翻訳にあたっては、Person-Centerd-Planning 研究会の新井裕也代表の多大なご協力を得た。心よりお礼申し上げたい。　　　　　　　　　　　　　　　（高橋眞琴）

［原著者紹介］

Wayne Veck（ウェイン・ベック）

　ウインチェスター大学教育健康福祉学部上級講師。専門は、障害の問題を哲学的な視点で分析することである。論文に Disability, hope and inclusive participation in education.（2013 年）ほか。

9 エーリッヒ・フロム思想からみる注意欠陥多動性障害と教育における障害化

【要旨】

本稿は、エーリッヒ・フロム（Erich Fromm）による考察を援用して、教育において困難を引き起こす行動への理解と対応は、人間の自由の状態及び教育施設・社会全体の性格に対する批判的で反省的な関与を伴って始めなければならないということを論じる。資本主義社会における良好な精神保健に関する支配的思想へのフロムの批判を、障害及びADHDと結び付けて検討する。南イングランドのシックスフォーム・カレッジにおけるある研究により、フロムの社会心理学への洞察と抑圧の過程としての障害化との関連が明らかになった。

キーワード：注意欠陥多動性障害、障害化、エーリッヒ・フロム、疎外、自由

【論点】
・インペアメントのある人が無力化される過程、即ち彼らに起因する問題ではなく、彼らに起こった問題によって無力化される過程と資本主義社会とを関係づけるために、社会心理学に関するフロムの著作を援用する。
・ADHDという状態へのアプローチに関する批判的な考察を提示するために、フロムの著作を援用する。
・インペアメントのある人に対する、独自性と深さに気付き表現することを許さない抑圧の過程として障害化を理解するために、フロムの著作を援用する。
・ADHDと障害化の関連において、社会的排除と疎外について検討するためにフロムの著作を援用する。
・教育者には、医療専門家のADHDに関する理解から批判的かつ省察的に距離を置く必要があるということを指摘するために、フロムの著作を援用する。

はじめに

　マイク・オリバー（Mike Oliver）は、本誌において、障害者のためのケアホームに居住している成人を対象としたアンケート調査の検討を行った。すべての質問は、障害の「問題」を個人の内面に位置付けていた（1992 年）。オリバーは、一般的な障害の捉え方ではない真逆の質問方法をとっている。例えば、アンケートの最初の質問の内容は、回答者に「あなたにはどんな問題がありますか」と問うものであったが、彼は「社会にはどんな問題がありますか」という質問に代えたのであった（Oliver, 1992, p.104）。もともとの質問は、障害者を単一の孤立した存在であり、社会への参加の度合いを決定し制限するインペアメントの集合であるととらえていた。オリバーの質問は、抑圧的な社会体制によって無力化された人々として障害者をとらえるものであった。言い換えると、元の質問からオリバーが行った質問への移行は、インペアメントのある人は個人的問題によって無力化されているという障害観から、社会の問題によって無力化されているという障害観への移行を示している。

　本稿は、エーリッヒ・フロムの思想を検討している。フロムの社会心理学はまさに、オリバーの障害化の理解に影響を与えた広い視野を特徴としている。フロムにとって、精神保健に関する最も大切な問いは、「社会慣習及び規則に合致した行動と発言をこの人はできるのか」ではなく、「この人が住んでいる社会それ自体が健康なのか不健康なのか」ということである。

　本稿は、オリバーの障害の社会モデルとフロムの精神保健に関する分析を協力に関係づけようとするものである。この試みは、ただちに緊張状態に直面する。「ほとんどの精神保健サービスユーザー／サバイバーにとって障害の社会モデルは何の意味もない」とベレスフォード（Beresford）は指摘している。「障害の社会モデルは、身体または感覚器官にインペアメントがある人々の経験によって発展してきたものであり、主としてこれらの人々の経験に関わるものだからだ」というのである。加えて、「障害という言葉とかかわって、障害者であると名乗ることによりすでに体験しているスティグマに加えて新たなスティグマを抱え込むことになるという理由で、障害の社会モデルを拒絶している精

神保健サービスユーザーもいる」ことをベレスフォードと共同研究者は最近の研究報告で示している。しかしながら、その報告書の序文でオリバーが述べているように、社会モデルは障害に関する固定的な見方ではなく、「社会を変革するための道具」なのである。まさにこの精神から、本稿は、ADHDと教育における障害化とフロムの業績を関連づける。

　本稿は三つの内容で構成されている。一つ目は、フロムの社会心理学の議論と障害化の関係を検討している。ここでは、良好な健康状態に関する支配的な思想と、インペアメントのある人を障害化するように作用する抑圧のメカニズムとの関係を探求するために、フロムの「社会的性格」という概念を考察する。二つ目の内容としては、資本主義社会における疎外に関するフロムの性格づけからすれば、ADHDと障害化はどのように理解されるかについて検討する。三つめの内容は、ADHDおよび情緒・行動障害があると診断され、リタリン（薬品製品名）を処方された南イギリスのシックスフォーム・カレッジの1人の学生の経験に関する研究をとりあげる。そこでは、フロムの社会心理学に関する洞察と、障害化および学校において困難を引き起こす行動に関する批判的省察との関係を明確に説明しようとしている。

1　障害化と社会の健全性

　フロムの「人間主義的精神分析学」（humanist psychoanalysis）では、「まず「社会的性格」（social character）という問題を念頭に置かなければならない」（Fromm, 1965, pp.209-210）としている。「社会的性格」とは「個人のもっている特性のうちからあるものを抜き出したもので、一つの集団の大部分の成員がもっている性格構造の本質的な中核であり、その集団に共同の基本的経験と生活様式の結果発達したもの」〔Fromm, 1965, pp.209-210=p.306〕である。個人の健全性を社会的性格との関連において捉えるというフロムの思想は、フロイト（Freud）とマルクス（Marx）から影響を受けている。「社会的性格」という概念は、彼の思想への両者の影響を結びつけることで結実したものであった。社会的性格は経済の変化に伴って発達するというマルクスの思想にフロムは学んだ。しかし彼は、フロイト思想によりマルクスの理解に批判的評価と修正を加え、「マ

ルクスは人の感情の複雑さを過小評価している」、「充分な心理学的な洞察が欠けている」、「個人が社会の形態や経済組織によって形成される一方で、個人もまたそれらに影響する、という点を見落としている」と主張した。言い換えれば、経済力と文化の間に、両者に影響を受けまた与えるものとして、社会的性格の概念を設定したのである。フロムにとって社会的性格とは必然的に「動的」なものであった（Fromm, 1965=2006a）。

　フロムの「社会的性格」は、個人か社会の経済的／物質的基盤のどちらか一方に障害を位置づけて理解することはできないことを示唆している。「社会経済構造と社会に流布している思想・観念を媒介する」（Fromm, 1965, p.212）位置に置かれた社会的性格の概念は、障害化を認識する唯物論的視点と文化的視点の二分法を超越したものである。健常と障害に関する個人主義イデオロギーの下では、個人の能力と安寧が支配的な生産様式から生じた社会的性格と関連していることを見誤ることになる。他方、文化を単なる経済活動の反映としか見なさない史的唯物論の枠組の下での障害研究は、「社会心理学と人類学が障害研究に貢献しうる可能性を無視していた」（Shakespeare, 1994, p283）のである。

　しかし、「社会経済学的、心理学的、イデオロギー的な要因の相互関係」（Fromm, 1965=2006a）としての障害化の研究は、はたして社会的性格の健全性について客観的評価を下すことが可能なのだろうか。フロムはこの判断の根拠を人間の本質そのものに求めた。フロムにとっては、人間の本質とは生物学的な要因によって決まるものでも、単に経済、技術の進展によって決まるものでもなかった。人間という種の独自性は、自身の性質を潜在能力に従って自ら決定する能力にあるというのがフロムの見解であった。従って、人間の独自性の誕生を自己意識の芽生え、すなわち「生命が自分自身を意識することに至ること」（life became aware of itself）〔Fromm, 2006b, p.22＝39〕とフロムは捉えたのである。人生は一歩一歩成熟していく誕生の過程であることについて、フロムは次のように述べている。

　　個人の一生とは、自分自身を生み出す過程に他ならない。実際、死ぬときに、我々は完全に生き切っていなければならない。ところが、生き切らぬうちに死んでしまうというのが、多くの人間の悲劇的な運命なのだ。(Fromm,

2006b, p.25=42)

　それゆえ、個々人の存在とは、独自で不可知な継続的出現過程であるとフロムは主張する。「私の全体、私の個性の全てなど、私に関する一切合財というのは、ちょうど指紋のようにユニークであって、決して完全に理解できるものではない。」（Fromm, 1978, p.91）

　このように、人はそれ自身が特異であり、人生を展開しながら自己になりゆくものであるという確信から、フロムは人間の自由を考察した。そして望むままに行動できる自由を超えたものを人間は求めるというのがフロムの視点であった。そういった自由をベルリン（Berlin, 1969）は「消極的自由」と名付けたが、フロム（2006a, p.22=283）はこれに倣って「自由―…からの自由―」と表現した。フロムは、ベルリンに倣って、別種の自由を「積極的な（positive）自由」とも呼んだ（Fromm, 2006a, p.222=284）。「ここでいう自由とは」「自分自身で、自分自身になることで得ることができるものである」とフロムは述べている。過度に消極的な自由は必然的に存在することはできない、というのがフロムの視点であった。なぜなら、人間の自由とは「他者と自己が互いを隔てる障壁を打ち破るような『生きた相互関係』の中で初めて獲得される」ものだからである（Fromm, 1978; 91）。「狂気の人間というのは、どんな結びつきをつくることにも完全に失敗して、格子のついた部屋の中に入れられていないときでも、獄に入れられている人間のことである」とまでフロムは述べている（Fromm, 2006b, p.29=47）。人が自己になる過程は逆説的なのだ。つまり「自我を取り戻す、成長する、感情を表出する、愛する、いわばその孤立した自我の檻から抜け出る」ことは他者がいて初めて可能となるからである（Fromm,1978, p.92）。このような観点から、フロッシュ（Frosh, 1991, pp.30-31）が「近代主義的」信念と呼ぶものにフロムは共鳴する。その信念とは、「社会の表面からは見えないが、その下では力が実在し働いているように、個々それぞれの自己の深みにもそういったものがある」、「（自己とは）固定的な存在ではない。社会組織との弁証法的な関係の中で経験の集積により構築されるものである」というものである。
　1970年代半ば、多動と診断された子どもに対するリタリンの投与について、

イリイチ (Illich) は、「病気と診断された者への一般的な治療に際し、強い副作用をもつ薬、しかもその作用のいくらかは認知されているが、その他は予想もつかないような薬を用いることに倫理的な疑問を感じる」と述べている (Illich, 1976, p.96)。最近ではティミミ (Timimi) とレオ (Leo) が、「医学誌の主流は現代の文化／教育システムに沿うように子どもを操作し、造り変えてしまうことに含まれる倫理的な問題にほとんど注意を払ってこなかった」と述べた (Timimi and Leo, 2009, p.8)。フロムの人間的自由の観点は、このような「操作と改造」が単に自己が到達し得た領域を狭めるという以上の意味をもつことを示唆している。そうした障害化にまつわるメカニズムは、個人の選択の範囲を少なくするというだけのものではない。自分自身の存在に関する物語を永続的に発見し紐解いていくという生き方を侵害するものなのである。そう考えると、ADHDと診断された若者が障害化されていると記述される程度は、彼らが遭遇する社会的な諸力が、人生の意味とは何かという問いに独力で答える彼らの能力をどれほど制限しているかに依存しているのである。この文脈では、独自性と現れつつある自己の人間性の深みを、インペアメントのある人が実現し表現することを制限するプロセスとして、障害化を理解することができる。

2　ADHD、障害化と疎外

　一般に広まっているADHDの定義及び理解と社会の支配的な性格との関連から何を知ることができるだろうか。この疑問に答えるには、まずADHDが現在はどのような状態として特徴付けられているかを知る必要がある。ササヤマ (Sasayama) らは生物学的な基礎に立つ主張を展開している。彼らによればADHDとは「広範な不注意と衝動性又は多動性を示し、顕著な機能的損傷を引き起こす神経行動学上の疾患である」(Sasayama, 2010, p.394)。イロット (Ilott) らは神経から遺伝子へと着眼点を移したものの、ササヤマらと同様の確信をもった。すなわち「注意欠陥多動性障害はよく知られるように、遺伝子の影響が強い」というのである ((Ilott, 2010, p.296)。ヒュルクス (Hurks) とヘンドリクセン (Hendriksen) は、ADHDは「衝動性、多動、不注意などの臨床的症状」で特徴づけられる「広範性発達障害である」と言った (Hurks and Hendriksen,

2011, p.35)。フォウリー（Foley）は、ADHD は重大な結果を招くと指摘し、「この障害のある人は、感情と行動のコントロール、注意力の保持、衝動の抑制に困難さをもつ」と主張している（Foley, 2011, p.39）。またコッハー（Kochhar）らの実証研究では、ADHD とされた子どもたちは「社会適応、意思疎通に高い困難さを明確に示す」と結論づけている（Kochhar, 2011, p.108）。

ADHD に対するこうした評価の論理的根拠を辿っていくと、アメリカ精神医学会（the American Psychiatric Association）にいきつく。同機関は 1994 年、世界保健機構（1990）が出していた「多動障害」（hyperkinetic disorder）の分類枠を僅かに修正し「ADHD」分類枠を設置した（Cooper, 2001）。前述の定義群はアメリカ精神医学会（the American Psychiatric Association, 1994）の ADHD 3 類型にあてはめることができる。〔3 類型とは、不注意優勢型、衝動性優勢型、混合型である（Cooper, 2001）〕。

一方、フロムの思想に依拠して、ADHD といわれる状態に関する流布している見解・障害化・社会的性格と学校の関係を探求することもできよう。そうすれば、何故ある種の若者は多動で衝動的でちゃんとしていないのか、ということの説明に議論が限定されることはないだろう。どのような社会的性格が、受動性、自発性の阻害、訓練への服従を要請するのかという疑問から、この研究は出発する。ベリングトン（Bellington）とポメランツ（Pomerantz）は、「問題を特定するための限られた手段しかもたない学校文化を離脱する……異常な生徒の個人的生態」は、どのようなものであるかについて指摘した（Bellington and Pomerantz, 2004, p.7）。同様に、ADHD と「推測された状態」の子どもを「『扱いやすくする』ために、潜在的な副作用のあるアンフェタミンに似たリタリンが」どのように「使用されているか」をローズ（Rose）は描写している（Rose,1998, p.16-17)。〔リタリンの使用は〕「注意が不足気味だとかやんちゃであることには多くの原因があるかもしれず、例えば指導力不足の教師や家庭内の虐待、老朽化した校舎、大きすぎるクラス規模、深刻な貧困がありうるという事実を覆い隠す」のである（Rose, 前掲書）。

ADHD と判定された若者の個々の事例を超えて教育機関と社会全体の性格へと視点を広げると、フロムの主張する、個人の「欠陥」と「集団神経症という診断」（強調は原著者）（Fromm, 2006b, p.20=34）との間には、顕著な相違があ

ることが理解できよう。フロムに従えば、自己決定できない、非生産的な生活を送っている人物は「欠陥」をもっていると言われるかもしれない。しかし、もしこのような「欠陥」がある人物が、他の多くの人々が同様に［自己決定と生産性から］疎外されている社会で生活しているとしたらどうだろうか。そのような場合には、「我々は、社会的にパターン化された欠陥の事象として扱う」のである（Fromm, 1944b, p.383）。そういう場合には個人は価値があるとみなされ、「病気にならずにある種の欠陥をもちながら生活できる」（強調原著者）（Fromm, 2006b, p.16＝29）のである 。フロムにとって、このことは、現代社会、とりわけ「ほとんど完全な」疎外が横行する西側資本主義社会における個人の状態そのものであった（Fromm, 2006b, p.121）。「働くことに夢中で、訓練され規律正しく、興味と言えば金銭的な利益のみで、人生の主眼は専ら生産と交易の結果としての利潤の追求であるという人々がいる場合にのみ資本主義は機能する」（Fromm, 1965, p.210）とフロムは続ける。いいかえると「われわれが自由人形のように行動したり、感じたりする」とき、また「同じ状況にいる他の幾百万の人々と本質的には違っていないと」と彼自身が思いこんでいるが故に、自身の状態について全く気付かない場合にのみうまく機能する、ということである（Fromm, 2006b, p.16＝30）。

　同様の見地から、「困難に皆で立ち向かうことを阻むような神話を造り出したという意味において、機械文明は深刻な被害を引き起こした責任がある」とスメイル(Smail)は主張している。この分析は以下の問いを導き出す。もし現在、問題行動とされる若者の行動が、実際は資本主義社会において多くの人々が抱く神経症としたらどうだろうか、という問いである。この問いによって、学校化という観点から、私たちは次のことを考察できる。すなわち、ある若者が彼の積極的な自由、つまり「への自由」、すなわち自分らしくあること、生産的たること、完全に意識していること（Fromm, 2006b, p.347＝396）を確立するために振る舞えば、彼及び彼自身の振る舞いは病的とされ、排除されるのではないかということである。何故なら彼のそうした生き方は、資本主義における生活は満ち足りたものであるという人々の幻想を崩壊させかねないからである。

3　スーザンを病理化する――障害化の研究

　本稿で紹介する研究は、あるシックスフォーム・カレッジ（仮に「フォードハム・カレッジ」Fordham College）の学生、教員及び学習支援助手（Learning Support Assistants）に対して実施した参与観察、実地調査、インタビューを基礎資料としたものである。この研究のポイントは、スーザン（仮名）という学生の事例を基盤として、大学に在籍するADHDの学生と接触し、特性を理解していくことにあった。フォードハム・カレッジに入学したスーザンは、ADHDとEBD（情緒行動障害）の両診断を下されており、全講義においてマンツーマンの支援を受けていた。この研究は大学の2年間にわたって実施された。その間、調査員は学生、教員、学習支援助手のスタッフたちと行動を共にし、意見を聴取した。この研究の最も重要な目的は、スーザンの体験に寄り添う方法を発見し、それによって「実際の社会問題を調査研究する上でナラティブをどのように活用するかを例証すること」であった（Squire, Andrews, and Tamboukou, 2008, pp.12-13）。「面接者の予測から離れ、自由に話をする機会を与えるため」（Whyte with Whyte, 1984, p.97）に、スーザンへのインタビュー内容は半構造化されており、開かれた質問が多用された。

　調査員は、大学の学習障害（Learning Difficulties and Disabilities）部門の学習支援助手になり、インタビューに参与観察する方法を取り入れた。これは日々の関わり合いを通してどのようにADHDに対する理解が促進されていくのかを見極めるためである。この研究期間中、調査員は「自然な状況設定で起きる日常的なできごとに焦点を絞る」ことにこだわって研究記録を作成した。それは「『実際の生活』とはどういうものかを深く」理解しようとするためのものであった（Miles and Huberman, 1994, p.10）。調査結果を分析するにあたり、調査員は「その時々の会話参加者たちの目線に立って調査結果を構築する」ことに心血を注いだ（LeCompte and Schensul, 1999, p.15）。つまり調査の結果を総括して「立ち現われてきたテーマ」を記述すること、そして「広範で、より高次のテーマ」へと導く作業は単に調査員の識見によるのではなく、学生たち、とりわけスーザン本人が大学生活における関わり合いのなかで何を重要と考えて

いたかにも左右されるものだった (Ashby, 2010, p.349)。そういう意味において、この試みは「人と人との関わり合いの構築」に焦点化された経験分析の手法を用いて行われたと言える (Squire, 2008, p.41)。従って、一連のナラティブの内容構成の際には、「現実に関する単一の解釈」を確立するのではなく、むしろ「現実を複合的に解釈しながら生活しているという理解を我々につきつける」「ナラティブの領域」を受容することを意図した (Smythe & Murray, 2005, p.183)。

（1） ADHDに関する論説と障害化

　スーザンがフォードハム・カレッジの門戸をくぐる以前から、彼女についての噂や情報は公に、また非公式にも大学へ届いていた。彼女が通っていた中等学校の教師や学習支援助手、ソーシャルワーカー、教育心理士その他専門家から提出された報告書によると、スーザンは11歳から通級指導で特別支援学校に通学しており、1日のうち3時間をそこで過ごしたという。それらの報告書から、大学の教員、学習支援室の学習支援助手たちはスーザンにADHDと情緒行動障害の両症状があることを知った。また公的な報告書の一方、スーザンに関する噂話も各所から伝わってきた。スーザンの通っていた中等学校の校長は非公式の場で室長にこう語った。「スーザンは私が『好きになれないな』と感じた、ただ1人の少女でしたよ」。

　スーザンとの授業の後、1人の教員が学習支援室長に訴えた。「授業中に困ったのはADHDのスーザンにとって、2時間の授業が長すぎるってことです。彼女、『ひとりで出ていっちゃう (off on one)』んですよ」。この「ひとりで出ていっちゃう」という表現が、スーザンに関する話題をする際には散見されたため、いつしかこの表現は、何か好ましくない、あるいは奇妙な、普通ではないと思われる態度を端的に伝える支援室内のキャッチフレーズとなった。この言葉使いにおいては、スーザン自身が経験した困難と彼女が周囲に与えた困難が、共に彼女自身の特性であるとされている。つまり、それらはADHDという彼女の疾患によるものと考えられたのである。例えば、ある学習支援助手がスーザンに彼女の第一印象を尋ねられたとき、彼はこう答えた。

　僕には君がとても興奮しているように見えたよ。君の頭、頭の回転がね、

ことばで伝えることや行動より先走っているように思ったよ。だから君自身の行動をコントロールできなかったんじゃないかな。

　室長は「スーザンの行動を見れば、彼女が薬を飲んでいるかどうかが分かるんです」という。このように似非医学的なイメージと比喩を通してスーザンは捉えられており、多くの行動については彼女自身が完全に責任をとれるものとは考えられていなかった。「時に、彼女は愛くるしい仕草を見せてくれたり、確かな洞察力を示してくれたりします。でも、時にそれらは、彼女の精神に積み上げられた化学物質のようにみえるのです」とあるスタッフは語った。彼女の困った行動は、そのまま彼女の疾患の一つの症状として捉えられた。そのため薬物治療（リタリン）はスーザンが適切とされる行動をとるためには必要不可欠であると考えられていた。支援室のある教員はスーザンに「君は薬を飲まないことが多いね」と言い、「もし薬を飲んでくれたら、君はとてもいい子なんだけどな」と付け加えた。

　ADHD の発症の要因としては「特定可能な遺伝子的要因が存在することは全くない」という観察記録（Furman, 2009, p.29）や、「ある機能をもった遺伝子が ADHD を引き起こしているという周知された信念」を裏付ける「科学的に認められた根拠はほとんどない」（Joseph, 2009, p.79-80）といった主張は、スーザンの状態に関する彼らの考えでは認めてられていない。さらに「その病態生理が前頭葉、線条体、小脳の神経回路の機能障害に関係すると考えられていても、正確なメカニズムはまだ明らかにされていない」（Sasayama et al., 2010, p.394）というようなことが医学書に記述されているけれども、合意された見解というものはない。グッタ・カー（Gupta Kar）とスリーニバサン（Srinivasan）は、再び医学論文で、「この障害に関する現在の見解の有効性に関して様々な意見が存在することが、議論に一貫性をもたせる上の阻害要因になっている」（Gupta, R., B.R. Kar, and N. Srinivasan, 2011, pp.67-68）と考察している。学習支援助手の認識はこのような意見とは対照的である。支援室においては、ADHDは論争の対象とは認識されていなかった。［論争は］「それを客観的にとらえようとする医学的言説の乱立からもたらされるものであり」、そして言説は「現代という時代の生産物であるだけでなく、当事者の立場によっても変化するも

のなのである（Rafalovich, 2001, p.113）。結果としてスーザンの問題行動は減少し、同時に、クラスの教員が価値を置き期待する方向へと近づいていった（Slee, 1994, p.156）。医学的見地に立って行動のコントロールを得ようとする試みは、緊張を伴った。そのような試みは、医療専門家、より厳密には特定の「エキスパート」の考えに依存するからである（Lloyd & Norris, 1999, p.508）。教員と学習支援助手は困った状況に追い込まれた。スーザンがなぜそのように振る舞うかをしっかり理解しようとするほど、彼女は彼らの理解から乖離していったからである。室内では、「スーザンを示す言葉」として「悪夢」という表現がしばしば使われた程だった。

　この教員及び学習支援助手がスーザンに関する知見を得ようとした、極めて特徴的な二つの方法をフロムは挙げている。フロムは、その特徴を「知識をもつこと」と「知ること」と表現している。これは彼の思想の中核となる二分法的視座である、「あること」（being）と「もつこと」（having）に対応するものである。もつために生きるということは、受動的に「利用できる知識を手に入れ保持する」ことである（Fromm, 1978, p.47）。単に子どもについての知識をもとうとする教師は、既に提唱されている分類型に子どもをあてはめようとする。イリッチの言う「**治療者としての教師**」である。「自分の生徒がひとりの人間として成長するのを助けるために、生徒の個人的な生活にまで立ち入って穿鑿する権限が与えられていると感じるのである。」(Illich,1974, p.31 = 67-68）。代わって、「在ること」とは他者を受け入れながら生きる態度である。知識の限界をあるがままに受け入れ、蔓延する幻想に深く不満を感じても精神の平衡を保つ生き方である。もし教師と学習支援助手がそのような感覚でスーザンを見ていれば、すでにある理屈に彼女を落とし込んだり、彼女に関する蓄積された評価を再認識するのではなく、主体的に彼女を知り「豊かな知見」を得ることにもなっただろう（Fromm, 1978, p.102）。しかし教師、学習支援助手の多くは、ただスーザンについての知識をもつことに執着し、彼女が経験している困難や他者を困らせる行動の原因を探すことに躍起となった。そのようにして、彼女を貶め、「自分たちに当たり触りのない言説や理論」（Fromm, 1978, p.38）に落ち着いたのである。結果的に、学習支援助手と教師たちは、トニー・モリソン（Morrison, 1993）がノーベル賞講演で述べた「極めて排除的な論説は、排除す

る側とされる側との相互理解を阻害します」という袋小路に陥ることになったのである。

　支援室のスーザンに対する捉え方の意味と結果をより詳細に考察するためには、障害化と権力との関係をみる必要がある。フーコーに影響を受けた多くの学者がその関係について意見を述べている。わけても、フロムとフーコーの考えには非常に大きな隔たりがあるようだ。前者は人間のニーズを理解するために本質的な人間の基底部分を明らかにしようとするのに対し、後者はニーチェ（Nietzsche）的な道徳の系譜学を描写することによって、「歴史を超えた本質的意味論と無数の目的論を認めず」、「『起源』を探究することも拒絶する」のである（Foucault, 1977a, p.140）。しかし、フーコーがフロムの社会心理学に影響を与えた積極的自由の存在を否定しようとも、彼の研究は、「知識の対象としての、また主体としての個人に権力がどのように作用するのか」についてのフロムの分析により深い意味を与えることになる（Allan, 2008, p.86）。フーコーの系譜学の中心にあったのは、知識と権力との関係であった。「権力が知識を生む」（それは単に、知識が権力に追随する故に権力が知識を鼓舞するからでも、知識が有用であるが故にその知識を採用するからというのでもない）。「権力と知識は暗に繋がっているものである」からだ、とフーコーは言う（Foucault, 1977b, p.27）。批判的な障害研究におけるフーコーの功績は、この知識と権力との相互作用説において認知されている（Copeland, 1997; Shildrick, 2005; Rose, 2006）。知識と権威との接続から「訓練的権力」(disciplinary power)が生じる。「訓練的権力」とは「訓練的視線」(disciplinary gaze)を容認するものである(Foucault, 1977b, p.170)。権力とは「手に入れることができるような、奪って得られるような、分割されるような何物か、人が保有したり、手放したりするような何物かではない」（Foucault, 1990, p.94 = 121）。それはフロムが想定するような、個人がもつことのできる力ではない。「訓練的権力」は個人に働きかける。「観察技術と標準化判断がパッケージとなった試験」（examination）によって、「監視をおこなう階層秩序の諸技術と規格化とを結びあわせ」、「資格付与と分類と処罰とを可能にする。」（Foucault, 1977b, p.184 = 188）。フーコーらの理論を援用すれば、スーザンの経験の意味を明確に説明することができる。彼女に関する知見を得ようとすることは同時に、彼女を権力に従わせることになる、というこ

とである。フーコーによれば、「権力と知とが一つの仕組みに結びつけられるのは、まさに言説においてなのである。」(Foucault, 1990, p.100＝129)。このようにして、彼女に関する言説がただ一度障害があるとの判定を含んでいただけで、つまり「正常」もしくは「標準」を満たさないと推定されただけで、規律訓練のまなざしの対象となったのである (Copeland, 1999)。

　何を「普通」で「望ましい」行動とし、何をそうしないのか、ということやそうした理解の仕方がどのように生じるのかに関する制度化された理解に異議申し立てをするときに、初めて障害化概念に関する言説──それは若者を境界づけ限定するものであるが──の分裂が始まる (Clements, Clare, and Ezelle, 1995; Lloyd, 2005)。教師たちが一度でも行動困難に関する批判的で反省的な見方を打ち立てることができれば、このことは可能になる。フーコーが観察したように、「言説は、同時に権力の道具として作用＝結果であるが、正反対の戦略のための出発である」からである (Foucault, 1990, p101＝131)。これらの「移動する微細な抵抗の拠点」(同上、p.96) から、それぞれの教師は過度の薬物治療への依存に歯止めをかけることができる。「彼らが医療の下請けのように振る舞わなければだが」(Kristjanson, 2009, p.126)。そうすれば、あらかじめ設定された標準と個々人のニーズとの差異を知ることができるだけでなく、おとなの期待や教育方法と若者の現在 (to be) の、また将来に向けての (become) ニードとの差異をも知ることができるであろう。

（2） ADHD、障害化と権威

　フロム (1944, 2006, 2006b) は権威の二つの形態について言及している。一つは理性的な権威、そしてもう一つは禁止的な権威である。理性的な権威が自己完結する傾向にあるのに対して、禁止的な権威は他者への支配力を保持しようとする (Fromm, 2006a, 142＝184)。子どもは親の権威を通して、その時代の一般的な社会的性格に出会い、やがてその一翼を担う。親は、「その性格の構造、教育の方法において、社会構造を体現し、社会の心理学的代理人である」(Fromm, 1944, p.381)。教育が親の非理性的権威のもとで行われると、子どもの「意志、自発性、独立性を損なう」ように機能する (Fromm, 1944, p.382)。しかし、子ども自身にも人間性に存するものと同じダイナミズムが備わっている。なぜ

なら、

　人は壊されるために生れてくるのではない。それで子どもは親が表わす権威に抵抗する。子どもはただ重圧からの自由を求めて抵抗するだけでなく、自動人形ではなく成熟した人間、彼自身となることへの自由のためである(前掲書)。

ここでフロムは「からの自由-」と「への自由-」の概念についてより明確な区別を述べている。それは抑圧の過程としての障害化を示すものである。
LDD室での初めの1年間に教師たちが彼女をどう見ていると感じたかを彼女に尋ねると「普通だったわ、私が普通じゃなかったの」とスーザンは語った。「二次的な自己意識をつかむことで」、疎外の只中で人はどのように正気を保っているかについて、フロムは書いている。この二次的な自己意識とは、「独特ではないが現代のある型に適合した存在」だと他人に見なされているという意識（Fromm, 2006b, p.139=166)。学校という観点では、ファーロングが「しばしば観察されることですが……子どもが自分は他と『違う』『はみだし者だ』と感じるのは、他の子からどんなふうに『受け入れられている』かに気付くときです」（Furlong, 1991, p.302）と述べている。そんなふうに「受け入れられた」生徒はスーザンにとって重要だった。支援室2年目に入り、彼女は、周りの学生がコミュニケーションをし行動するのと同じように、自分の行動をだんだんと形成するようになった。スーザンはまた、周囲の学生の反応を自分の行動の適切さを測る指標として利用するようになった。その過程についてはスーザン自身が自覚的であった。彼女は次のように要約している。

　私が落ち着くのを助けてくれる友人ができて、私は変わったの。ええと……他の人を見るのよ。私が何か問題行動を起こしたとき、周りの人がどうしてるかってこと。それから彼らが私をどんなふうに見てるかを見るの。そうすると落ち着くの。

他の学生の価値ある行動をまねることで、スーザンは過去の行動を改めるよ

うになった。徐々に、彼女は過去の行動に対する他の学生の批判を考慮するようになったのである。「まだ私は変な子よ、変な子なの」と彼女は主張した。「でも大きな声を出すのは好きじゃないの。それで、ちょっとだけにしてるわ。どうしても出てしまうのよ。でも本当は、私は興奮したり、ルールを逸脱するのは好きじゃないの」。この時までに、スーザンは新しい語り方を獲得していた。つまり彼女の特性について語る方法から、彼女自身の気持ちについて語る方法への転換である。言語面と行動面の変容は、スーザンが発達した証拠と捉えられた。これは教師たちの見解である。ある教師は「君は変わったよ。性格がね」と言った。別の教師は「すごく成長して、自分の行動の責任をとるようになったと思うよ」と言った。スーザンの行動変容へのこういった評価とは反対に、スーザンは単に「非理性的権威への抵抗」を諦めただけとも受け止めることもできるのである（Fromm, 1944, p.382）。

結論

　ADHDと診断された若者の障害化を克服していくことは、本稿で論じてきたように、二重の過程である。それは自由に関する二つの側面と対応する、ポジティブな過程とネガティブな過程の二つである。まず社会の中での疎外と抑圧を知り理解することである。次に、学校で困難を経験している若者が、自分の進路を見いだすことができるようにすることである。この方法により、「内容と行動とは切り離す」という考え方を超えて（Timimi, 2009, p.143）、学校における価値観や支配的な文化の本質と不満との関連を明るみに出すことができるかもしれない（Booth, 1987; Corbett, 1990; Fisher, 1996; Gutteridge, 2002）。問題行動と不満の個人主義かと個人主義的説明を超えるためには、パーカーが「資産家の心理学」と呼んだものを超えることが必要である。「資産家の心理学」は「その対象として抽象化された個人を想定する」。つまり「性別、人種、生産」から切り離されたものとして個人を扱うのである（Parker, 1996, p.184）。簡潔に言えば、「個人心理学も根本的には社会心理学である」ということをしっかり理解することといえるだろう（Fromm, 2006a, p.249＝319）。行動障害をもつと診断された若者の障害化に向き合う第2の方法、それは「人々は、自分の生

活のやり方に次第に不満を感じ、失望して、失われた自分らしさや生産性を幾分でも取り戻そうとしている兆しがある」というフロムの観察が示している (Fromm, 2006b, pp.200-201＝236)。フロムの洞察は、次のような意味深いアイロニーの可能性を示している。スーザンのような若者が示す不満は、個人に存在する異常や機能不全によるものと捉えられる可能性があるが、彼らが本来は正常であり、不健全な社会において人間的な自由を実現しようと懸命に努力しているのかもしれないということである。

【文献】

Allan, J. (2008) *Rethinking inclusion: The philosophers of difference in practice.* Dordrecht:Springer.

American Psychiatric Association (1994) *Diagnostic and statistical manual of mental disorders.*4th ed. Washington, DC〔＝アメリカ精神医学会編、高橋三郎・大野裕編、染矢俊幸訳 (1996)『DSM-IV 精神疾患の診断・統計マニュアル』医学書院。〕

Ashby, C. (2010) The trouble with normal: The struggle for meaningful access for students with developmental disability labels. *Disability & Society* 25, no3 :pp.345-58.

Beresford, P. (2004) Madness, distress, research and a social model. In *Implementing thesocial model of disability: Theory and research,* ed. C. Barnes and G. Mercer, pp.208-22. Leeds: The Disability Press.

Beresford, P., M. Nettle, and R. Perring. (2010) *Towards a social model of madness and distress?* Exploring what service users say. York: Joseph Rowntree Foundation.
  http://www.jrf.org.uk/sites/files/jrf/mental-health-service-models-full.pdf.

Berlin, I. (1969) Two concepts of liberty, In *Four essays on liberty*, pp.118–72. Oxford: Oxford University Press.

Billington, T., and M. Pomerantz. (2004) Resisting social exclusion. In *Children at the margins: Supporting children, supporting schools*, ed. T. Billington and M.Pomerantz, pp.1-14. Stoke on Trent: Trentham.

Booth, T. (1987) Introduction to this volume: Understanding disaffection. In *Producing and reducing disaffection: Curricula for all*, ed. T. Booth and D. Coulby, ix–xii. Milton Keynes: Open University Press.

Clements, J., I. Clare, and L.A. Ezelle. (1995) Real men, real women, real lives? Gender issues in learning disabilities and challenging behaviour. *Disability and Society* 10, no.4: pp.425-36.

Cooper, P. (2001) Understanding AD/HD: A brief critical review of literature. Children and Society 15, no. 5: pp.387-95.

Copeland, I.C. (1997) Pseudo-science and dividing practices: A genealogy of the first educational provision for pupils with learning difficulties. *Disability and Society* 12, no. 5:pp.709-22.

Copeland, I.C. (1999) Normalisation: An analysis of aspects of special educational needs. *Educational Studies* 25, no. 1: pp.99-111.

Corbett, J. (1990) Introduction: Uneasy transitions and the challenge of change. In *Uneasy transitions: Disaffection in post-compulsory education and training*, ed. J. Corbett, pp.1-13.Basingstoke: Falmer Press.

Fisher, J. (1996) *Starting from the child?* Buckingham: Open University Press.

Foley, M. (2011) A comparison of family adversity and family dysfunction in families of children with attention deficit hyperactivity disorder (ADHD) and families of children without ADHD. *Journal for Specialists in Pediatric Nursing* 16, no. 1: pp.39-49.

Foucault, M. (1977a) Nietzsche, genealogy, history. In *Language, counter-memory, practice:Selected interviews and essays*, ed. D.F. Bouchard, pp.139-64. New York: Cornell University Press.

Foucault, M. (1977b) *Discipline and punish*. Harmondsworth: Penguin. 〔=ミッシェル・フーコー著、田村俶訳 (1977)『監獄の誕生：監視と処罰』新潮社。〕

Foucault, M. (1990) *The history of sexuality*, Vol. 1. Harmondsworth: Penguin. 〔=ミッシェル・フーコー著、渡辺守章訳 (1986)『性の歴史I：知への意志』新潮社。〕

Fromm, E. (1944) Individual and social origins of neurosis. *American Sociological Review 9*, no. 4: pp.380-4.

Fromm, E. (1965) The application of humanist psychoanalysis to Marx's theory. In *Socialist humanism: An international symposium*, ed. E. Fromm, pp. 207-22. New York: Doubleday and Company.

Fromm, E. (1978) *To have and to be*. London: Abacus 〔=エーリッヒ・フロム著、佐野哲郎訳 (1977)『生きるということ』紀伊國屋書店。〕

Fromm, E. (1994) *The art of listening*. London: Constable. 〔=エーリッヒ・フロム著、堀江宗正・松宮克昌訳 (2012)『聴くということ：精神分析に関する最後のセミナー講義

録』第三文明社。〕

Fromm, E. (2006a) *The fear of freedom*. London: Routledge. (=エーリッヒ・フロム著、日高六郎訳（1951）『自由からの逃走』東京創元社。)

Fromm, E. (2006b) *The sane society*. London: Routledge. 〔=エーリッヒ・フロム 著、加藤正明・佐瀬隆夫訳（1958）『正気の社会』社会思想社。〕

Frosh, S. (1991) *Identity crisis: Modernity, psychoanalysis and the self*. Basingstoke: Macmillan.

Furlong, V.J. (1991) Disaffected pupils: Reconstructing the sociological perspective. *British Journal of Sociology of Education* 12, no. 3: pp.293-307.

Furman, L. (2009) ADHD: What do we really know? *In Rethinking ADHD: From brain to culture*, ed. S. Timimi and J. Leo, pp.27-57. Basingstoke: Palgrave Macmillan.

Gupta, R., B.R. Kar, and N. Srinivasan. (2011) Cognitive-motivational deficits in ADHD:Development of a classification system. *Child Neuropsychology* 17, no. 1: pp.67-81.

Gutteridge, D. (2002) Identifying disaffection. Pedagogy, *Culture and Society* 10, no. 2:pp.161–168.

Hurks, P.M.P., and J.G.M. Hendriksen. (2011) Retrospective and prospective time deficits in childhood ADHD: The effects of task modality, duration, and symptom dimensions. *Child Neuropsychology* 17, no. 1:pp. 34-50.

Illich, I. (1974) *Deschooling society*. London: Calder and Boyars. 〔=イヴァン・イリッチ著、東洋・小澤周三訳（1977）『脱学校の社会』東京創元社。〕

Illich, I. (1976) *Medical nemesis*: The expropriation of health. New York: Pantheon Books. 〔=イヴァン・イリッチ著、金子嗣郎訳（1979）『脱病院化社会：医療の限界』晶文社。〕

Ilott, N., K.J. Saudino, A. Wood, and P. Asherson. (2010) A genetic study of ADHD and activity level in infancy. Genes, *Brain and Behavior* 9, no. 3: pp.296-304.

Joseph, J. (2009) ADHD and genetics: A consensus reconsidered. In *Rethinking ADHD:From brain to culture*, ed. S. Timimi and J. Leo, pp.58-91. Basingstoke: Palgrave Macmillan.

Kochhar, P., M.J. Batty, E.B. Liddle, M.J. Groom, G. Scerif, P.F. Liddle, and C.P. Hollis. (2011) Autistic spectrum disorder traits in children with attention deficit hyperactivity disorder. Child: Care, *Health and Development* 37, no. 1: pp.103-10.

Kristjansson, K. (2009) Medicalised pupils: The case of ADD/ADHD. *Oxford Review of Education* 35, no. 1: pp.111-27.

LeCompte, M.D., and J.J. Schensul. (1999) *Analyzing and interpreting ethnographic data*. London: Sage.

Lloyd, G. (2005.) 'EBD girls' – a critical review. In *Problem girls: Understanding and supporting troubled and troublesome girnd young women*, ed. G. Lloyd, pp.129-45. London: Routledge.

Lloyd, G., and C. Norris. (1999) Including ADHD? *Disability and Society* 14, no. 4: pp.505-17.

Miles, M.B., and A.M. Huberman. (1994) An expanded sourcebook qualitative data analysis. London: Sage Publications.

Morrison, T. (1993) Nobel lecture. Nobelprize.org. http://nobelprize.org/nobel_prizes/literature/laureates/1993/morrison-lecture.html.

Oliver, M. (1990) *The politics of disablement*. Basingstoke: Macmillan.〔=マイケル・オリバー著、三島亜紀子他訳（2006）『障害の政治：イギリス障害学の原点』明石書店。

Oliver, M. (1992) Changing the social relations of research production. *Disability, Handicap and Society* 7, no. 2: pp.101-14.

Oliver, M. (2010) Foreword. In *Towards a social model of madness and distress? Exploring what service users say?* ed. P. Beresford, M. Nettle, and R. Perring, pp.4-5. York: Joseph Rowntree Foundation.

Parker, I. (1996) The revolutionary psychology of Lev Davidovich Bronstein. In *Psychology and society: Radical theory and practice*, ed. I. Parker and R. Spears, pp.184-94. Chicago:Pluto Press.

Rafalovich, A. (2001) The conceptual history of attention deficit hyperactivity disorder:Idiocy, imbecility, encephalitis and the child deviant, 1877-1929. *Deviant Behavior:An Interdisciplinary Journal* 22, no. 2: pp.93-115.

Rose, G. (2006) A genealogy of the disabled identity in relation to work and sexuality. *Disability and Society* 21, no. 5: pp.499-512.

Rose, S. (1998) Brains, minds and the world. In *From brains to consciousness? Essays on the new sciences of the mind*, ed. S. Rose, pp.1-17. London: Allen Lane.

Sasayama, D., A. Hayashida, H. Yamasue, Y. Harada, T. Kaneko, K. Kasai, S. Washizuka, and N. Amano. (2010) Neuroanatomical correlates of attention-deficit hyperactivity disorder accounting for comorbid oppositional defiant disorder and conduct disorder. *Psychiatry and Clinical Neurosciences* 64, no. 4: pp.394-402.

Shakespeare, T. (1994) Cultural representation of disabled people: Dustbins for disavowal? *Disability and Society* 9, no. 3: pp.283-99.

Shildrick, M. (2005) The disabled body, genealogy and undecidability. *Cultural Studies* 19,no. 6: pp.755-70.

Slee, R. (1994) Finding a student voice in school reform: Student disaffection, pathologies of disruption and educational control. *International Studies in Sociology of Education* 4,no. 2: pp. 147-72.

Smail, D. (1987) Illusion and reality: The meaning of anxiety. Guildford: Dent & Sons.

Smythe, W.E., and M.J. Murray. (2005) Owning the story: Ethical considerations in narrative research. In *Ethics and research in inclusive education: Values into practice,* ed. K. Sheehy, M. Nind, J. Rix, and K. Simmons, pp.17691. London: RoutledgeFalmer.

Squire, C. (2008) Experience-centred and culturally-oriented approaches to narrative. In *Doing narrative research,* ed. C. Squire, M. Andrews, and M. Tamboukou, pp.41-63. London: Sage.

Squire, C., M. Andrews, and M. Tamboukou. (2008) Introduction: What is narrative research? In *Doing narrative research,* ed. C. Squire, M. Andrews, and M. Tamboukou, 1–21.London: Sage.

Timimi, S. (2009) Why diagnosis of ADHD has increased so rapidly in the West: A cultural perspective. In *Rethinking ADHD: From brain to culture,* ed. S. Timimi and J. Leo, pp.133-59. Basingstoke: Palgrave Macmillan.

Timimi, S., and J. Leo. (2009) Introduction. In *Rethinking ADHD: From brain to culture,* ed.S. Timimi and J. Leo, pp.1-17. Basingstoke: Palgrave Macmillan.

Whyte, W.F., and K.K. Whyte (1984) *Learning from the field: A guide from experience.* London: Sage.

World Health Organisation. (1990) *International classification of diseases.* 10th ed. Geneva〔= WHO 編、厚生労働省大臣官房統計情報部編 (2004)『疾病, 傷害および死因統計分類提要: ICD-10 準拠』第1巻〜第3巻、厚生労働省大臣官房統計情報部。〕

10　みんながいて正しいのか？
──イギリスの教育システムの中にある排除的(エクスクルージョナル)なインクルージョン──

アラン・ホドキンソン 著／林　美輝 訳

All present and correct?:
Exclusionary inclusion within the English educational system
Alan Hodkinson
Disability & Society 27 (5), 2012

[論文紹介]
　本論は、フランスの思想家 J・デリダ（1930－2004 年）の「脱構築」という手法を通して、私たちが「インクルージョン」という名の下に理解している諸実践のあり方を見つめ直すことを呼びかけているものである。最も広い意味での「脱構築」とは、私たちが固定的に認識している事柄が、別様にも認識できることを明らかにする手法である。もう少し本論での使われ方に近い形で言えば、私たちが固定的に認識している事柄の中に、それとは対立（あるいは矛盾）する事柄があることを明らかにすることで、我々の固定的な認識をゆるがし、別の新しい見方を提示する手法だということもできよう。
　本論では「包摂」とも訳される「インクルージョン」の名の下で語られる現実の中に、それとは対立（あるいは矛盾）する要素としての「排　除(エクスクルージョン)」が組み込まれていることを明らかにすることで「インクルージョン」の「脱構築」が企図されている。最も分かりやすい例としては、本論中でインタビューを受けている教員たちの多くの発言の中に、自分たちが実際には子どもを排除し、「分離教育(セグリゲーション)」を推し進めていることを示唆する内容が見いだされるにもかかわらず、教員らは「インクルージョン」を実践しているかのように語っている様子を典型的に示していくことがそれにあたる。
　また、教育政策との関わりで見れば、それまでの健常児をモデルにつくられた学校のあり方を見つめ直す契機となる「インクルージョン」も、きわめて単純なものに還元されるなかで別様のあり方に見えることを明らかにしていく作業にも用いられている。具体的に言えば次のようになる。「インクルージョン」はいわゆるニュー

レイバー（今世紀に入る前後の労働党の）政権下で大々的に提唱されてきた。しかしながら、それは結局のところ、従来型の学校、すなわちある種の個人主義・能力主義的な意味で健常児をモデルに構築されている学校に統合していく「インテグレーション」に"接ぎ木"されたものに過ぎなかった。その点においては「分離教育（セグリゲーション）」とそう距離が遠くなくなってしまっていると論じられている。

ホドキンソンは、前者の教員のインタビューについては「インクルージョン」という女王と「分離教育（セグリゲーション）」という女王との重婚という隠喩を用いて、また後者については「誠実な詐欺という政治」という観点から説明している。

「インクルージョン」の理念性は、サラマンカ宣言（1994年）にみられるように、「すべての子どもたちを通常の学校に入学させる」という点で、同じ学校に"みんなが（現前して）いる"ことを意味していた。しかしながら、以上のように本論でみたデリダ流の「脱構築」は、その「現前」とは矛盾する「不在」が絡みながら、「分離教育（セグリゲーション）」の側面を推し進めることによってこそ「インクルージョン」が成り立っていることを明らかにしているのである。

「インクルージョン」に限らず政府あるいは私たちが「特別支援教育」、「共生」等々といった言葉とともに何かを行う際に、それらの言葉が浮遊してしまうなかで生じる内実を真摯に問い続け、より良きものにしていこうという姿勢を失わないように注意を促すという点からも興味深い論文だといえよう。　　　　　　　（林　美輝）

[原著者紹介]

Alan Hodkinson（アラン・ホドキンソン）

リバプール・ホープ大学 教育学部 所属。

著書に、*Key Issues in Special Educational Needs and Inclusion*（Education Studies: Key Issues）（Philip Vickermanとの共著、SAGE Publications Ltd. 2009年）がある。論文に、INCLUSIVE AND SPECIAL EDUCATION: Inclusive and special education in the English educational system: historical perspectives, recent developments and future challenges などがある。

10　みんながいて正しいのか？
——イギリスの教育システムの中にある排除的(エクスクルージョナル)なインクルージョン——

【要旨】
　本稿は、デリダ流の脱構築［訳者解説を参照］というレンズを通じてイギリスの教育的インクルージョンに関する言説を批判的に分析するものである。デリダ（Derrida）のエクリチュール（writing）［文字言語。書くこと、文書などを意味する］と発話(パロール)（speech）［音声言語］のテーゼを、現前（presence）［本稿の大半の文脈では障害児が学校にいること・"存在"していること］と不在に関係づけることで、インクルージョンが先行するインテグレーション政策への代補（suppléance）［取って代わること］として作用していると本稿は主張する。本稿が提示しようとするのは、多くの教員にとってインクルージョンは、いかなる平等性や正義の観念よりも、子どもの強いられた不在に基礎づけられている、ということである。

キーワード：インクルージョン、インテグレーション、不在、現前［存在］、デリダ

【論点】
・本稿は、脱構築の原理を応用することにより、インクルージョン政策と教員によるインクルーシブ教育の解釈を分析する。
・政策的主導権をめぐる争いの結果、学校は教育水準と平等性のどちらかを選ばなければならなくなったので、前政権［労働党］はインクルージョンに関する重要な教育政策及び社会政策を蝕んだことを論証する。
・インクルージョンのレトリックを用いて、排除的(エクスクルーシヴ)な実践を隠蔽しようとする教員もいることを議論する。
・本稿の結論としては、すべての子どもが普通学校で教育を受けることを保障するべく、すべての教員が生徒とのパートナーシップの下で働くことが

できるようにするには、インクルージョンを根本的に再概念化する必要があることを主張する。

不在の中の現前［存在］

不在よ、おまえは、私の申し立てを聞け
おまえの力に、
遠さ、そして、長さに逆らった申し立てを 変わりゆくことのためにおまえができることをせよ：
全き気概の心のために
不在は合流し、そして時間が進まなくなる。

そんな性質の女を愛する者、
彼はすぐに見つけた
愛の根底を
時間、場所、そしてあらゆる道徳を越えて。
変わることのできない心のもとへ
不在は現前［存在］であり、時は止まるのだ。

不在によって、私はこの善き手段を手に入れる、
私が彼女を捉えんがために、
誰も彼女を見ることができないところで、
私の脳の片隅で：
私は彼女を抱擁しキスをする；
そして、私は彼女を享受するとともに、彼女がいないことに気づくのだ。
〔ジョン・ダン、John Donne, 1573–1631 年（Donne 2001, p.176）〕

はじめに

デリダの発話(パロール)とエクリチュールに関するテーゼから取り出してきた、現前［存在］と不在という術語体系を用いて、イングランドにおけるインクルージョン

の言説分析を行う。この論文には二つの批判的意図がある。第1は、おそらくいくぶん衒学的に、インクルージョンという新語を基礎づける「政治－哲学的なるもの」と「同時代の意味と価値の共同構築」（Stronach, 2010, p.175）を脱構築的に旅してみることである。本稿が焦点を当てるのは、インクルージョンに関する政府の文書［エクリチュール］における現前［存在］についてである。そしてこれらの声明は、より深く隠れた意図を覆い隠すものであり、「誠実な詐欺という芸当」（Nairn, 2000, p.6）であるということを議論する。第2は、インクルージョンを教員の言語行為を通じて分析することである。「翻訳の場」というものは、不可避的に「誤訳の場」でもあるので、疑ってかかるべきだというデリダ（2001）やストロナッチ（Stronac, 2010）の警告を念頭におきながら、理論的な現実から実践的な現実へのインクルージョンの軌跡を、教員の言語行為を通じて分析する。

1　インクルーシブ教育に向けての発展

　ここで理論的な旅を始めるにあたって、インクルージョン政策がどのような文脈に位置するのかを説明しておいたほうがよいだろう。インクルージョンは自分たち固有の政策だとニューレイバー［1997年〜2000年初頭頃までの労働党あるいはその政権下の政策］は主張しているかも知れないが、実は最近の政治家がもつ知識の範囲を超える長い歴史がある。にもかかわらず、この重要な教育運動・社会運動の展開と進化のなかでの、障害者の闘いを包括的に説明しようとした研究は一つもなかったのだ。それゆえ概括的な文献レビューを行うことが必要である。
　インクルージョンというイデオロギーは、完全に新しい現象として見るべきではない。それどころかその起源は1800年代後半に、分離されない学校システムを信じていた先駆的教育者たちにさかのぼる。しかしながら近年の形態では、1950年代後半に始まった障害者による分離教育施設批判の運動の終わりの始まりとして、インクルージョンを理解することができるであろう（Barnes and Mercer, 2003）。特別支援教育は「身体と精神の体系的な個人化と医療化」（Barnes, 1997, p.19）をもたらし、ニーズアセスメントを権力行使として使用す

る（Oliver, 1996）とする批判者は、障害児を家族、同級生そして地域コミュニティから分離することは、ただ否定的な影響を与えるだけだろうと議論し始めた（Morris, 1991; 2005）。「非障害者」が指示した「共通の人間性」（Oliver, 1991, p.71）からのこの分離によってこそ、障害者は「根本的に異質な部外者」であると見られ、身体は「形態の上で、またその形態に対してなされる」（Abberley, 1987, p.14）抑圧の場所となるということを、説得力ある形でモリス（1991, p.192）は議論している。1950年代後半には、障害者はカウンターヘゲモニーの伝統を発展させた（Barnes and Mercer, 2003）。その背景には、低い期待しか子どもたちにかけない特別支援学校（Armstrong and Barton, 1999）とその存続は、「イデオロギーと」偏見に「弁証法的に関連した」（Abberley, 1987, p.7）社会的抑圧に他ならない（Morris, 1991）という前提があった。1960年代には、分離教育政策は障害コミュニティの中でますます批判されるようになった。［分離教育］政策へのこの批判は、『ウォーノック報告』とそれに続く1981年教育法によって合法化された新たな統合教育制度の誕生の先駆けとなった。これらの出来事をインクルージョンへの旅の始まりと受け取った人たちもいたが、1980年代の最後の数年に、個人のニードを説明できない政策としてインテグレーションが批判されるという事態を目撃した人たちもいた（Ainscow, 1995）。オリヴァー（Oliver, 1990）やバートン（Barton, 1996）らによって進められた議論によれば、社会モデルの観点からは、政策立案者と専門家の「実践、態度、そして政策」（Morina Diez, 2010）によって、教育からの排除は生じるのである。そしてそれは、障害者の教育的及び社会的周縁化と結びつく（Slee and Allan, 2005）。それゆえ「社会モデルの観点から発展してきた……インクルージョンという言葉が、政治家によって発展させられてきたインテグレーションという言葉にとって変わるべきである」（Oliver, 1996, p.15）と障害者運動は提案した。文献に基づいてレビューしてゆくと、インクルージョン（という言葉）が学校で地位を得ていることは確かであるが、政府、教育実践家そして障害者運動によってそれが定義され使用される方法の中に緊張関係があることも示されている（Armstrong, Armstrong, and Spandagou, 2009; Benjamin, 2002; Hornby, 2001）。

2　不在と現前［存在］：重婚関係？

　イングランドで調査している際に（Hodkinson and Deverokonda, 2011a を参照）私が興味をそそられたのは、政府のインクルージョンの定義における現前［存在］の構築、学校を不在の場として記述している教員による現前［存在］の構築である。この調査の目的は、「……諸個人が、……統計的なデータというよりは、洞察によって、インクルージョンを認知したり概念化したりしているということを証明する」（2000, p.7）ことであった。私が確かめたいと思ったのは、インクルーシヴ教育に関する私の経験が、普通学校からの排除を正当化する政策として、教員の間で一般的なものなのかどうかということである。約1時間の半構造化インタビューにより、北西イングランドで2年から35年の教育経験のある5人の小学校教員と5人の中学校教員に、次の事柄をどう理解するかに関して調査した。

・特別な教育的ニーズ及び／あるいは障害（SEND= Special Educational Needs and/or Disability）に関連する教育的インクルージョンの定義。
・どのような子どもが普通学校にインクルージョンできたりできなかったりすると考えるか。そして
・学校、先生、生徒にとってのインクルージョンの利益。

　この研究の中で教員たちは、インクルーシブな現前［存在］と教育方法の間にある埋めがたい溝を、矛盾とパラドクスの場として強調した。ここでは、インクルージョンは現前［存在］の複数ある後退の中で正体を現したのである。下記の教員のコメント〔中等学校教員。Secondary School Teacher=（ST）3〕は、そのような矛盾を明らかにしている。ここでインクルージョンは、理論レベルでは受け入れられているが、実践においては、「度胸と勇気」といった言葉によって、子どもの現前［存在］と強制された不在との戦場であるということが明るみに出る。これらの言明によれば、インクルージョンは、現前［存在］の場としての普通学校から、強制された不在の場として構築された普通学校へ移って

いるのである。実際には子どもを排除しているときに、自分ではインクルージョンを実践していると教員が信じているという事例がインタビューで散見された。この「排除的なインクルージョン（エクスクルーシヴ）」については、本稿の後のほうで詳しく論じる。

　私にとってインクルージョンとは、あらゆる子どもが、カリキュラムにアクセスできることを意味しています。自分のレベルで参加して、いくばくかの成功を成し遂げることができるような教科カリキュラム同様、［教科外の］社会的、行動的カリキュラムにおいてもです。ただそこにいればいいということで学校にインクルージョンされるのではないということを、これは意味しています。それ以上のものでなければなりません。何らかの意味で参加していなければならないのです。

　できる限りのことをして、それぞれの子どもの支援を上手くやっていこうと思うでしょう。思うように支援ができない子どもに出会って、がっかりしてうろたえているときこそ、インクルージョンのアジェンダを信じるときなのです。私はインクルージョンとそれにまつわる諸々について、すごくよくわかるようになったと思います。けれども、実践においては……もしインクルージョンが正しくないときには、意見を変える度胸と勇気と信念をもち、インクルージョンには反対だと言おうと思っています。

　インクルージョンという言葉と、それが実際に意味していることについては注意深くあるべきだと思います。そして、実践で見てきた例からは、子どもを普通学校に入れることは、特別支援学校にいるよりダメージが大きく、孤立感も多いものでした。特別支援学校では、一人ひとりのニーズに対応していて、少人数でたくさんの知識や技術を教えてもらえるのです。インクルージョンのアジェンダを採用しないときもあると私は思います。というのも、すべての子どもが丸い穴に入るとは限らないからです。四角の子がいる場合だってあるし、それが個性というもので、それでいいはずです。(ST3)

　インクルージョンは、すべての子どもが普通学校に現前すること［いること］

を意味しているはずだ。しかしながら、この調査で教員は、子どもが教室から強制的に不在にさせられたことを正当化する秘密の議論を用いて、それを自分流に解釈していた。不在にさせられた子どもは、「彼らを、そして、彼らは」としてラベルを貼られて、「ふつうの」学校の子どもから分離されていた。教員の働きかけにより、距離ある「他者」となった子どももいた。彼らは視界には入っていなかったが、忘れ去られたわけではなかった。

　すべての子どもについて語ろうとするならば、最重度の複合的な特別ニーズを含まなければならないのは明らかです……。学校というものの性質からして、彼らが普通学級に合うとは思いません。通常の普通学校というものは、騒がしい場所で、残念ながらそういうものなのです。あまりいい言い方ではありませんが、学校というものは彼らの居場所ではないと私は思うのです。〔ST1〕

　上記のダンの詩にあったように、インクルーシブ教育の中の秘められた現前〔存在〕と不在の「合流」と「相互転化〔変わりゆくこと〕」は共生的であり、単純な二項対立ではなく曖昧にされるとともに曖昧にし続けていく二つの観点の混合として作用していた。以下の、教員らの話を例にしよう。

　……私たちのところではインクルージョンは非常に上手くいっています。できれば、私たちはよい学校の一つとして抜きんでたいものです。……アセスメントセンターでは、今や子どもたちを同じ庭で遊ばせています。食事は別々でやっているのですが、これは、彼らが食事をとるのにまだ長い時間がかかるからです。……繰り返しますが、彼らのインペアメントや障害、呼び方はどうでもいいのですが、その重さ次第なのです。本当に必要ならば、彼らは【特別支援学校に】行っていたでしょう。〔小学校教員＝（PST）2〕

　インクルージョンとは、特別支援学級にいたであろう子どもを包摂することです。……そして、今や彼らは現実に、普通の子どもとしてみんなと同じクラスにいます。それがいい言葉でないのは承知しているのですが、行動障

害や重度身体障害があるといった深刻なケースの子どもは、他のセンターで面倒を見てもらっています。(ST3)

　この結果として、教員は表向きは、平等と社会正義というインクルージョンの女王のリベラルな愛撫に誘惑されて女王への恋に落ちたことになっている。けれども、密かに、教員は他の女王も抱擁したのだ。子どもたちを不在化することに援助を求めて分離教育の女王を。ここではインクルージョンは重婚となり、ダンが言うように、「時間、場所、そして道徳性を超えて」位置づけられている。その場は、ヒエラルキーがあり現前［存在］が服従を求められる葛藤に満ちた形而上学的な場である（Donne, 2001, p.176）。したがって、ダンが結論づけたように（2001, 176）、インクルージョンとのこの情事において、教員は「彼女を享受するとともに、彼女がいないことに気づく」ように強いられたのである。デリダの用語でいう、この「政略結婚」によって、インクルージョンは「囚われの地」、すなわち不変の強固な定義から抜け出すことができた。そして再解釈と誤解という「本質的な漂流」によって、インクルージョンは慣用句となった。言い換えれば、それを中和したり抑制したりすることで、「具体性を置き換える誤謬」（Whitehead, 1925）に陥れる秘密の暗号（Derrida, 1998）となったのである。そこで、抽象は現実として、存在論の想定に基づいた具体的現実として、受け入れられたのである（Chia, 1995参照）。
　ここで私は、デリダのエクリチュールと発話(パロール)についてのテーゼを用いて、政府と教員の言説におけるインクルージョンと現前［存在］の関係を脱構築したい。これらの教員にとって、インクルージョンは、現前［存在］の認知（Derrida, 1998）における現実性を欠落させた「想像物」になってしまったということを論じる。つまり、特別な教育的ニーズと障害（SEND）があるというレッテルを貼られた子どもという「想像物」である。

3　インクルージョン：還元の単純なモチーフなのか

　デリダ（1998）にとって、エクリチュールは、同質的でかつ機械的な還元というモチーフの上に形成されている。書記素の記号は、不在なものに感応し、「書

かれたシンタグマ[連辞]、言語学的な一連の単位（Derrida 1998, p.9=26）をつくりだし、理想的な意味を循環させる。エクリチュールとは、その際、「意識のコミュニケーション」であり、志向性の担い手（Derrida 1998, p.26=61）となる。文章上の用語としては、インクルージョンというシンタグマは、簡単な言葉ではあるけれども、単純なイデオロギー的構成概念を表現するものではない。その理論的な構成は、約束というよりは隠蔽、あるいはおそらく「約束された隠蔽」として読まれるべきであり、その「約束」は隠蔽にすぎないのである。

　ここで興味深いことに、政治的環境の中では、インクルージョンは真っ当なものであり、裸の王様のように、誰からも批判されるものではないと見られていた。そうではなくて、すべての子どもが歓迎され、高く評価されるような学習共同体の発展の根（リゾーム）となるものとして見られていたのである（Hodkinson, 2007 参照）。この無批判な受容から、インクルージョンは世襲の遺産となる。それはロバート・デイヴィス（Davies, 1951）の「装飾的な知識」である。デイヴィスは、そのような概念が、大いなる無意味であり、共有された愚かさのあらゆる武器によって擁護された社会の教義であるとして、その危険性を強調している。この形態のインクルージョンは、危険なくらいに単純化されたものである。1970年代のネッスルの乳児用ミルクのように（War on Want, 1974 参照）、それは市場化された製品である。時流に乗った教育者が何の疑いももたずに世界の隅々に送り出している単純な「商品のパッケージ」である（Hodkinson and Deverokonda, 2011b を参照）。デリダ（1998, p.62=135）の視点では「発言がより単純で、貧しく、一義的であるように思えるものであればあるほど、その理解は難しくなり、意味のとらえどころがなくなり、その文脈がより確定できないものとなる」。インクルージョンは、そのようなとらえどころのなさの上に繁栄するのである。これがその強みであり、それはヤヌスのように二つの顔を持つモノであり、余剰概念であり、最小公分母のような概念である。

　ニューレイバーは、インクルージョンを教育的制度における「断絶力」と呼んだ。それはインテグレーション政策からの根本的な再出発を意味していた。私の研究において作動していたインクルージョンを脱構築するために、この「つかみどころのなさのレトリック」を超えていきたい。私が言わんとしているのは、ここでいうインクルージョンは、インテグレーションを「引き継いた接ぎ

木［引用的接ぎ木］」であったことである。インクルージョンは新しくて抜本的な概念ではなかった。それは先行する実践の鎖から解放されていなかった。インクルージョンはインテグレーションの鎖、すなわち分離教育(セグリゲーション)に否応なく結びついた教育実践の環の一つとしてのみ作動したのである。インクルージョンは、ここでデリダ（1997, p.145）の「代補」、「インテグレーションに成り代わって、介入し取り入るような代補」になるというのが、私が追求する議論である。

現実には、インクルージョンは「持続的で同質的な補償であり、現前［存在］の変容」（Derrida, 1998,5=18）として作動しているに過ぎなかった。インクルージョンと排除(エクスクルージョン)は——約束／隠蔽の一部として——誤った二項対立として構築されてきた。不在の言説の凪の中で止められて、平等や社会的正義のための闘争ではなく、現前［存在］の変容へと［インクルージョンは］縮減されたのだ。「現前［存在］の知覚」を不在化させることで、インクルージョンは想像上のものとなる。なぜなら、全ての子どもの「現前［存在］」を求めながらも、「規則通りに現前［存在］にとって代わることを【通して】表象する」ことしかインクルージョンはできないからである。デリダ（1998, p. 7=21）の言葉で類推するならば、インクルージョンは子どもを不在にしていたのである。つまり「知覚の領域からの不在、単に遠くの現前［存在］【としての】不在」にしていたのである。この点については［普通学級から分離された］ユニット［通級教室］の使用についての教員の言説を分析する際に、のちほど詳しく見ることにする。

この関係をさらに深く探求し、政府文書の中での［インクルージョンの］想像上の作用を強調してみることにしよう。これらの文書は、不在の終焉を視界の範囲に持ち込み、現前［存在］の新しい規準(カノン)の形態——つまり、インクルーシブ教育という規準(カノン)の形態——をつくり出す、と言われた。

4　インクルージョン：政府による現前［存在］の構築

1997年にニューレイバーは、SENDというラベルの貼られた全ての子どもと、「健常」児を同じ地域の学校で教育することとしてインクルージョンを概念化した。インクルージョンはその時、社会正義の原則の中に祭られた。例え

ば、インクルージョンは次のように定義された。

　そこでは、すべての子どもが学校コミュニティにおいて平等なパートナーとして包摂され、……【そして】それが故に、我々は障害者の包括的で法的効力ある公民権にコミットするのである……。(Department for Education and Employment [教育雇用省]、1997, 5)

　……すべての生徒が普通学校のカリキュラムと社会生活に参加すること (Department for Education and Employment [教育雇用省]、1998、23)

　これらの定義は、ニュー・レイバーの理念的な意味であるが、デリダ的な視点からは「言わんと欲していること (vouloir-dire)」として観察されるだろう。デリダが我々に教えるところによれば、理念的な意味とは、心のイメージであり、そのイメージのために、単語は存在すると考えられている (Shaffer and Gorman, 2008)。デリダは理念性をあざ笑いながらも、次のように信じている。シニフィアン (signifier) [能記。意味するもの] は決して偶然ではなく、言語学的及び歴史的起源を反映しているから、単語は、純粋な現前 [存在] を表すことができない (Alison, 2005)。
　政府の言うインクルージョンの理念性について再び考えてみて、彼らの仲裁が、サラマンカ宣言[注]のインクルージョンや、障害者が求めるインクルージョンからは若干距離があるのはどのようにしてなのかを分析しよう。最初の引用では、インクルージョンは「平等なパートナー」となる権利として定義されている。それは、すべての子どもに拡大されるものなのだ。したがって、その含意としては「排除（エクスクルージョン）」のあらゆる形態は、道徳的に擁護できるものではなくなる。けれども、第2の引用は、インクルージョンを権利というよりは義務として位置づける。子どもの義務は、参加の義務になる。この「参加」によって、インクルージョンは権利ではなく責務と化してしまう。それで、「強いられた選択のパラドクス」(Žižek 2009, p.25=44) としての、また生徒が「期待されていることを忠実に行う」という意味での「必然的なことを行う自由というパラドクス」としてのインクルージョンに私たちはここで遭遇する。インクルージョ

ンの理念性は、ここでは選択の中に位置するのではない。それは人権ではなく、**強制された参加**なのである。インクルージョンの聖域［コーラ］は屈服させられ、罰則ある絶対の掟として作動させられるのである（Casey, 1997）。

そして、政府の「言わんと欲していること」は、一貫しない軸に沿ってインクルージョンの推進と抑制とを行う複合的なイデオロギーを喚起する。インクルージョンというシニフィアンは、インクルージョンの外にあるもの、すなわち世の中によって打ち砕かれるかも知れない（Alison, 2005）。いったん打ち砕かれるという方向性が明らかになれば、示唆と表現の区別は維持することができなくなるとアリソン（Alison）は述べている。デリダ（1998, p.64=139）が示唆するところでは、残余は、「最小限の同意の契約」を表すに過ぎない。このことから、ニューレイバーのインクルージョンは、純粋な現前［存在］の理念性を代表することはできず、「解釈学的判読」の存在論的な場となっている、という結論が得られる（Derrida, 1998, p.21=51）。

私の主張は次の通りである。政府のエクリチュールは、インクルーシブ教育の船出をもたらすものではなかった。それらは、デリダ的な用語でいえば、「**間違った出発**（'faux depart'）」である。つまり、彼らは、他に還元できない概念をつくり出したのではなく、政策的主導権を争う役者たちの舞台で上演される現象学的還元の一シーンとしてインクルージョンを定式化したのである。我々がこれから観覧する舞台は、言葉足らずの役者たち、つまり政策的主導権をめぐって主役の座を競い合う役者たち、機能主義的イデオロギーという役者たち、そして「完全」なインクルージョンという意味での現前［存在］を信奉する役者たちによって演じられるものである。

ここで示したいのは、インクルージョンというシニフィアンによって告げられている現前［存在］の素朴さが、どのようにして、政府の文書［エクリチュール］の中で曖昧にさせられているか、ということである。理念性のこれらの表象の中にある断層を解明することで、相互干渉の言説の中でのインクルージョンを脱構築したい。この分析を通じて示したいのは、いかにしてインクルージョンが社会正義や平等の理念性にはならず、むしろ誠実な詐欺の政治となるのか、ということである。

5　誠実な詐欺の政治としてのインクルージョン

　インクルージョンの認識論(エピステーモロジー)は最初から、「存在論的な幽霊」(Stronach, 2010)に影響されていた。それは、デリダ (2001) の視点からすれば、「脱臼した」理念性であったし、ハイエク (Hayek, 1976, p.11) が示唆するように、「異なった方向で世界を探求している他者の意図せざる副産物」であった。かって詳しく論じたように、どんな弱みをもっているかにかかわらず (Judge, 2003)、地域の同じ学校であらゆる子どもを教育することとして政府はインクルージョンを定義した (Hodkinson, 2007)。私は本稿でインクルージョンが、責務として位置づけられているということを示唆してきたが、このテクストは理念性の表象において、さらなる断層を明らかにしている。なぜならば、インクルージョンは、インテグレーションの接ぎ木として維持されており、そこでは、学習経験の質よりも、普通学校での現前［存在］が重視されているからである (Armstrong et al., 2009)。第2に、弱さや障害という術語は、社会的な価値(ソシエタル)、つまりヴィクトリア時代の慈善、依存、排除といった原則に基づく価値にニーズをつなぎ止める。そのような定義は文化的な隠蔽、つまり欠損、同情、幻滅という観念で繕われた隠蔽をインクルージョンにほどこすことになる。

6　インクルージョンを定義づけること：学業遂行性(アカデミックパフォーマティヴィティ)

　もっと最近になって、インクルージョンは、アカウンタビリティとランキング表を担当する政府の職員らによって作動させられた。例えば、教育水準局 (Office for Standards in Education= OFSTED) は、学校の達成度を判断するためのインクルーシブ測定水準を採用した。その測定水準が示している理念性においては、教えること、業績、態度、そして一人ひとりの幸福が重要となっている (OFSTED, 2000)。元教育相の次の言葉は、この理念性を打ち砕き、「達成水準を優先するアジェンダとインクルージョンに向かう社会的推進力(ドライヴ)との交差に存在する矛盾する空間」(Benjamin 2002, p.8) を明るみに出すと私は確信している。

学校に期待されている困難な目標を達成しようとするならば、特別な教育的ニーズのある子どもが可能な最大限の成績を達成できるため、さらなる支援を行う必要がある。」〔Department for Education and Skills［教育職業技能省］, 2004, p.16］。

生徒の権利としてではなく責務としてインクルージョンを位置づけるアカウンタビリティの体制の中で、インクルージョンが作動させられているという点において、この言葉は私にとって腹黒い歪曲を示唆するものである。そして、学校の「ハンディキャップ」が何であろうとも、学校もまた「競争」しなければならない。そのような責務は、強制の一形態として見ることができよう。インクルージョンをアカウンタビリティに関連づけることで、評価が表面的な成果（Hanko, 2003）に依存している学校は、低学力や低い規律で試験の点数を低めるかも知れない者を受け入れることには慎重になる（Fredrickson and Cline, 2002）。政治的主導権をめぐる争いの結果、インクルージョン的な現前［存在］の新しい形態を構築するというよりは、普通［学校］の教育から生徒を遠ざけることが正当化されている。全員が参加できるが、ここには参加できるわけではない。全員が参加したいところに参加できるのではない。改革としてのインクルージョンは、そこで、内部から転覆し始めるのだ。

私の議論をさらに展開するために、デイヴィッド・ブランケット（David Blunkett）、ニューレイバーの最初の教育相の言葉について考えてみよう。

　……特別な教育的ニーズのある子どもの教育は、……完全にインクルーシブな社会の創造にとって不可欠なものである。……潜在能力を十全に開花させ、経済的に貢献し、主体的市民として十分な役割を果たすように子どもたちを発達させることが私たちに課せられた責務である。(Judge 2003, p.163 で引用されている)

ブランケットの言明は興味深い。なぜならば、経済的観点からの警告によって、インクルージョンの理念性はより深いところで打ち砕かれていることを明

らかにしているからである。社会正義の観念をもつインクルージョンは、付随して競争の観念を生み出す新自由主義的な教育の商品化と共存できるのであろうか。表面的なインクルージョンは個人化された教育の政策を通じて促進されたが、クラス全体に読み書き算数を教えることを強調してきたナショナルカリキュラムおよびナショナルストラテジーの他の政策とは相容れなかったと、私は確信している。ナショナルカリキュラムとナショナルストラテジーは、カリキュラムに関する裁量の範囲を制限することで、インクルージョンを制約する締め付けとなった。私の見解では、これは、政府の機能主義的な意図を照らし出している。私の調査では、教員にとってのインクルージョンの理念性を打ち砕いたのは、まさにそのような外的な力への「恐怖」であった。

　現在のところ、私たちは平均的な学校だということが問題なのです。問題は目標です。私たちは目標によって信じられないくらい駆り立てられています。……教育水準局でよい成績を得ようという強迫観念から、学校はとても多くの監視下にあります。……先生や学校にはできません。分かりますよね。意図をもつことには文句のつけようがないし、すべての生徒にはインクルージョンが確保されているべきだということは分かっています。……時間の制約があるのです。(ST2)

　……インクルージョンと……政府が決めた目標との間には、大きな不釣り合いがあるのです。そしてそれがインクルージョンを非常に難しくしていると強く考えています。(PST1)

政府が「完全なインクルージョン」に合意しなかったり、特別支援学校を閉鎖することを拒否したりすることによって、現前［存在］の理念性がさらに挫かれている。その時、インクルージョンは不在が現前［存在］にとって代わる場としての理念性になるのだ。その理念性は曖昧にされ、インクルージョンは残余概念であり、競争、従順、機能主義、そして不在が、社会正義、平等、そして現前［存在］と共存することを、さしたる抵抗を受けずに正当化する混合物である。それは、過去においてもまさに現在においても、誠実な詐欺である。

7 デリダの差延としてのインクルージョン

デリダにとって、他の意味を可能にするシニフィアンは、還元不可能な感染の原理を提供する。それは、「それ［シニフィアン］が権限を与えようとするまさにその対象」を制限する不純の法則である（Derrida, 1998, p.62=134）。選択的な領有が、観念を服従させて「支配的な思考のスタイルを支える組織的な論理に適合するようにし」、そのことで「本質的な漂流」を開始するのだということをチア（Chia, 1995, p.580）は思い起こさせる。デリダ流の用語では、インクルージョンの理念性によって、機能主義と［学業］遂行性を消し去ることは、シニフィアンの内的な意味と外的な表象との間の闘争を表している。純粋な現前［存在］のこの変容は、理念性のシニフィアンから、「自らの名前において書かれたように思われるものを取り除く」（Derrida, 1998, p.52=124）。この観点からのインクルージョンは、デリダの「差延」（Derrida, 1982, p.3-27 を参照）となる。

そのようなものとして、インクルージョンは、

> その下ですべてのアイデンティティと意味が生じるような状況あるいは状態を、記述し遂行するのである。（NUS. 2010）

8 インクルージョン：発話(パロール)、現前［存在］を不在化すること

ここでは教員の言語行為をインクルージョンとの関係で吟味する。教員がインクルージョンに関する自らの理念性を、私の研究においてどのように具体化したかを分析したい。しかし、発話(パロール)の中心性とその重要性を現前［存在］の構築と関係づけて考察するために、デリダ理論を簡単に紹介することから始める必要がある。

デリダと発話(パロール)

デリダ（1973, p.16）は、発話(パロール)を「音の複合体」すなわち「意味にとっては透

けていて透明な媒体」と見ている（Alison, 2005, p.99）。彼は発話(パロール)とエクリチュールは現前［存在］と不在の対立に依存していると信じた（Ruffing, 2001）。しかしながらデリダは、発話(パロール)には「経験的な抵抗」がないとは見ていないし、言語行為の中ではシニフィアンを単純化することが不可能だとは考えていない（Alison, 2005）。あらゆる言語行為は媒介され、したがって全ての表現は指示作用であると彼は考えている（Derrida, 1973）。そのようにして、デリダは発話(パロール)がいつもエクリチュールによって浸食されているということを示唆している（Ruffing, 2001）。この点を探求するために、教員の言語行為を吟味してみよう。彼らのインクルージョンの理念性は次のように具体化される。

　……インクルーシブ教育というのは、……学習環境を経験しているすべての生徒を包摂し、生徒がその経験から可能な限りの最善のものが得られるように支援することです。(ST4)

　……えっと、すべての学校の義務は校門をくぐった子どもに教えることですよね、私はそう思っています。彼らは完全に学校の一員です。(PST1)

　また別の教員は、インクルージョンを詳しく説明して、すべての子どもが「普通学校で教えられるべき」で「参加とアクセス」ができる、ということを保障することだとした。実際のところ、教員の大半はインクルージョンを学習環境に「すべての子どもを包摂」することだと定義した。
　それゆえ、ある面で、インクルージョンの具体化された理念性は、普通学級に全ての子どもが現前すること［いること］を保障することに焦点を当てている。けれども、上記の発言は　政府の文書［エクリチュール］がどのように教員の理念性に入り込んでいたかをも明らかにするものでもある。政府の政策文書に固有の書記素の構造に依拠して、教員がインクルージョンを具体化させていることが、インタビューの逐語録からわかる。デリダの用語（1973）によれば、インクルージョンは流通の行為になった。教員は、「何らかの内面」を分け与えてくれていたのだが、その内面たるや外部にあるエクリチュールに基盤をもつものであった。政府のテキストが、これらの言語行為に寄生していたの

だ。ここで発話〔パロール〕は、純粋な現前［存在］の理念性に基礎づけられるものではなかった。発話〔パロール〕は、「所記〔シニフィエ〕の概念としての直接的な現前［存在］」を回復させるものではなかった。そういうものとして、脱構築の用語でいえば、それは無－表情であった（Derrida, 1973, p.38）。

言語行為：引用的接ぎ木としてインクルージョンを描くこと

これらの言語行為は、インクルージョン的な現前［存在］がインテグレーションの「代補」として矮小化されたことを明らかにしている。そこでは［固定的な意味から］解放されうるものとして、インクルージョンが根拠づけられている。サラマンカ宣言（UNESCO, 1994）の「言わんと欲していること」から切り離された引用的接ぎ木として、教員はインクルージョンを構築した。インクルージョンは、そのような［固定的な意味からの］解放を通じて、「絶対的に飽和不可能な仕方で、無限に新たなコンテクストを発生させ」たのだ（Derrida, 1998, p.12=33）。インクルージョンは、舫い綱（もやい）を絶たれて、教員にとっての困難を悪化させ先鋭化させる「本質的な漂流」の航海に向かわされた（Derrida, 1998）。インクルージョンは、この類型の中では、「その場所をもつが、もはやすべてのシーンや言表のシステムを統治することはできないであろう」（Derrida, 1998, 18=45）。

私は先に、すべての子どもを学習環境に尊重し受け入れるべきだという信念によって、どのようにインクルージョンが根拠づけられるのかということを議論した。確かに、そこで主張された断絶力は、生徒のニーズに対応するために環境が変化しなければならないということであった。しかしながら、私が話をした教員は、そのように［ニーズに対応するために］環境が根本的に変化しなければならないことを理解していなかった。一貫した主題は、子どもが学校の手続きに従わねばならないということであった。例えば、この理念性の表現が依拠していたのは次のようなものであった。「子どもが快適で穏やかなレベルで活動できるように支援するために必要なものが分かれば、問題と言えるようなものはありませんでした」(ST4)。他の人は次のようにコメントした。「彼がここに来たとき、彼は……彼は自分の思うままにしていました。ごく最近に、私は彼について報告書を書き、彼は規則に従うことを学びましたと書いておき

ました……」(PST5)。

　ここでのインクルージョンは、学校が変化することではなく、規則破りの行動が変わらなければならないということであった。例えば、インクルージョンがなぜ上手くいったのかというこの教員の推論を見てみよう。「子どもの性質です。……子どもは極端にフレンドリーで愉快でした。彼は全く自分本位ではありませんでした……」(PST1)。あるいは、次のコメントを見てみよう。ここではインクルージョンは、子どもの能力に基づいていた。「それは、彼らがアクセスでき、彼らの役に立つのは何かということ次第ですね……」(PST5)。「**彼らがアクセスでき、彼らの役に立つのは何か**」——これらの言葉は重要である。この発話（パロール）は、インクルージョンのこの理念性にある主要な断層線を暴露している。それはインクルージョンが、フーコー (Foucault) の用語では、自己制御としての自己管理であると暴露しているのだ (Foucault, 1977)。この発話（パロール）は再び「他者」をつくり出す。それは、教育から遠ざかっていて、ここにいるがここにはいない子どものことである。発話（パロール）が示すのは、いかにして教員がインクルージョンについて責任をもつことがなかったのかということである。そして、いかにして自分たちがインクルージョンの達成の障壁をつくり出しているのかについては考えなかったということを示している。ポンテオ・ピラトのように、彼らは責任転嫁をしているのだ。すべては生徒のせいにされる。上手くいくかどうかは**彼ら**に責任があることであり、間違って事が運ばれても**彼ら**の責任なのだ。これらの教員たちにとって、インテグレーションがインクルージョンなのだ、ということがインクルージョンの意味であり、そのようなインクルージョンは、機能不全の交換可能な概念だったのだ。つまり、このような見せかけのインクルージョンは、現前［存在］と不在の双方に関わるものであり、操作的な手続きと感受性の観念に合うように鋳型にはめられた生徒に関わるものだったのである。

インクルージョンの言語行為：現前［存在］を不在化するのか

　多くの教員にとっての懸念は、全ての子どもを通常の教育に包摂（インクルード）できるのか、あるいはすべきなのかということを軸にインクルージョンが展開していることであった。多くの教員は排除的な実践を隠蔽するためにインクルージョンの

レトリックを用いた。ここで私が議論を展開するのは次のことについてである。これらの言語行為によって明らかとなるのは、インクルージョンというものが、子どもを現前［存在］させるというよりは、不在の上で構築されていたということである。

政府の文書［エクリチュール］に記された、現前［存在］の変容を映し出す発話(パロール)について再び考えてみよう。インクルージョンを定義するように尋ねられた際の、よくある言語行為は次のようなものである。「……えっと、すべての学校の義務は校門をくぐった子どもに教えることですよね、私はそう思っています。彼らは完全に学校の一員です」（PST1）。しかし、このように述べていた同じ教員が、後には次のように述べて、自分たちのコミットメントを打ち砕いたのである。「この子たち【SEND とラベルの貼られた子ども】は、集会、遊び、食事の時間への完全なインクルージョンを享受していますから、ただ単に校内の違うクラスにいるだけで、十分、学校の一員として位置づいていますよ」。

インクルージョンのこの具体化は重要である。なぜならば、社会的(ソーシャル)な現前［存在］が教育的な不在を隠蔽する「見世物」とインクルージョンはなるからである。「ただ単に違うクラスにいるだけ」という控え目な言明によって、どのようにして不在が表現されるか考えてみよう。すると、不在と現前［存在］がどのように共生的に絡み合っているのかということが浮かび上がってくる。ここで不在は遠く離れた現前［存在］として再構築され、所属の消えない記憶と本質にすぎなくなる。次に示す語りでは、現前［存在］と不在が開放型刑務所のようなものとして構築されており、この［言語行為の］本質がいっそう顕わになる。

別の側面で考えると、柔軟さがとてもよかったと思います。それと特別支援学校とデイ・リリース［刑務所からの１日の仮釈放を意味するとともに、特別支援学校の開放日も意味する］についても権限があることも。いい表現ではありませんが……。しかも、［普通］学校にもアクセスできるのですよ。それは素晴らしいし、とてもいい制度じゃないですか。……特別支援学校に子どもを入れるには時間がかかることがあります……。特別支援学校に入れるのはとても難しいのです。そうする権限が削減されてきたことはよいとは思えないのです。(PST4)

ここで生徒は、「よき振る舞いと追従」によってのみ「外出」が認められ、そして普通［学校］に現前する［いる］べく招待されるような、不在の囚人となる。刑務所というメタファーは決して見当違いではなかった。全ての子どもが「普通［学校］で教育を受けられるようにすべき」であり、普通学校への「アクセスと参加」の権利があるという理想をもつ前述の別の教員は、扱いが困難と感じられる子どものための分離された学級において現前［存在］を再構築していた。

　この学校はいつもずっとインクルーシブでした。……３年前に私たちは、完全なインクルージョンの実験をし、全ての子どもに支援をつけて普通［学級］に置き、１年間やってみまして、どうなるか検証し、本当にいい結果を得ました。よく伸びてきた子どももいましたし、あまり伸びない子どももいました。これは大きな収穫でした。この結果を受けて私たちは改良をし、通級教室を再開して子どもたちを戻しましたが、彼らがどんなことに対処できるのか、よりよく理解できるようになっています。そういう訳で、私たちは今では、完全なインクルージョンは上手くいかないと考えるようになりましたが、それはインクルージョンにとっては重要な教訓でした。(ST3)

　これらの話から明らかになるのは、教員が作動させるコントロールのメカニズムとしてのインクルージョンである。この権力を行使する教員は、彼らが適切だと考えるところに子どもを「置き」、それにより彼らの人生を永遠に「変化させ」てしまう。懸念するのは、多くの教員がそのような神聖なる権力を、インクルージョンと SEND［特別な教育的ニーズと障害］(Hodkinson, 2009 参照)についての必要なトレーニング、知識、そして理解もないまま行使しているということである。したがって、彼らの感受性と服従性の観念が権利を蹂躙して、強制された参加義務を乱用するのである。「虐げられた人々は、社会に包摂されたがその中に適切な位置をもたない」(Žižek, 2009, p.116=179) ように、これらの教員の行為は、インクルージョンを「全体の一部ではない部分」へと矮小化することで、遠く離れた「他者」をつくり出している。ここまでの議論が示

すのは、インクルージョンを排除として定義するような仕方で、教員はインクルージョンの「理念性」と現実性の間でころころ態度を変えているということである。生徒がどんなことに対処できるのかということをよりよく理解できれば、それだけいっそう、生徒はまさにその排除の中に包摂されるのだ。この局面においてインクルージョンは、象徴的なフィクションとなる。つまり「真理」が現実に介入し、現実を内部から変化させるのである（Žižek, 2009）。

　子どもに応じた通級教室を設定しなかったある教員は、次のように語っている。

　　インクルージョンは、行き詰まることがよくあります。というのは、どの子も時と場合によるから……。すべての子どもが、同じ学級にいるべきではありません。異なったグループの全員を一つの学級に強制的に入れるべきではないでしょ。(ST5)

この「強制」というアイデアは、もう一つの重要な言語使用である。ここでは、「排除という悪」は、インクルージョンを「強制しない」という観念によってひっくり返される。インクルージョンの理念性の中心には「すべての子どもを包摂すること」があったのだが、教員の理念性は、「すべての子ども」のことではなくなったので、打ち砕かれてしまうのだ。

結論:現前[存在]を不在化するのか、不在を現前[存在]化させるのか

デリダにとって、エクリチュールは人々を不在化させ、発話(パロール)は見せかけの上では、現前［存在］を呼び起こす。しかしながら、これらの教員にとって、政府の文書［エクリチュール］の中にあると見なされるインクルージョンと現前［存在］の変容はまだ実現していなかった。彼らのインクルージョンの理念性の中に、無効化していく構築としての不在があることが彼らの発話(パロール)により顕(あら)わとなったのである。それで、概念としては、インクルージョンは、「全く違うものの秘密裏の反転」となったのだ（Derrida, 1998, p.53=120）。自らの本質が不要になるほど打ち砕かれたシニフィアン。それを活用したのは、論理の純粋さ

のない概念であった。ここでインクルージョンは、錨（いかり）がなく漂流している理念性であった。それは「存在において中和され、現象的な存在へと矮小化された」(Derrida, 1973, p.12)。インテグレーションに関する支配的な言説に同化させられたインクルージョンは、分離によって汚染されていた。この政略結婚、そして疑わしき家系の結婚から生まれてきたインクルージョンは、「見たところ構成的であるが、……明白に意図されたものとはかなり異なることがしばしばある決定的な効果をつくり出す言表の、向こうに、周りに、下に位置づけられる」ことに身を任せた (Derrida, 1998, p.34=89)。

エクリチュールと発話（パロール）に関するデリダのテーゼは、この成り下がった理念性を脱構築することを可能にするという点で有益であった。インクルージョンの見解は完全な現前［存在］の上に構築されている、と我々は思うかも知れない。デリダ流の脱構築が示唆するのは「物事がここにあるかないかと、私たちは本能的に考える。しかし、実際はあらゆる種類の方法で、不在の物事はその現前［存在］の痕跡を残し、一つの物事が部分的に不在でありながら現前［存在］することができるのである」ということである (Chia, 1995, p.580)。それで、インクルージョンは、「曖昧にされた境界線」があるものの明確な区別のない、現前［存在］と不在の一連のグラデーションとして作用している。もしもインクルージョンの純粋な理念性が実現されるとすれば、必要なことは、「現前［存在］、自己の現前［存在］、そして差異化と遅延の価値を厳密かつ新たに分析すること」(Derrida, 1998, p.49=109) である、と私には思える。

【注】

1994年に92カ国の政府と25の国際的な組織が会して、各国が「インクルーシブな学校の発展のための努力に専念する」べきであると決議するとともに、権利に根ざした教育への観点にコミットメントを行うことが確認された (UNESCO, 1994, 13)。

【文献】

Abberley, P. (1987) The concept of oppression and the development of a social theory of disability. *Disability, Handicap and Society* 2, no.1, pp.5–19.

Ainscow, M. (1995) Education for all: Making it happen. *Support for Learning* 10, no.4, pp.147–54.

Alison, D.B. (2005) Derrida's critique of Husserl and the philosophy of presence. *VERITAS Porto Alegre* 50, no.1, pp.89-99.

Armstrong, F., and L. Barton. (1999) *Disability, human rights and education.* Buckingham: Open University Press.

Armstrong, A.C., D. Armstrong, and I. Spandagou. (2009) *Inclusive education: International policy & practice.* London: Sage.

Barnes, C. (1997) A legacy of oppression: A history of disability in western culture. In *Disability studies: Past present and future,* ed. L. Barton and M. Oliver, pp.3-24. Leeds: The Disability Press.

Barnes, C., and G. Mercer. (2003) *Disability*. Cambridge: Polity Press.

Barton, L., ed. (1996) *Disability and society: Emerging issues and insights.* London: Longmans.

Bell, J. (2000) *Doing your research project.* 3rd ed. Buckingham: Open University Press.

Benjamin, S. (2002) *The micropolitics of inclusive education – An ethnography.* Buckingham: Open University Press.

Casey, E.S. (1997) The fate of place. *A philosophical history*. Berkeley, CA: University of California Press.

Chia, R. (1995) From modern to postmodern organisational analysis. *Organisation Studies* 16, no.4: pp.579-604.

Davies, R. (1951) *Tempest-tost.* London: Penguin, 2006.

Department for Education and Employment. (1997) *Excellence for all children: Meeting special educational needs.* London: DfEE.

Department for Education and Employment. (1998) *Meeting special educational needs: A programme for action.* London: DfEE.

Department for Education and Skills. (2004) *Removing barriers to achievement. The government's strategy for SEN. Executive summary.* London: Department for Education and Skills.

Derrida, J. (1973) *Speech and phenomena and other essays on Husserl's theory of signs.* Trans. D.B. Allison and N. Garver. Evanston, IL: Northwestern University Press.

Derrida, J. (1982) *Margins of philosophy.* Trans. A. Bass. Chicago: University of Chicago Press.

Derrida, J. (1997) *Of grammatology.* Trans. S. Gayatri. Baltimore, MD: Hopkins

University Press.〔=足立和浩訳（1972）『グラマトロジーについて（上）・（下）』現代思潮社。〕

Derrida, J. (1998) *Limited INC.* Evanston, IL: Northwestern University Press.〔=高橋哲哉・宮崎裕助・増田一夫訳（2003）『有限責任会社』法政大学出版局。本文中の引用は必ずしも邦訳に従っていない。〕

Derrida, J. (2001) What is 'relevant' translation? *Critical Inquiry* 27, no.2: pp.174-200.

Donne, J. (2001) Present in absence. In *Harvard classics shelf of fiction,* selected by C.W.Elliot, 176. New York: Collison & Sons.

Foucault, M. (1977) *Discipline and punish. The birth of the prison.* Trans A. Sheridan. London: Penguin.〔=田村俶訳（1977）『監獄の誕生――監視と処罰』新潮社）

Frederickson, N., and T. Cline. (2002) *Special educational needs, inclusion and diversity: A textbook.* Buckingham: Open University Press.

Hanko, G. (2003) Towards an inclusive school culture – But what happened to Elton's affective curriculum? *British Journal of Special Education* 30, no.3: pp.125-131.

Hayek, F. (1976) Law, legislation and liberty. A new statement of liberal principles of justice and political economy. Volume 2. *The mirage of social justice.* London: RKP. Disability & Society 687

Hodkinson, A. (2007) Inclusive education and the cultural representation of disability and disabled people: A recipe for disaster or the catalyst for change? An examination of nondisabled primary school children's attitudes to children with a disability. *International Journal of Research in Education* 77: pp.43-55.

Hodkinson, A. (2009) Pre-service teacher training and special educational needs in England 1970-2008: Is government learning the lessons of the past or is it experiencing a groundhog day? *European Journal of Special Needs Education* 24, no.3: pp.277-289.

Hodkinson, A., and C. Deverokonda (2011a) Conceptions of inclusion and inclusive education: A critical examination of the perspectives and practices of teachers in England.Educational Futures. *The Journal of the British Education Studies Association* 3, no.1: pp.52-65.

Hodkinson, A., and C. Deverokonda (2011b) For pity's sake: Comparative conceptions of inclusion in England and India. *International Review of*

Qualitative Research 4, no.2: pp.255-260.

Hornby, G. (2001) Promoting responsible inclusion: Quality education for all. In *Enabling inclusion: Blue skies ... dark clouds?*, ed. T. O'Brien, pp.3-19. London: Stationery Office.

Judge, B. (2003) Inclusive education: Principles and practices. In *Contemporary issues in education*, ed. K. Crawford, pp.155-70. Dereham:Peter Francis.

Morina Diez, A. (2010) School memories of young people with disabilities: An analysis of barriers and aids to inclusion. *Disability and Society* 33, no.2: pp.163-175.

Morris, J. (1991) Pride against prejudice: *Transforming attitudes to disability*. London: Wone's Press.

Morris, J. (2005) *Citizenship and disabled people - the disability debate*. London: Disability Rights Commission.

Nairn, T. (2000) *After Britain. New Labour and the return of Scotland*. London: Granta.

NUS. (2010) Reading structure, sign and play and the man of the crowd. http://courses.nus.edu.sg/course/elljwp/structureman.htm (accessed April 5, 2010).

Office for Standards in Education. (2000) *Evaluating educational inclusion: Guidance for inspectors and schools*. London: Office for Standards in Education.

Oliver, M. (1990) *The politics of disablement*. Basingstoke: Macmillan.〔=三島亜紀子・山岸倫子・山森亮・横須賀俊司訳（2006）『障害の政治』明石書店〕

Oliver, M. (1996) *Understanding disability, from theory to practice*. London: Macmillan.

Ruffing, J. (2001) *Mysticism & social transformation*. New York: Syracuse University Press.

Shaffer, J.D., and D. Gorman. (2008) Ong and Derrida on presence. A case study in the conflict of traditions. *Educational Philosophy and Theory* 40, no.7: pp.856-872.

Slee, R., and J. Allan. (2005) Excluding the included. In *Policy and power in inclusive education. Values into practice*, ed. J. Rix, K. Simmons, M. Nind, and K. Sheehy, pp.3-24. London: RoutledgeFalmer.

Stronach, I. (2010) *Globalising education, educating the local*. London: Routledge.

UNESCO. (1994) *The Salamanca Statement and framework for action on special needs education*. Paris: United Nations Education, Scientific and Cultural

Organization.
War on Want. (1974) The baby killers. http://www.waronwant.org/past-campaigns/baby-milk.
Whitehead, A.N. (1925) *Science and the modern world*. London: Free Press Simon & Schuster, 1997.
Žižek, S. (2009) *In defense of lost causes*. London: Verso.〔= 中山徹・鈴木英明訳（2010）『大義を忘れるな』青土社。本文中の引用は必ずしも邦訳に従っていない〕

11 イギリスの障害児教育と障害学研究

堀　正嗣

はじめに

　本章では、これまでの 10 本の論文を読む上で前提となるイギリスの障害児教育と障害学研究について考察する。翻訳した論文の中には、イギリスだけではなく、フィンランド（2）、アメリカ（7）、ベルギー（8）の教育を対象としたものもある。にもかかわらず、「イギリス障害学」としたのは、イギリス以外の国の教育に関する研究も、基本的にイギリス障害学の理論と方法に依拠して行われているからである。最初に本書の各論文を理解する前提となる、イギリスにおける障害児教育の状況を明らかにする。次に、その教育状況と照らし合わせながら、イギリス障害学における障害児教育研究の視点と方法を整理する。これは教育研究のみならず、日本における障害学研究全般の視点と方法を示唆するものとなろう。最後に、日本の文部科学省（以下、文科省）が推し進めている特別支援教育と障害者権利条約批准に向けての国内法整備の中で議論されてきた「インクルーシブ教育システム」が、どのように理解できるかを考察する。

1 『ウォーノック報告』と 1981 年教育法をめぐる問題

　『障害と社会』（Disability & Society）が『障害、ハンディキャップ、社会』（Disability, Handicap & Society）として発刊されたのは 1986 年であった。本書の冒頭に収録したバートン（Barton, 1986）の論文「特別な教育的ニーズの政治」は、この年の 3 号に収録されている。教育に関して書かれた障害学の論文としては、最も早いものの一つである。この論文では、一見中立的・客観的なもののように装われている「特別な教育的ニーズ」が、本質的に政治的な問題であ

ることを明確に描き出している。障害学における障害児教育研究の基本的な視点を示すものである。

　1986年という年は、78年の『ウォーノック報告』から8年、それを受けて成立した1981年教育法から5年が経過した時点である。この報告と教育法は、イギリスの障害児教育の大転換をもたらしたばかりでなく、全世界の障害児教育改革にも大きな影響を及ぼしたものであった。それは特殊教育（Special Education）という概念から、特別ニーズ教育（Special Needs Education）という概念への転換をもたらしたからである。

　1957年の「障害児童・生徒および特殊学校規則」においては、「盲、弱視、聾、難聴、教育遅滞、てんかん、不適応、肢体不自由、言語障害、糖尿（後に虚弱に統合）、虚弱」の11種の障害が、特殊教育の対象になっていた。このような障害別の類別判定（identification）に基づいて、障害種別ごとの治療教育が特殊学校（special school）において行われていたのである。その上、特殊学校で教育を受けることができた教育遅滞児（知的障害児）は「教育可能」とされた軽度の子どもに限られ、「訓練可能」とされた中度の子どもは「通園訓練センター」へ、「教育・訓練不可能」とされた重度の子どもは入所施設に収容されていたのである。

　1971年になって「障害児全員就学」がめざされ、通園訓練施設が特殊学校に衣替えし、重度・最重度の子どもたちもこれらの学校で教育を受けることができるようになった。しかし、こうした子どもたちは、新たに設置され特殊学校の中でもさらに隔離されたユニットで教育を受けるようになっていたのである。

　このように厳格な分離教育体制を取っていたイギリスの障害児教育を根本的に変革しようとしたのが、『ウォーノック報告』とそれを受けた1981年教育法であった。『ウォーノック報告』では、従来の障害別の類別判定を廃止し、それに代わって「特別な教育的ニーズ」（Special Educational Needs）という概念を打ち出した。そして、この概念を受けて、1981年法では、その第1条第1項で、「特別な教育的手立て（Special Educational Provision）を必要とするような学習困難（Leaning difficulty）を負っている場合、その子どもは『特別な教育的ニーズ』をもつものとする」と規定されたのである。そして、ここでいう

「学習困難」とは、「同年齢の多数の子どもより、学習上著しい困難をもつ」ものとされた。その結果、特別な教育的ニーズをもつ子どもは全体の20％と大幅に増加したのである。

ウォーノック報告と1981年教育法の意義は、以下の4点にまとめることができる。

①類別判定をやめて「特別な教育的ニーズ」という概念を導入したこと
②統合教育（integration）の原則を宣言したこと
③親の教育に関する権利を強化したこと
④アセスメントと教育的対応の決定手続きを整備したこと

このような転換の理由は、次の3点にあったと考えられる。第1に、従来の障害の類別判定が「障害児」というラベリングにつながり差別を招いたという認識である。第2に、類別判定は子どもの教育的ニーズを適切に表現することができないということである。第3に、類別判定では法的分類に含まれない障害児を排除し、また、障害以外の理由による学習困難に対する適切な取組みを排除してしまうという点である。

1981年教育法で統合教育の原則が宣言されたため、地方教育局は、特別な教育的ニーズのある子どもを、適切な教育が行われ他の子どもの教育に支障が生じない限り、普通学校（mainstream school）で教育しなければならないとされたのである。ここからイギリスでは、統合は普通学校において特別な教育的ニーズのある子どもたちが学ぶという「場の統合」として理解されるようになった。

しかし、実際にはほとんど統合は進まなかった。統計によれば、特別支援学校への措置率は1.41(1977年)、1.47(1981年)、1.35（1989年）であった（DES, 1990, pp.175-176）。1977年と89年の比較では、僅か0.06しか措置率は下がっていないのである。統合は既存の学校教育に適応できる子どもにだけ認められたものであったからである。既存の学校をすべての特別な教育的ニーズをもつ子どもが学べるものに変えていくという責務は存在しなかった。また、特別な教育的ニーズの概念は、「ハンディキャップのある子ども」というラベリング

を廃するものとして導入されたのであるが、バートン (1986) が「特別な教育的ニーズの政治」で言うように、「ラベルの変更」に過ぎないものになってしまった。ニーズの判定は医学・心理学・教育学などの専門家が主導するのであり、その結果、障害の個人モデル・欠陥モデルを強化し、専門家の権力を強めることになったからである。

おまけに、この時期は1979年から12年にわたって保守党政権（サッチャー政権・メジャー政権）が続いた時期である。サッチャーは、「教育改革」の名の下に1988年教育法を制定し、総合制学校内における能力別クラス編成、ナショナルカリキュラムの実施、全国一斉学力テストの導入、公教育への市場競争原理の導入（学校選択の自由・学校評価・生徒数を基準とした予算配分）といった新自由主義的な政策を実施した。1992年教育法では、教育基準局 (Office for Standards in Education) を創設し、6年ごとにすべての学校を監査し報告することとした。これによって、すべての小中学校を順位づけたリーグ・テーブルがマスコミによって作成されるようになり、学校選択や学校淘汰といった市場原理にすべての学校を参加させることになった。

このような能力主義的教育政策の展開のなかで、学習困難をもつ子どもたちを「特別ニーズ」によってラベリングし、排除し、あるいは監視と審判・規格化の対象としていくことで、競争主義的な教育体制を下支えする機能を「特別ニーズ教育」は果たしたのである。また労働者階級など社会的に差別や不利益を被っている集団の子どもたちを対象とすることにより、社会的な課題を個人的な課題へとすり替え、差別や不平等を固定化する機能をも果たしてきたのである。キヴィラウマら (Kivirauma, et.al., 1988) が「学校システムと特別支援教育」で分析しているフィンランドの状況、そしてアラン (Allan, 1996) が「フーコーと特別な教育的ニーズ」で論じているイングランドの普通学校における子どもたちの経験は、このことを如実に物語っている。そしてこれは、どの先進国においても同様に生じている問題であり、日本の特別支援教育にも当てはまるものである。

このようにして、今日のイギリス障害児教育の基本構造ができあがった。

2 イギリスの教育制度と障害児教育

　イギリスでは2、3歳から就学前教育を行う保育学校（学級）が始まる。義務教育は5歳から始まり、入学に際して保護者が学校選択を行うことになる。私立学校を選択しない場合には、小学校（初等学校）または特別支援学校（special school）を選択する。障害または特別な教育的ニーズのある子どもで、特別な教育的手立てが必要な場合には、アセスメントを経てステートメントが作成される。乳幼児期から障害があることが明らかな場合には、早期から作成することも可能である。ステートメントは医学・教育心理学・福祉の専門家の所見を踏まえて、親と地方教育局が協議して作成する。内容は「1．導入（氏名等）、2．特別な教育的ニーズ、3．特別な教育的手立て、4．学校指定、5．教育以外のニーズ、6．教育以外の手立て」からなっている。4については、親と地方教育局の協議によって決定されるが、合意できない場合は地方教育局が決定する。特別支援学校は、身体障害・中度学習困難・重度学習困難・視覚障害・聴

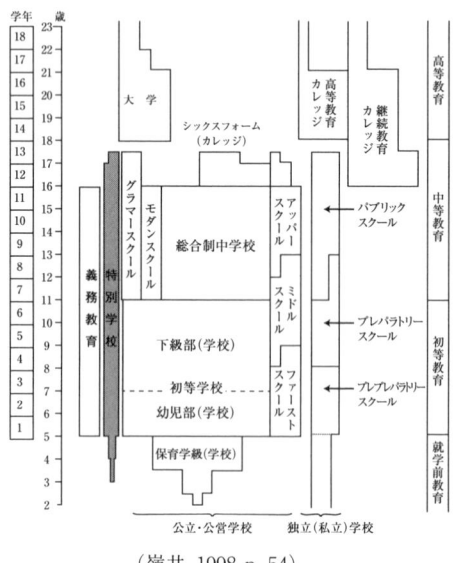

イギリスの学校系統図

（嶺井, 1998, p.54）

覚障害等、障害種別ごとに設置されている。地方教育局の学校指定に不服がある場合には、特別支援教育法廷（special educational needs tribunal）へ異議申し立てができる。ステートメントの見直しは通常12カ月以内に行われ、学校指定が変更される場合もある。ステートメント作成は、法律で定められた手続きであり、保護者と地方教育局の契約である。

　ステートメントを作成しない場合や特別支援学校への指定が行われない場合には、他の保護者同様、普通学校の中から学校選択を行うことになる。どの学校においても特別な教育的ニーズは満たせるというのが建前になっているからである。なお、イギリスには基本的に特別支援学級という制度はなく、必要に応じて教育支援助手の支援を受けて学んだり、ユニット（通級教室）に通級して学ぶ。例外的に普通学校の中の特別クラスで学ぶこともある。

　初等学校を11歳で卒業し、中等学校に進学する。この時も、初等学校同様の学校選択を行うことになる。これが、バッグレイら（Bagley et.al., 1998）が「学校選択、市場、そして特別な教育的ニーズ」で述べている学校選択をめぐる親と学校の困難の背景である。公立中等学校では9割の生徒が総合制中等学校に進学するが、学力優秀者が進学するグラマースクール、職業教育などが行われるモダンスクールに振り分ける地域も一部にある。

　16歳の義務教育終了後の中等教育の課程・機関としては、中等学校に設置されているシックスフォームと呼ばれる課程及び独立の学校として設置されているシックスフォーム・カレッジがある。ここでは、主として高等教育への進学準備教育が行われる。大学に進学しない生徒のために、職業教育を中心に多様な課程を全日制・定時制等さまざまな形態で提供する継続教育カレッジがある。

3　インテグレーションからインクルージョンへ

　1997年の選挙で勝利した労働党ブレア政権は、自らをニューレイバーと称し、サッチャー流の急進的右派主義でもなく、旧来の労働党の社会民主主義でもない「第3の道」を宣言した。教育はニューレイバーの最優先課題であった。政権は緑書『すべての子どもに優秀を』（*Excellence for All*）を発表し、国

民がそれぞれのもつ才能を最高レベルまで高めることのできる実力主義的な教育を実現することをめざした。そのため、基準設定とコントロール、経営管理主義、競争と選抜、民営化といった保守党時代の教育政策が基本的に継承され、ある部分では強化されたのである。それは障害児への排除の圧力を強めるものであった。バッグレイら（1998）の「学校選択、市場、そして特別な教育的ニーズ」は、このことに警鐘を鳴らしている。

しかし、一方では、ニューレイバーは「ソーシャルインクルージョン」を基本政策の一つとしてもいた。『すべての子どもに優秀を』では、特別な教育的ニーズをもつ子どもたちの普通学校へのインクルージョンの推進を宣言した。それは次のようなものであった。

> 特別な教育的手立てを保護し、発展させることによって、普通学校におけるインクルージョンの水準と質を向上させることが私たちの目的である。私たちは、インクルージョンの推進をサポートするために普通学校と協働する役割に特別支援学校を転換する。(DfEE, 1997)

こうした方針の下に、特別な教育的ニーズをもつ子どもの学業成績の向上とインクルージョンの促進のために、緑書に対する有識者の意見を蒐集して、1998年11月に3年間の行動計画（Meeting Special Educational Needs：A Programme of Action）を示した。そこでは、保護者との協働、時間と費用がかかるステートメントよりも実際の支援のための手立てに資源を振り向けること、教職員等の知識と指導力の向上、あらゆる機関との協働、が重要であるとした。そして、1999／2000年の1年間に、通常予算として3700万ポンドが特別な教育的ニーズのある子どもの支援のために（その内800万ポンドはインクルージョンの推進ために）、また2000万ポンドが小中学校をアクセシブルなものにするために計上された（DfEE, 1998, p.2）。特別支援学校は普通学校におけるインクルージョンを支援するものとされたが、同時に、特別支援学校における教育を含む専門的な手立ての重要性も強調されていたのである。

クックら（Cook et.al., 2001）が「分離教育の場からの声」で取り上げているアダムストン校の閉校は、1999年に行われたものである。イングランドおよ

びウェールズの多くの自治体では、この時期「ソーシャルインクルージョン」の方針に基づいたニューレイバーの教育政策が推進されており、地方教育局による制度再編は特別支援学校の閉校を含んでいたのである。しかしながら、クックら（2001）が指摘するように、閉校は障害児者自身の声に基づいて行われたものではなく、「別の場における永続的な服従」を障害児者に強いることにつながりかねない危険性があった。

このようにして、イギリスの障害児教育は、一方ではレトリックとしてインクルージョンの推進を宣言しながら、他方で実態としての分離教育が維持されるという矛盾をはらんだものとなった。その結果、アダムスら（Adams et.al., 2000）が「何がそんなに特別なのか」で論じているように、特別支援学校においては、カテゴリーごとに分離された教室で「特別な」教育実践が相変わらず行われている状況であった。またインクルージョンは政策や実践の多種多様な文脈で使用されるようになり、ホドキンソン（Hodkinson, 2012）が「みんながいて正しいのか」で「インクルージョンという女王と分離教育（セグリゲーション）という女王との密かな重婚」という比喩で表現しているような状況——つまりインクルージョンという理念の下に分離を推進する状況——が一般化することになったのである。

イギリスの障害児教育にとって転機となったのは、2001年に制定された「特別な教育的ニーズと障害法」（Special Educational Needs and Disability Act 2001）である。この法律の意義は、「第1部　特別な教育的ニーズ」において、インクルージョンのさらなる推進を規定したこと、「第2部　学校教育における障害者差別」において、障害者差別禁止法（Disability Discrimination Act 1995）を教育に適用したことである。

1996年教育法では、①その子どもにとって適切な教育が行われる限り、②他の子どもの教育に支障がない限り、③保護者が希望する場合には、特別な教育的ニーズのある子どもは普通学校で教育を受けることができるものとされていた。しかし、①の規定は、しばしば、保護者や子どもの意思に反して普通学校から障害児を排除する根拠となってきた。そこで、この法律の第1部は①の制限を原則的に取り払い、保護者の選択権を強化するとともに、普通学校における配慮と支援を行うことでインクルージョンを推進することを求めている。

またこの法律を受けて教育技能省が同年出した「インクルーシブ教育へ：特別な教育的ニーズ」（Inclusive Schooling: Children with Special Educational Needs）というガイダンスは、①に関した詳細な解釈を示すとともに、②に関しても具体的な事例を示して大幅に制限することを求めた。

この法律の第2部は、「学校教育における障害者差別」である。『ウォーノック報告』と1981年教育法において、インペアメントに基づく類別判定に替えて「特別な教育的ニーズ」という概念を使用することとなった。それはよりスティグマが少ない表現だとして導入されたが、学校教育における障害者差別の問題を覆い隠すことにもなった。差別の問題に向き合わず、医学的・心理学的にアセスメントされた「特別な教育的ニーズ」にのみ対応する傾向が見られるようになったのである。そもそも、すべての障害児が特別な教育的ニーズをもつわけではなく、また特別な教育的ニーズがあるとされた子どもすべてにインペアメントがあるわけではなかった。従って、両概念は主要な部分で重なり合うけれども、別の概念だったのである。

この法律の第2部は、学校教育に障害者差別禁止法を適用することを定めたものである。その結果、①教育における差別の禁止、②健常児に比べて不利な取り扱いをすることの禁止、③障害児が実質的な不利益を受けない措置を執ること、④学校施設・カリキュラム等へのアクセスを改善するための計画策定、が学校及び地方教育局に求められることとなった。③と関わって、学校を含めたすべての公的機関に、障害者の平等を促進し差別を根絶するためにより積極的な行動を取るという障害平等義務（Disability Equality Duty）を法律は課している。それはいじめを根絶し、障害者への肯定的な態度を促進することを含んでいる。イギリスのすべての学校に障害平等計画（Disability Equality Scheme）を作り、障害平等教育（Disability Equality Education）を進めることが求められるようになったのである。

この法律の制定により、インクルーシブ教育と教育における障害者差別への取組みが大きく前進することとなった。2001年からの数年間は、インクルーシブ教育の推進に向けての普通学校への障害児の受け入れと特別支援教育学校の閉校が進められた時期であった。

このように、ニューレイバーの特別支援政策は基本的に、①ソーシャルイン

クルージョンの一環としてのインクルーシブ教育の推進、②特別な教育的ニーズのアセスメントと手立てのための専門家の役割の重視、③学力向上のための競争と選抜、という特徴の下、①と②③は緊張を孕んでいた。しかしながら、ニューレイバーのソーシャルインクルージョン政策そのものがもつ問題と相まって、この緊張は補完へと転化する。このことと関わって、岩田（2008, pp.166-167）は次のように述べている。

　この包摂戦略においては、一方でグローバリゼーション時代の経済効率の拡大＝市場の極大化を追求しつつ、他方で社会の結合や連帯を追求するという、きわどい政策が推進されるという特徴をもつ。この両者の結節点にあるのは、労働（ペイドワーク）参加の強調である。この労働参加を国民の義務として、積極的に位置づけ、従来の福祉ではなく労働を通じた福祉へと転換していくことによって、市場極大化と社会結合が同時に達成されると考えるわけである。

社会的排除を真に克服しようとするならば、排除と周縁化を生み出す構造的な要因を直視し、その克服を志向しなければならない。ところがニューレイバーのソーシャルインクルージョン政策は意識的／無意識的にこうした課題に取り組むことを避けており、その結果、排除を生み出す社会構造を補完・強化する役割を果たしてきたのである。そして「労働（ペイドワーク）参加」を強調する政策が進むに従って、賃労働に従事することができない、あるいは困難な障害者への排除や差別は潜在的にはますます強化されることになったのである。

　モルティエら（Mortier et.al., 2011）は「口出しはいらない、サポートが欲しいんだ」で、インクルーシブ教育の推進の中での、サポートをめぐる両義的な状況を描き出している。また、ベックら（Veck, 2012）が「エーリッヒ・フロム思想からみる注意欠陥多動性障害と教育における障害化」で論じているようなシックスフォーム・カレッジにおける「障害化」（disabling）もこうした状況の中で生じているのである。

　2010年には13年ぶりの政権交代が行われ、キャメロンを首班とする保守党・自由民主党連立政権が誕生した。2011年には緑書『支援と抱負──特別

な教育的ニーズと障害への新たなアプローチ』(Support and Aspiration: a new approach to special educational needs and disability) を出し、インクルーシブ教育に重点を置くこれまでの労働党の政策を転換し、特別支援学校をも公平な選択肢とすること、ステートメントを「教育・保健・ケア計画」に置き換えること等を提起した。2013年にはこれを立法化する「子ども家庭法案」を上程しており、現在審議中である。多くの障害者団体が反対運動を展開している。

4　障害者運動におけるインクルーシブ教育

イギリスにおける障害学研究は、障害者運動との密接な連関の下で発展してきた。イギリスの障害者運動にとって、インクルーシブ教育の推進は中心課題の一つであった。

イギリスにおけるインクルーシブ教育の推進に大きな影響を与えてきた団体の一つが、1982年に設立されたインクルーシブ教育研究センター（Centre for Studies on Inclusive Education）である。インクルーシブ教育研究センターが1997年に発行した『インクルーシブ教育・変革のための枠組・国内的国際的視点』では、インクルーシブ教育を以下のように説明している。

- インクルージョンは第一義的には、教育の問題でも職業の問題でもなく、何よりもあらゆる人びとに関わる基本的人権（basic human rights）の問題である。
- インクルーションへの子どもの権利は、親による選択に優先するものである。
- インクルージョンは参加の拡大という、現在進行形の過程であって、固定的な状態ではない。
- インクルーシブな学校はすべての人が平等に価値ある存在とされるインクルーシヴな地域社会の発展に貢献する。
- 障害をもった大人と子どもの声がインクルージョン発展の鍵となる役割を担っている。
- イギリスの教育法は分離の強制により障害児を差別している。
- イギリスの法律は、①強制的な隔離をやめにし、建物、教育課程、施

設・設備を障害児にとって利用可能にするよう、徐々にすべての普通学校（mainstream school）を建て直すため、そして、②すべての特別学校を徐々に閉鎖していく計画を立てるために、改正される必要がある。
（Wertheimer, 1997: pp.5-6）

　また1989年に同センターが発表し、その後2002年に改正した「インクルーシブ教育憲章」には、多くの障害者団体、地方教育局、議員等が署名している。それは以下の6項目である。

1　我が国が推進する政策及び目標として、障害及び学習困難に基づくすべての分離教育を終わらせることを私たちは全面的に支持する。
2　教育における分離を終わらせることは、機会平等政策に属する人権問題であると私たちは考える。
3　すべての児童生徒は同じ尊厳と地位をもつべきだと私たちは信じる。それゆえ、障害や学習困難を理由として普通学校から排除することは、尊厳を冒す差別そのものだと私たちは信じる。
4　分離された特別支援学校から、適切な支援があり多様性が尊重されるインクルーシブな普通学校に、資源、専門家、教職員、児童生徒を漸進的に移動させるべきだと私たちは考える。
5　障害または困難をもつおとなに対する社会に広まっている偏見の主たる原因は分離教育であり、分離教育が減少し最終的に終焉することがなければ彼らのコミュニティへの参加の努力は重大な危機に瀕することになると私たちは信じる。それゆえ、分離しない特別支援教育は、差別的な態度を変革し、理解をもたらし、公正な社会を発展させる不可欠の出発点なのである。
6　以上の理由から、分離しない教育制度を早急に実現するために全力をあげることを、中央政府と地方政府に私たちは求める。

（Centre for Studies on Inclusive Education, 2002）

　イギリスでは、こうしたインクルーシブ教育を求める運動との密接な関係の

中で、障害児を無力化し排除する制度化されたディスアビリティを明らかにし、それを克服することをめざす研究が障害学の中で積極的に行われている。本書に収録した論文も、こうした観点との関わりを意識して研究を進めていると言える。

5　障害学における教育研究の視点

　イギリス障害学における研究のパラダイムは「障害の社会モデル」(social model of disabilities)である。障害学は世界的に見て、イギリス、アメリカ、アジアでは日本を中心に発展してきた。そして、どこも障害者の権利運動、あるいは自立生活運動が確立していくなかで発展してきたという経緯がある。イギリスの障害者権利運動は次のように始まった。

　　1960年代後半、イギリスの障害者施設のなかでも「進歩的」と目されていた「チェシャーホーム」の一施設である「ル・コート」において、施設入居者による自治活動が施設批判へと展開し、ついには入居者による施設の「自主管理」という「異常事態」へと発展する。この運動の中心となったのが入所者のポール・ハントだった。その後、チェシャーホームの経営側による「正常化」によって、ハントは施設を退去する。そして彼は1972年に、全国紙『ガーディアン』の投稿欄にて施設批判を展開し、施設入所している障害者たちに対して利用者主権運動の結成を呼びかけた。このハントによる呼びかけに呼応した人々によって結成されたのが「隔離に反対する身体障害者連盟」(Union of the Physically Impaired Against Segregation=UPIAS)である。
　　　　　　　　　　　　　　　　　　　　　　　　（杉野、2007, p.155）

　このUPIASという団体が「障害の社会モデル」の原点となった宣言を発表した。1976年に出された『障害の基本原理』には次のように書かれている。

　　我々の見解においては、身体障害者を無力化しているのは社会である。ディスアビリティとは、私たちが社会への完全参加から不当に孤立させられたり

排除させられることによって、私たちのインペアメントを飛び越えて外から押しつけられたものである。このことを理解するためには、身体的インペアメントとそれをもつ人々の置かれている社会的状況との区別が不可欠であり、後者をディスアビリティと呼ぶ。(UPIAS, 1975)

こうした認識に立って、インペアメントとディスアビリティを次のように定義している。

　インペアメント (impairment)：四肢の一部または全部の欠損、あるいは制約のある四肢・器官・身体機構の欠陥。
　ディスアビリティ (disability)：身体的なインペアメントをもつ人のことをまったくあるいはほとんど考慮せず、したがってこれらの人を社会活動の主流から閉め出している現代社会の仕組みによって生みだされる不利益や活動の制限。それゆえ身体障害とは社会的抑圧の一形態である。(UPIAS, 1975, pp.2-3)

本書では、disability を「障害」と訳し、impairment は「インペアメント」と訳して区別している。それは、「障害の社会モデル」の理論的枠組を明確に反映させたいと考えたからである。

UPIAS の運動がハントらの施設批判から始まったことに象徴的なように、障害者の社会からの排除と入所施設への収容・管理は、「制度化された差別」(institutional discrimination) として認識されていた。同様に、障害児の普通学校からの排除と特別支援学校への就学強制も「制度化された差別」として批判と超克の対象とされてきたのである。

この UPIAS の提起を発展させて、イギリス障害学の基礎理論を打ち立てたのがマイケル・オリバーである。オリバーは障害の個人モデルと社会モデルの差異を次のように表している。

個人モデルを、彼は「個人の悲劇モデル」とも呼んでいる。このモデルは、障害をめぐる問題の所在を個人に位置づけ、またその問題を生み出す原因を個人の身体機能や心理学的機能の損傷に求めるものである。その結果、「個人

表　個人モデルと社会モデル

個人モデル	社会モデル
個人の悲劇理論	社会的抑圧の理論
個人的問題	社会的問題
個人的治療	ソーシャルアクション
医療化	自助
専門家の支配	個人的・集団的責任
専門性	経験
適応	肯定
個人的アイデンティティ	集団的アイデンティティ
偏見	差別
態度	行動
ケア	権利
コントロール	選択
政策	政治
個人的適応	社会的変化

(Oliver, 1996, p.34)

的治療」という個人への介入が、問題解決の基本的な方向性となる。一方、障害の社会モデルは、「社会の仕組みによって生みだされる不利益や活動の制限」としての障害に焦点をあてる。障害とは社会的抑圧であり、ソーシャルアクションによる社会の変革が問題解決の基本的な方向になる。個人モデルでは専門家による専門的な知識・技術に基づくケアが、社会モデルでは障害当事者の経験に基づく権利主張が問題解決のための手段と考えられるのである。このように個人モデルと社会モデルは認識論的・方法論的に葛藤し、相容れないものである。従来の個人モデルに変わる新たなパラダイムとして、オリバーは社会モデルを提起したのである。

　また、オリバーは次のように述べている。

　社会モデルによれば、ディスアビリティとは障害者に制限を課すあらゆるものであり、個人的偏見から制度化された差別に至るまで、アクセスできない公共の建造物から利用できない交通システムに至るまで、隔離教育（segregated education）から排他的な労働環境に至るまで、等々の様々なも

のを含んでいる。(Oliver, 1996, p.33)

　以上がイギリス障害学の基本的な視点であり、『ディスアビリティ現象の教育学』と題する本書は、このような認識に依拠している。本書におけるディスアビリティ現象とは、障害者に制限を課すあらゆるもの、すなわち抑圧・差別・排除等を総体的に表現するものである。それは教育に即して言えば、分離教育制度から、アクセスできない校舎や教室、カリキュラムや教育方法、校則や慣習、子ども同士の関係など、マクロからミクロに及ぶあらゆる教育現象に貫徹している「制度化された差別」である。普通学校からの排除と特別支援学校への就学強制はもとより差別であるが、たとえ普通学校に就学したとしても、その中で特別な教育的ニーズや障害を理由に特別支援学級に分けられたり、普通学級における教科／教科外の活動から排除されたり、監視と審判・規格化の対象とされるならば、それらもまた社会的抑圧としてのディスアビリティ現象なのである。「特別な教育的ニーズ」という概念自体が、「このようにカテゴライズされた子どもたちは『人並み以下』だということを前提にしている。個人の不適格性が相変わらず強調されているのである。つまり、おかしいのはその子だ、間違っているのはその子だ、そして最も重要なことは、変わらなければならないのはその子だ、ということが強調されている」とバーンズ（Barnes, 1991, p33）は述べている。この概念それ自体が、紛れもなく個人モデルに立つものなのである。それゆえ、「イギリス障害学は、『特別支援教育』ではなく『インクルーシブ教育』を、『特別な教育的ニーズ』ではなく教育的ニーズを満たさない学校を、特別な教育的ニーズのある子どもではなく障害児を、研究の対象としてきた」とバーンズとシェルドン（Barnes & Sheldon, 2007）は述べている。専門家主導の「特別な教育的ニーズ」の判定とそれに基づく処遇・手立ての推進は、「個人モデル」に基づく社会的抑圧であるととらえられているのである。

　本章に収録した10本の論文は、こうした意味での「障害の社会モデル」の視点に立つ研究であり、インペアメントと障害（ディスアビリティ）の概念は、ペーターセン（Petersen, 2006）とモルティエら（2011）以外は、UPIASが確立したイギリス障害学の用語法に基づいている。ペーターセン（2006）とモルティエら（2011）は、**disabled person** ではなく **person with disabilities** という

概念を用いている。このことから明らかなように、インペアメントと環境の相互作用においてディスアビリティを理解するアメリカ障害学の用語法によっているのである。ただし、アメリカ障害学においてもディスアビリティを差別や権利侵害の問題として認識している点では同じである。

　本書の最初に収録した「特別な教育的ニーズの政治」において、バートン（1986）はベッカーの「誰の側に立つか（Whose side are you on?）」という問いから出発し、「立場を選び取る」ことを求めている。そして社会的抑圧を受けている障害者の側に立つという立場の選び取りが、障害学的研究の立脚点であるとしている。そのような立場で研究を行う際の準拠枠が、「障害の社会モデル」なのである。

6　障害学における教育研究の方法

　「障害の社会モデル」は、障害をもつ当事者の意識に大きな変革をもたらした。クロウ（Crow）は次のように述べている。

　　私の人生には二つの局面がある。障害の社会モデルと出会う前と後である。自分の体験についてこのような見方を発見したことは、嵐の海で頼りになる救命ボートのようなものである。社会モデルは私の人生について理解し、世界の何千、何百万もの他の人との連帯をもたらし、私が拠って立つところのものである。（Crow , 1996, p.56）

　「障害の社会モデル」は、障害者が自己を肯定し自分の生き方を発見すること、また他の人と連帯し運動を展開することを可能にした。障害の社会モデルの第1の意義は、障害当事者をエンパワメントしたことである。
　障害の社会モデルの第2の意義は、障害研究の方法論的基盤を提供したことである。このことと関連して、オリバーは次のように述べている。

　　障害者運動において私たちは金槌を一丁実際に持っていること、そしてその金槌を適切に使いさえすれば、障害の社会モデルは「この国中至るところ

の」障害者にとっての正義と自由のための金槌となり得ることを提示しようと努めたのです。(Oliver, 2004 =2010, p.24)

「障害の社会モデル」は、「障害者にとっての正義と自由」を実現するための道具であるとオリバーは言っているのである。それは実際に障害者の世界を変えていくことに貢献するものでなければ意味をもたない。バーンズは、そのための研究方法として、以下の四つの視点に立つ「解放論的障害研究」を提唱している。

（1）研究は障害者や障害者団体による統制、運営がなされ、障害者や障害者団体に対する報告義務を負う。
（2）社会モデルあるいは社会的・政治的アプローチに従う。あるいはそのようなアプローチを受け入れた研究を行い、社会的文脈の中で障害の経験を理解し、説明する。
（3）適切な研究方法を用い、研究課題に沿って質的調査法、量的調査法を駆使する。
（4）障害者、支援者、広くは社会一般の人々をエンパワーするために、できるだけ多くの人々がアクセス適切な形式で研究結果を発表する。(Barns, 2011=2011, p.93)

解放論的障害研究の例として、イギリスの障害者差別禁止法制定に向けた運動と研究の連携を挙げている。イギリスでは障害者差別禁止法を制定しようという動きが1980年代に9回あったが、ことごとく阻止された。政府が、障害者が差別されているという根拠はどこにもないと、一貫して差別を認めなかったからである。そこで、障害者団体協議会が障害者差別の証拠を示すために委託研究の資金を獲得し、これをきっかけとしてリーズ大学障害研究ユニット（現障害学研究センター）が創られた。そして、バーンズを中心とした研究者が運動と協力して研究を行い、イギリスにおける障害者差別の統計的な証拠を提示した。学校、労働市場、年金制度、医療・ソーシャルサポート、物理的環境、住宅、交通、公共施設、レジャー産業、メディア、政治体制においても制度的

差別があることを明らかにしたのである。これに基づいて運動が高まり、1995年に障害者差別禁止法が制定されたのである。

このことに見られるように、イギリスにおいては政策を変えていくための実証的研究が大学及び民間の研究組織によって頻繁に行われる。本書に収録した論文では、キヴィラウマ（1988）は公式統計に基づいたフィンランドの教育の定量的分析であり、バッグレイ（1998）は数千名の保護者を対象とした1年間にわたる継続的な郵送による質問紙調査と補足的なインタビュー調査によって、市場原理に基づく教育改革が障害児保護者の学校選択に及ぼした影響を研究したものである。

この点と関わって、バーンズは次のように述べている。

　政治的な意味合いをもつ研究は、つまり政策決定者あるいは計画策定者、それからとりわけ政治家たちにインパクトを与えるためには、しっかりとした研究である必要があります。ですので、研究方法は厳密かつ妥当な、そして信頼性の高いものでなければなりません。研究方法が「科学的」なものであると見なされない場合には、その研究結果は受け入れてもらうことができません。(Barns, 2011=2011, p.93)

明確な視点と厳密な研究方法により妥当性・信頼性の高い研究を行うことが、障害学には要請されているのである。これは日本の障害学研究において学ぶべき点である。

（1）については、少し説明が必要であろう。バーンズは次のように述べている。

　社会科学における伝統的な研究は、抑圧されている人々が日常生活において経験している権力関係を反映し、また永続させている。伝統的な研究では、ほとんどあるいは全く統制できない仕方で一方的に研究対象にされるので、障害をもつ協力者にとって研究とは疎外される経験に他ならないと言われてきた。障害の研究は、研究者の業績となって名声や地位を高めることにつながるだけで、障害者の状態を変えることはほとんどなかった。それどこ

ろか、彼らの経験している困難を、強化することにさえなっていたかもしれない。(Barnes & Sheldon, 2007)

　研究結果が障害者の状況を変えることにつながるものでなければ、意味がないばかりか抑圧にすらなりかねない。そのためには、障害者が研究の主体になるか、研究を統制する必要がある。どのような目的で、どのような方法で、どのような対象に対してデータを収集し、どのように分析するのか、という研究のプロセス全体を、障害者が統制する必要があるのである。そのために当事者参加型研究（participatory research）が障害学では重視されてきた。
　（3）と関わるが、障害学の研究において、質的調査が重視されるのはこのためである。調査協力者の声を重視するインタビュー調査は、当事者が研究の主体にまではなれないまでも、研究の方向づけに影響を与えることができるからである。本書に収録した論文で言えば、ペーターセン（2011）の「障害のあるアフリカ系アメリカ人女性——ジェンダー、人種、障害の交差」はクリッシーの、ベック（2012）の「エーリッヒ・フロム思想からみる注意欠陥多動性障害と教育における障害化」はスーザンの教育経験に関するインタビュー調査に基づく質的研究である。
　研究や政策への当事者参加の原則は、子どもに関しても貫かれるべきものとされている。例えば、カルダーデールメトロポリタン市では、障害のある若者自身が現在行われているサービスについて調査を行い、その改善のために意見を表明するという若者調査員（youth inspector）の活動を行っている。同市では、Youth4U という若者調査員プロジェクトを行い、視覚障害・感覚障害・特別教育ニーズをもつ若者を含む30人の若者を雇用し、サービスへのアクセス、若者の利用しやすさ、利用者の満足度に焦点を当てて調査を委嘱している。その調査結果は、「みんな違って、みんな大切」という市の政策となり、サービス改善に利用されているのである（Making Ourselves Heard, 2009, p.19）。
　年齢や障害により言語的なインタビュー調査が困難な子どもたちの場合には、伝統的な方法は役に立たない。そこで、絵、ロールプレイ、人形、ゲームなどを使う創造的な調査法が開発されている。ある研究者は、次のように述べている。

子どもに対する調査においては特別なルールはない。一般的な調査法が役に立たないことが明らかな場合には、子どもたちと一緒に時間を過ごすこと自体が重要なデータ収集の方法であることを自覚する必要がある。質問紙やワークシートのことは忘れて、自分の直感と子どもに従うというやり方でいいのである。(Smith, in Gallagher, 2005, p.5)

　本書に収録した論文の内では、クックら（2001）の「分離教育の場からの声」とモルティエら（2011）の「口出しはいらない、サポートが欲しいんだ」においてこうした方法が用いられている。特に後者においては、さまざまな創造的な調査法が用いられており興味深い。
　障害児者の経験に基づく質的研究は、障害学の一領域として極めて重要である。しかし、他方では、それが「障害児者の研究」に堕してしまう危険性がある。研究すべきは（そして変わるべきは）障害児者を抑圧している社会であって、障害児者ではないということが障害学の基本的視点であるが、この視点が軽視されることになりかねないのである。このことを明確に意識しない研究は、良くても「ロマンチックな伝記」にとどまり、悪くすれば問題の所在を隠蔽することになりかねないのである。

7　日本への示唆

　各論文が日本に示唆するものは、それぞれの論文解説に示されている。総体として、日本の特別支援教育体制下におけるディスアビリティ現象への理論的・実証的研究の立ち遅れが痛感され、その進展が求められる。
　日本においては、2007 年 4 月に「学校教育法等の改正」が施行され、特別支援教育が制度化された。イギリスの 1981 年法から四半世紀遅れで、「特別ニーズ教育」へ転換するものと言われた。しかし、認定就学者が例外的に認められるようになっただけで、就学基準を定めた学校教育法施行令第 22 条 3 は維持された。相変わらず類別判定が行われてきたのである。また、『ウォーノック報告』と 1981 年教育法のように「インテグレーション」が宣言されたわけでもなく、特別支援学校・学級の制度はこれまでの特殊教育体制を衣替えした

ものであった。その意味では、実質的には「特別ニーズ教育」への転換は行われなかったのである。

　確かに、「発達障害児」にまで教育対象が拡大され、各学校に特別支援教育コーディネーターが配置され、個別の教育支援計画が作成されるようになった。これらは見かけ上はイギリスの制度と類似しているが、実際には教育対象拡大と専門家の影響力拡大をもたらしただけで、「カテゴリーからニーズへの転換」は行われてこなかったのである。このような日本独自の特別支援教育が、障害児の普通学校からの排除と周縁化をもたらし、監視・審判・規格化を障害児に対して行っていることは明らかである。

　また、日本政府は 2014 年 1 月に国連障害者権利条約を批准した。批准に向けた国内法の整備の中で、同条約第 24 条が定める「インクルーシブ教育システム」の構築が求められることになった。文科省は、中教審初等中等教育分科会内に「特別支援教育のあり方に関する特別委員会」を設置し、「共生社会の形成に向けたインクルーシブ教育システム構築のための特別支援教育の推進（報告）」を 2013 年 7 月に発表した。そこでは、インクルーシブ教育システムについて次のように説明されている。

　　インクルーシブ教育システムにおいては、同じ場で共に学ぶことを追求するとともに、個別の教育的ニーズのある幼児児童生徒に対して、自立と社会参加を見据えて、その時点で教育的ニーズに最も的確に応える指導を提供できる、多様で柔軟な仕組みを整備することが重要である。小・中学校における通常の学級、通級による指導、特別支援学級、特別支援学校といった、連続性のある「多様な学びの場」を用意しておくことが必要である。

　ここで述べられている論理は、ホドキンソン（2013）が「みんながいて正しいのか」で述べている「インクルージョン」という女王と「分離教育（セグリゲーション）」という女王との重婚が、日本でも行われているということを示している。つまりレトリックとしてはインクルージョンという言葉を使いながら、実態としては分離教育が推進されているのである。そこでは「誠実な詐欺という政治」が展開されていると言ってもいい。そうした中で、「インクルーシブ教育システム」の

構築が進めば進むほど、「分離教育(セグリゲーション)」が進行していくのではないかという危惧がある。

さらに言えば、今後、成果主義や学校選択制の導入など市場原理による教育改革が進めば進むほど、障害児への排除の圧力は強まるだろう。そして、社会全体が不健全になればなるほど、人間的な自由を実現しようと努力する人たちの障害化が進行することになりかねない。

日本の障害児教育おけるこのようなディスアビリティ現象に対して、障害の社会モデルの立場からの、当事者の声や経験に依拠した、実証研究・理論研究が求められている。障害児のためだけでなく、すべての子どもたちのために必要なのである。本書に収録した10本の論文は、そうした研究の意義と範例を示しているのである。

[文献]

Barnes, C. (1991) *Disabled People in Britain and Discrimination: A Case for Antidiscrimination Legislation,* London: Hurst and Co.

Barns, C. (2011) Disability Studies and Disability Policy, the UK Experience. 〔＝堀正嗣・河口尚子訳（2011）「障害学と障害者運動――イギリスの経験」障害学会編『障害学研究』7、明石書店〕。

Barnes, C and Sheldon, A. (2007) Emancipatory' Disability Research and Special Educational Needs. in Florian L. (ed.) *The Sage Handbook of Special Education,* London: Sage, pp.233-246.

Centre for Studies on Inclusive Education. (2002) The Inclusion Charter (http://csie.org.uk/resources/charter.shtml).

Crow, L. (1996) Including All of Our Lives; Renewing the Social Model of Disabilities, in Barnes and Mercer (eds), *Exploring the Divide; Illness and Disabilities,* Leeds; the Disability Press.

DES. (1990) *Educational Statistics: Schools,* Dept of Education and Science, London.

DfEE. (1997) *Excellence for all children, Meeting Special Educational Needs.*

DfEE. (1998) *Meeting Special Educational Needs: A Programme of Action.*

Gallagher, M. (2005) *Top Tips for Research and Consultation with Children and Young People* (http://www.crfr.ac.uk/cpd/listeningtochildren/)

岩田正美（2008）『社会的排除――参加の欠如・不確かな帰属』有斐閣。

Making Ourselves Heard (2009) Making Ourselves Heard: Exploring disabled children's participation, National Children's Bureau.
嶺井正也 (1998)「イギリスの学校系統図」(アリソン・ヴァートハイマー著、桑の会訳『障害児と共に学ぶ——イギリスのインクルーシヴ教育』明石書店)
Oliver, M. (1996) *Understanding Disability*, Palagrave Macmillan.
Oliver, M. (2004) 'If I had a hammer: the social model in action' in Swain et al. (ed.) *Disabling Barriers, Enabling Environment,* London: Sage〔= 田中香織訳 (2010)「実践されている社会モデル——もし私が金槌を持っていたら」ジョン・スウェイン他編著・田中香織訳 (2010)『イギリス障害学の理論と経験』明石書店。〕
杉野昭博 (2007)『障害学——理論形成と射程』東京大学出版会。
UPIAS. (1975) *Fundamental Principles of Disability*. (http://www.leeds.ac.uk/disability-studies/archiveuk/UPIAS/fundamental%20principles.pdf).
Wertheimer, A. (1997) *Inclusive education. A framework for change. National and international perspectives,* Centre for Studies on Inclusive Education. (= 桑の会訳『障害児と共に学ぶ——イギリスのインクルーシヴ教育』明石書店)。

監訳者・訳者紹介（執筆順）

堀　正嗣（ほり　まさつぐ）［監訳、まえがき・11 執筆］
　熊本学園大学社会福祉学部教授、障害学会会長。
　障害学・インクルーシブ教育専攻。
　【主な著書】
　『障害児教育のパラダイム転換』（柘植書房）、『障害児教育とノーマライゼーション』（明石書店）、『子どもの権利擁護と子育ち支援』（明石書店）（以上単著）、『共生の障害学』（明石書店）、『イギリスの子どもアドボカシー』（明石書店）、『子どもアドボカシー実践講座』（解放出版社）（以上、編著）。

佐藤貴宣（さとう　たかのり）［1 翻訳担当］
　関西学院大学、龍谷大学ほか非常勤講師。
　大阪大学大学院人間科学研究科博士後期課程単位取得退学。博士（人間科学）。
　【主な著書・論文】
　「盲学校における日常性の産出と進路配分の画一性——教師たちのリアリティ・ワークにおける述部付与／帰属活動を中心に」（『教育社会学研究』第 93 集）、「〈進路問題〉をめぐる教育経験のリアリティ——盲学校教師のライフヒストリーを手がかりに」（『解放社会学研究』第 23 号）、「戦後日本における盲教育の変容過程——システム維持をめぐる言説構成に注目して」（『関西教育学研究会紀要』第 9 号）

原田琢也（はらだ　たくや）［2・5 翻訳担当］
　金城学院大学准教授。
　大阪大学人間科学研究科博士後期課程修了、博士（人間科学）。
　【主な著書・論文】
　『アイデンティティと学力に関する研究———「学力大合唱の時代」に向けて、同和教育の現場から』（単著、批評社、2007 年）ほか。

中村好孝（なかむら　よしたか）［3 翻訳担当］
　滋賀県立大学人間文化学部助教。
　社会学専攻。
　【主な著書・論文】
　『社会学的想像力のために』（共著、世界思想社、2007 年）、デヴィッド・ハーヴェイ著『新自由主義』（共訳、作品社、2007 年）ほか。

渡邊充佳（わたなべ　みつよし）［4 翻訳担当］
　川西市子どもの人権オンブズパーソン調査相談専門員。社会福祉士。
　大阪市立大学大学院生活科学研究科博士後期課程単位取得退学。社会福祉学・子どもの人権論専攻。
【主な著書・論文】
『新スクールソーシャルワーク論』（共著、学苑社、2012 年）、『揺らぐ主体／問われる社会』（共著、インパクト出版会、2013 年）ほか。

高橋眞琴（たかはし　まこと）［6・9 翻訳担当］
　鳴門教育大学大学院学校教育研究科准教授、特別支援教育専攻。神戸大学大学院人間発達環境学研究科ヒューマン・コミュニティ創成研究センター障害共生支援部門学外研究員。
　神戸大学大学院人間発達環境学研究科博士後期課程修了、博士（教育学）。
【主な著書・論文】
「コーホート別に分析した福祉教育の成人学習者像――障がいのある人との『関わり』の経験と障がい観の形成を中心として」（単著）（日本福祉教育・ボランティア学習学会研究紀要）
　雑誌：「みんないっしょに！キラキラあそびプログラム」『月刊　実践障害児教育』（単著）（学研教育出版）2013 年度 6 カ月間連載ほか。

徳永恵美香（とくなが　えみか）［7 翻訳担当］
　立命館大学非常勤講師。
　大阪大学大学院国際公共政策研究科博士後期課程単位取得退学。ライデン大学付属地域研究所近代東アジア研究センター客員研究員（2011 年 7 月 - 2012 年 5 月）。高麗大学校アジア問題研究所客員研究員（2013 年 2 月 - 7 月）。
　国際法（主に、国際人権、災害対応、障害のある子どもの教育）専攻。
【主な著書・論文】
「フィリピンにおける障害のある子どもの教育への権利」、（財）アジア太平洋人権情報センター（ヒューライツ大阪）編『企業の社会的責任と人権（アジア・太平洋人権レビュー　2004）』（現代人文社、2004 年 6 月）pp.174-176.
「国際人権研究のフィールドを歩く① 特別支援教育からインクルーシブ教育へ」、社団法人部落解放・人権研究所編『ヒューマンライツ』No.239（2008 年 2 月）pp.46-55 ほか。

三好正彦（みよし　まさひこ）［8 翻訳担当］
大阪女子短期大学人間健康学科助教。
京都大学人間・環境学研究科博士後期課程修了、博士（人間・環境学）。
【主な著書・論文】
『連携と協働の学童保育論──ソーシャル・インクルージョンに向けた「放課後」の可能性』（単著、解放出版社、2012 年）ほか。

林　美輝（はやし　みき）［10 翻訳担当］
龍谷大学教員。生涯学習・社会教育論専攻。
【主な著書・論文】
「生涯学習社会における能力評価の原理的考察〜「障害の社会モデル」と「潜在能力アプローチ」を手がかりに」、「社会文化研究」編集委員会編『社会文化研究』第 8 号、2005 年。
『学びのフィールドへ──生涯学習概論』（共著）（前平泰志・渡邊洋子編著。松籟社、近刊）。

『ディスアビリティ現象の教育学』出典一覧

1　レン・バートン「特別な教育的ニーズの政治」
Len Barton (1986) 'The Politics of Special Educational Needs', *Disability, Handicap & Society*, 1: 3, pp.273 -290, Taylor & Francis.

2　ヨエル・キヴィラウマ／オスモ・キヴィネン「学校システムと特別支援教育――20世紀における原因と結果」
irauma and Osmo Kivinen (1988) 'The School System and Special Education: Causes and Effects in the Twentieth Century', *Disability, Handicap & Society*, 3: 2, pp.153 -165, Taylor & Francis.

3　ジュリー・アラン「フーコーと特別な教育的ニーズ――子どもたちのメインストリーム化経験を分析する『道具箱』」
Julie Allan (1996) 'Foucault and Special Educational Needs: a 'box of tools' for analysing children's experiences of mainstreaming', *Disability & Society*, 11: 2, 219 -234, Taylor & Francis.

4　カール・バッグレイ／フィリップ・A・ウッズ「学校選択、市場、そして特別な教育的ニーズ」
Carl Bagley and Philip A. Woods (1998) 'School Choice, Markets and Special Educational Needs', *Disability & Society*, 13: 5, pp. 763-783, Taylor & Francis.

5　ジョーン・アダムス／ジョン・スウェイン／ジム・クラーク「何がそんなに特別なのか？――分離型学校の実践における教師の認識モデルとその現実化」
Joan Adams, John Swain and Jim Clark, (2000) 'What's So Special?：Teachers' Models and Their Realisation in Practice in Segregated Schools', *Disability & Society*, 15: 2, pp.233 - 245, Taylor & Francis.

6　ティナ・クック／ジョン・スウェイン／サリー・フレンチ「分離教育の場からの声――インクルーシヴ教育制度に向けて」
Tina Cook, John Swain and Sally French (2001) 'Voices from Segregated Schooling: towards an inclusive education system', *Disability & Society*, 16: 2, pp.293

- 310, Taylor & Francis.

7　エイミー・ペーターセン「障害のあるアフリカ系アメリカ人女性——ジェンダー、人種、障害の交差」
　Amy Petersen (2006) 'An African‐American woman with disabilities: the intersection of gender, race and disability', *Disability & Society*, 21: 7, pp. 721-734, Taylor & Francis.

8　キャスリーン・モルティエ／ロアー・ディシンペル／エリザベス・ドゥ・シャウヴァー／ギアート・ファン・ホーヴェ「口出しはいらない、サポートが欲しいんだ——生活の中での支援に関する子どもの視点」
　Kathleen Mortier, Lore Desimpel, Elisabeth De Schauwer and Geert Van Hove (2011): 'I want support, not comments: children's perspectives on supports in their life', *Disability & Society*, 26:2, pp. 207-221, Taylor & Francis.

9　ウェイン・ベック「エーリッヒ・フロム思想からみる注意欠陥多動性障害と教育における障害化」
　Wayne Veck (2012): 'Reflecting on attention-deficit hyperactivity disorder and disablement in education with Eric Fromm', *Disability & Society*, 27:2, pp.263-275, Taylor & Francis.

10　アラン・ホドキンソン「みんながいて正しいのか？——イギリスの教育システムの中にある排除的（エクスクルージョナル）なインクルージョン」
　Alan Hodkinson (2012): 'All present and correct？：Exclusionary inclusion within the English educational system', *Disability & Society*, 27:5, pp.675-688, Taylor & Francis.

Copyright©1986, 1988, 1996, 1998, 2000, 2001,2006. 2011, 2012

by Taylor &Francis.

3 Park Square, Milton Park, Abingdon, Oxon, OX14 4RN, UK.

ディスアビリティ現象の教育学
―― イギリス障害学からのアプローチ　熊本学園大学付属社会福祉研究所　社会福祉叢書24
2014年3月25日　第1版第1刷発行

監訳者　©堀　　正　嗣
発行者　菊　地　泰　博
組　版　(有)クリエイティブパック
印　刷　平河工業社（本文）
　　　　東光印刷所（カバー）
製　本　越後堂製本
装　幀　若　林　繁　裕

発行所　株式会社　現代書館
〒102-0072　東京都千代田区飯田橋3-2-5
電話　03(3221)1321　FAX　03(3262)5906
振替　00120-3-83725　http://www.gendaishokan.co.jp/

校正協力・電算印刷
©2014 HORI Masatsugu Preinted in japan ISBN 978-4-7684-3531-1
定価はカバーに表示してあります。落丁本乱丁本はお取り替えいたします。

本書の一部あるいは全部を無断で利用（コピー等）することは、著作権法上の例外を除き禁じられています。但し、視覚障害その他の理由で活字のままでこの本を利用できない方のために、営利を目的とする場合を除き「録音図書」「点字図書」「拡大写本」の製作を認めます。その際は事前に当社までご連絡ください。また、活字のままで利用できない方でテキストデータをご希望の方は、お名前・ご住所・お電話番号をご明記の上、右下の請求権を当社までお送りください。

活字で利用できない方のための　テキストデータ請求券　[ディスアビリティ現象の教育学]

子どもの権利条約と障害児
——分けられない、差別されないために
子どもの権利条約の趣旨を徹底する研究会 編

子どもの権利条約の趣旨を徹底する研究会 編、「子どもを権利と自由の主体と規定し、ユネスコのサラマンカ宣言にみるように、障害をもつ子もそうでない子も共に学ぶ教育を世界の潮流である。分離教育の基本を崩さない日本の障害児教育を統合教育に転換させるための現場教員、親、研究者からの提言。 1600円＋税

統合教育へ一歩踏み出す
——条約・規則・宣言を使って
篠原睦治 編著

子どもの権利と自由の主体と規定し、ユネスコのサラマンカ宣言「障害児の権利」「親の指導の尊重」「親からの分離禁止」「差別の禁止」「意見表明権」「障害児の権利」等をもり込んだ権利条約（一九九四年批准）、条約を障害児の視点から読み、教育・保育・医療・福祉・子どもとの関係をとらえ返し、分離別学制度の転換を迫る。 1000円＋税

関係の原像を描く
——「障害」元学生との対話を重ねて
日本社会臨床学会 編　シリーズ「社会臨床の視界」（第1巻）

手話を習得した盲学生、スロープ化に反対した車イス学生、口話をやめたろう学生……。「障害」者たちは閉じていた大学を開き、生き合い学び合う関係を探ってきた。彼らとせめぎ合った教員が、元学生たちとの三六年間の軌跡をたどる証言記録。 2000円＋税

「教育改革」と労働のいま
長谷川孝 編

グローバル経済に追い立てられる労働環境、国家主義に引きずられる学校教育。グローバル化と個人・心理主義化が蔓延する中で、子ども・教師・若者から元気を奪う事態が、急速に進行している。危うい現状を、教育政策、子どもの状況、若者労働の三つの角度から分析・提言。 3000円＋税

〈まなび〉と〈教え〉
——学び方を学べる教育への希望
嶺井正也・池田賢市 編

生きるために必要な学ぶ力とは何か。「自ら学び課題を解決する力を養う」という中教審答申に基づき導入された総合学習は、学力低下論議の中で再び見直しに向かうが、学校教育において、教化された「学力」でなく「まなび」を豊かにする提言。 国民教育文化総合研究所15周年記念ブックレット2 1000円＋税

教育格差
——格差拡大に立ち向かう
嶺井正也・池田賢市 編

格差社会の根底をなす教育格差拡大。学力格差、教育機会の格差（貧困、マイノリティ等）の実態を明らかにし、その原因を社会背景・国家政策から検証したうえで、格差拡大に抗する教育観・学力観を培う教育実践を紹介。 国民教育文化総合研究所15周年記念ブックレット3 1000円＋税

学校のない社会への招待
——〈教育〉という〈制度〉から自由になるために
M・S・プラカシュ、G・エステバ 著／中野憲志 訳

〈生きることを学ぶ〉ために、開発教育の専門家はいらない。被援助国の中でラディカルに学校という制度から教育を取り戻す試みが始まっている。見えざる潮流となっている非学校教育と脱教育社会の本質を捉え、公的監視や官製知識から自由になり、学びの可能性を広げる運動を詳解する。 2300円＋税

（定価は二〇一四年三月一日現在のものです。）

哀れみはいらない
――全米障害者運動の軌跡

ジョセフ・P・シャピロ著／秋山愛子訳

従来の障害者福祉史の中では抜け落ちていた、障害をもつ当事者の生活実態や障害者運動の軌跡を重層的に解き明かした秀逸のルポ。障害者福祉を慈悲と保護から権利と差別禁止へと変えた、歴史的なアメリカ障害者法成立に到る障害者運動のエンパワメントを追う。障害の文化・歴史、アメリカ社会・文化の中の障害観の変遷、障害をめぐる政治の動き、様々な障害当事者運動の軌跡を重層的に解き明かした秀逸のルポ。3300円＋税

【増補改訂版】障害者はどう生きてきたか
――戦前・戦後障害者運動史

杉本章著

親許や施設でしか生きられない、保護と哀れみの対象とされてきた障害者が、地域生活のなかで差別を告発し、社会の障害観、福祉制度のあり方を変えてきた。六〇～九〇年代の障害者解放運動、自立生活運動の軌跡を一六団体、一三〇個人の歴史で綴る、障害学の基本文献。3500円＋税

自立生活運動と障害文化
――当事者からの福祉論

全国自立生活センター協議会編

二〇〇二年十月、一一二の国と地域、三千人以上の参加者が熱く議論したDPI世界会議札幌大会の全体会・記念講演・シンポジウム、障害者の権利条約・人権・自立生活・生命倫理・アクセス・労働・開発等、全四〇分科会の報告集。3000円＋税

世界の障害者 われら自身の声
――第6回DPI世界会議札幌大会報告集

DPI日本会議+2002年第6回DPI世界会議札幌大会組織委員会編

国際・国内障害者運動の最前線の記録。国際障害者年日本推進協議会（現・日本障害者協議会）元副代表の著者が、八一年（国際障害者年）から二〇〇六年（国連・障害者権利条約採択）までの障害者運動の二五年間を、障害当事者団体、政（永田町）・官（霞ヶ関）・学（福祉系教員）・文（障害文化や芸能の担い手）の人間関係を交えて記す。1700円＋税

1981年の黒船
――JDと障害者運動の四半世紀

花田春兆著

障害者運動と価値形成
――日英の比較から

田中耕一郎著

戦後から現在までの日英の障害当事者運動の変遷をたどり、運動の課題・スタイル・思想、障害概念の再構成、障害のアイデンティティ・障害文化、統合と異化の問題等に焦点を当て、日英の障害者運動の共通性と共時性を明らかにした比較研究。《2006年度日本社会福祉学会賞受賞》3200円＋税

季刊福祉労働

障害者・保育・教育の総合誌

3・6・9・12月の25日発売

一九七八年、養護学校義務化反対闘争のなかで創刊。以来、障害児・者の自己決定権の確立、差別された人の側に立つ、共育・共生を基本方針として、障害当事者、家族、教育・福祉・医療保健の現場で働く人、研究者、市民による現状や制度の分析、海外の情報を伝える。各1200円（50号まで950円）＋税

（定価は二〇一四年三月一日現在のものです）

一緒がいいならなぜ分けた
――特殊学級の中から

北村小夜 著

「よりよい、手厚い教育」をと期待を抱いて始めた特殊学級担任。しかし、そこで子どもに言われた言葉は「先生も落第してきたの?」だった。以来二十余年、分けられた子どもたちの無念と憤りを共に闘ってきた著者と子どもたちの記録。「共に学ぶ」教育を考えるための基本図書。1500円+税

地域の学校で共に学ぶ
――小・中・高校、養護学校 教師の実践

北村小夜 編

障害があっても、遅れていても、共に学ぶことを求める流れは止まらない。授業・評価、学校そして高校でも、共に学ぶことを求める流れは止まらない。授業・評価、行事(運動会など)、進路保障、養護学校の交流教育など、全国教研でレポートされた20の実践例から、分けない、共に学ぶ内実を紹介する。2500円+税

能力主義と教育基本法「改正」
――非才、無才、そして障害者の立場から考える

北村小夜 著

「日の丸」「君が代」強制に反対する神奈川の会 編

百人に一人のエリート養成のための能力主義教育、戦争できる「ふつうの国」づくりのための愛国主義教育は誰のための教育「改革」なのか。「お国のために役立たない」と普通教育の場から排除され続けた障害児者の側から、日本の分離教育の歴史と教育「改革」の本質を糺す。2200円+税

戦争は教室から始まる
――元軍国少女・北村小夜が語る

志澤佐夜 編

修身教科書と道徳「こころのノート」の類似性、「われは海の子」「海」など軍国主義の歌詞を変えて今も歌い継がれる唱歌、自身が受けた「お国のため」の皇民化教育と現在の能力主義教育の類似性など、教育における「戦争できる国」づくりの思想の継続性を豊富な資料を基に解説。1700円+税

「共に学ぶ」教育のいくさ場
――北村小夜の日教組教研・半世紀

徳田茂 編著

一教師として反差別・共に学ぶ教育を求めて通い続けた日教組教育研究集会(退職後、一九九三年から二〇〇二年までは障害児教育分科会の共同研究者として参加)の一九五九~二〇〇六年までの記録。「共育・共生か発達保障か」で激しい論争が繰り広げられた障害児教育分科会の貴重な証言。1700円+税

特別支援教育を超えて
――「個別支援」でなく、生き合う教育を

子どもの障害をありのままに受容し、地域の関わり合いのなかで共に育ち合う関係を目指し、活動を続けている石川県金沢市の通園施設「ひまわり教室」。そこに集う障害をもつ子とその親、教師の記録。分けた上での特別支援教育が流行するなか、なぜ、共生・共育が大切なのかを再確認する。1600円+税

けっこう面白い授業をつくる本
――状況をつくりだす子どもたち

松森俊尚 著

「能力神話」に覆われた学校教育。しかし、学習に取り組むのは子どもだという単純明快な真実に立てば、子ども主体の面白い授業ができる。三六年間の実践記録は、公権力の締め付けや親の過干渉により自信を失いかけている教師たちに、子どもたちと社会を創造していくためのエールを贈る。2000円+税

(定価は二〇一四年三月一日現在のものです。)